JN087136

菊池誠一〔著〕

株式分割による成長株投資

中央経済社

はしがき

　この本は，株式投資の分野で広く採用されている**成長企業投資**と，**上場企業がときどき行う「株式分割」を"組み合わせる"**ことによって，株式運用の大きな成果をあげる方法を考え解説したものです。

　こうした視点から書かれた本は，おそらく国内ではほとんど出されていないようです。その意味で，本書で書いた内容はユニークなものと確信します。読者の多くにとって読む価値が大きいはずです。

●私自身の投資経験から出てきた答え

　私がこんな風変わりなテーマで本を書いたのは，私自身の過去20年余りの投資経験，そのなかでも私自身の想定を大きく超える成果を生んだ投資案件について，どうしてこんな状態になったのか，その探求が１つのキッカケになりました。

　本書で私が**意識的に強調した点は，「株式分割」のメリットを活かすことに加えて，特に分割の"繰り返し"を投資家が享受すること**です。そうした成長株と分割の繰り返しを結び付けて投資することからもたらされる資産増殖は，たいへん大きいものがあります。私自身，当初はどこか化かされたような気持になった記憶があります。

　ここは隠さずに書きますが，なぜそんな資産になったのか。ちょっと不思議な気持ちを抱きながら，あるとき家内に「びっくりする状況になっている」と言ったら，「そんなこと，考えられない。計算間違いでしょ！」と言われたものです。

　日経新聞記者から大学の先生に転身して，2008年春に早期リタイアするまで資産運用の基礎部分に当たる「企業評価論」を教えてきました。そん

な身で，データを点検してみたらケタ数を１つ多く数えていた……ではお笑いです。"チョー"真面目な気持ちになって，投資記録を調べたのですが，数値は間違っていませんでした。

　そこで，70歳を超えた身ではありますが，世の中の方々に私個人が蓄積した投資上のノウハウの一端を（口幅ったい言い方ですが）多少なりとも還元しようかと思ってこの本を書いた次第です。

●「株式分割」が持つ驚きのパワー

　私の場合，最近は年間に２～３件のペースで「株式分割」を受けています。そうすると，「株式分割の繰り返し」を受けることこそが個人投資家にとって例外的に大きなプラス効果をもたらす点を強く感じます。

　ここで書いていることは，読者が第１章と第２章を読むことで実感できるでしょう。そして，読者が買い込んだ銘柄で実際に「株式分割」を受けてみる。２倍，３倍に増加した株式を持ち続けていると，やがて読者も私と同じ思いをする日がやってくるはずです。場合によっては，自分が驚き，あきれてしまうほどの資産増加を思わず小声で言って，奥さんか旦那さんに「そんなバカな！」と言われる幸運に遭遇するかもしれません。

　ここまで「大きな成果」と何度も強調しましたが，**それを象徴するものとして「株式分割」を通過した後に起きる資産増殖効果の大きさを見ていると，最近，成長株投資ブームのなかで話題になる「テンバガー（10倍）株」の話など，平凡に見えてきそうな状態になる**ことです。

　テンバガーという言い方は，米国の大リーガーたちが満塁ホームランのことを，４点を一気に獲得できることから「フォーバガー」と俗称したことから使われ出したものです。テンバガーの意味は，おわかりの人も多いでしょうが，株式の時価が自分の買値の10倍に上昇する銘柄のことです。

　ちなみに，私が目下保有している「お宝銘柄」のうち最大倍率の「バガー銘柄」は60倍超になっています（2021年３月末現在）。

　こんな現象は，ズバリ書きますと投資家が「株式分割で自動的に起きるメカニズム」を経ないことにはとても実現しません。自分で成長株探しをして，特定の銘柄を選び出して安い株価で買う。これが「テンバガー銘柄」を目指す投資のスタートになりますが，この課題をこなすだけでも難しいものです。その後うまく行ったとしても，5〜6倍になるのがいいところでしょう。10倍超の銘柄を我が手でゲットするのは，多くの投資家にとっては夢のようなものです。

　よく「10倍株銘柄の探し方」などと銘打ったセミナー，ユーチューブ画像などで，Jストリームなど実際に株価が10倍以上に上昇した銘柄が出てきます。これは後から振り返ってみたら，具体的な銘柄をすぐに見つけられるということに過ぎません。事前に，そうした銘柄を見つけて株価が安い段階で仕込むことなど，現実には大変難しいのです。

　しかし成長株投資に「株式分割」を介在させますと，こんな破格の難しさを伴う投資が比較的簡単にできます。**投資家が同一の銘柄で「株式分割」を複数回，通過することによって，①自分の保有株数が数倍以上に膨らむこと，②同時に自分の平均購入価格も何分の1といったレベル（私鉄の初乗り運賃辺り）にまで下がること，③成長力のある銘柄では分割で調整された株価が再び上昇すること——という3つの要因の結合から生じるものです。**

　ここでは，これ以上，おいしい話は書かないでおきましょう。本の第1章と第2章をお読みいただければ，「株式分割」のいろいろな側面と問題点（例えば落とし穴）などを学ぶことで，サーっと前途が開けるはずです。そのうえで，この本を手にした読者は，ぜひご自分で「株式分割」銘柄への投資を実践してみることが求められます。

●案外，難しいのは成長企業の見つけ方

　前向きの話はここまで，以下では読者の耳に痛い話を書きます。（ここは筆者としても，絶対に外せない部分です）。

どういうことかと言いますと，とにかく読者が「株式分割」を通過して保有株式の増加現象を手にできても，すべてのケースで大きな成果につながるとは限りません。

ここには大きな関門があります。それは，**自分の手で成長企業，それも比較的若い段階にある元気いっぱいの成長銘柄，将来の大きな利益成長が見込める会社を見つけ出して，そうした銘柄を早い段階で投資することが必要になるからです。**おいしい柿を食べるためには，それなりの代価を支払って（汗をかいて），柿の種を自分で見つけ出すことが必要なのです。

この点，つまり成長企業の選び方について第3章と第4章で詳しく説明しました。忙しい身でじっくり本書を読む時間が少ない読者は，まず第1章と2章を読んで「株式分割」の裏と表の概要をマスターしたら，次にすぐ第4章を読むのも1つの手です。

第3章については，大学の（元）先生らしく，連結決算の細かな解説，分析の視点，分析の具体的な手法などを説明しました。この章は学習意欲のある読者に，ぜひ読んでほしい部分です。あるいは参考書のような位置付けにして，決算上の細かな問題，あるいは特定のテーマに直面した場合に，そのつど参照するように読むのも良いかもしれません。

しかし最近の企業（特に大手企業）は，国内・海外に子会社網を張りめぐらせて世界的に事業展開する経営を一段と加速させています。個人投資家も，第3章で焦点を当てた財務諸表上の細かな問題をマスターしないと，株式投資で大きな成果をあげられなくなりつつあることも事実です。

● 本書の約束事

資産運用に関する本は，私が1人で書いたものとしては7冊目になります。原稿をシコシコと書いていて思うのは，どの段階で執筆を止めるのか。特に本に載せる各種データや株価の推移，株価チャートなどをどこの時点まで載せるのか，いつも悩んでしまいます。

特にこの本では，2020年を通じて代表的な成長株となったエムスリーを

はじめ「株式分割」好きのラクスなど成長株銘柄をたくさんとり上げて分析しています。文章に合わせて関連データやチャートなどを入れるにしても，どこの時点まで載せるのか結構，難しい面がありました。

　なぜなら株式市場は，2021年に入って2月後半あたりから内外の市場で大きな資金シフトが起きたからです。それまで破竹の勢いで上昇していた成長株がいっせいに売られ，放置されてきた割安株が買われるという現象が出てきました。

　そこで本書では，最近の状況は一応3月末まで織り込んで書くことにしました。株価チャートは2月末まで，各社の決算データは2021年3月期の第3四半期（12月末）までを載せました。12月決算期の会社の場合は，もちろん12月に終わった本決算を反映させています。

　しかし最近の株価の大きな変動を前に，何とか足元の状況の解説を書き加えたい——こんな思いを振り払うことができず，私は出版社に強く要望して本書の事例分析で中心となったエムスリーについて，第4章に続く箇所で「補章」として最近の動向分析（4月下旬まで）を載せました。

　私は10年以上も前からエムスリーの株主です。できるだけ個人的な視点を除外して，客観的なスタンスから分析を書きました。断っておきますが，先にちょっと触れた60倍（バガー）銘柄はエムスリーではありません。しかしエムスリーは長い間，じっと持ち続けた甲斐があって，結構，大きな含み益になっています。

　本書には株価チャートがいくつも載っています。原則として2021年2月末までの株価チャートにしました。このため3月以降に起きた成長銘柄の株価調整（成長株の場合は株価の下げ）は，掲載チャートには出ていません。この点，読者は気をつけてください。

　なお掲載した株価チャートはパンローリング社に作成していただき掲載しました。

　各社の社名は上場企業の場合は青色ゴチックで示し，非上場の場合は黒

色で表示しました。また持株会社を意味する社名の「ホールディングス」は「HD」,「グループ」は「G」と略しています。

　第3章で焦点を当てた連結財務諸表の解説,分析手法に関して,上場銘柄の一例として東レの2020年3月期「決算短信」からとった財務諸表類を巻末に載せました。文章のなかで何度か,東レの数値を使った説明をしています。読者は,お手数ですが必要に応じて,この添付データ類を参照しながら読んでください。本書で東レを取り上げたことに特に理由はありません。

　株式投資に向けた財務分析は,個人投資家にとっては鬼門と言えそうな難関の分野です。苦手と感じている読者が多いでしょう。しかしこの部分を省略して,大きな成果が得られると思うのは大きな間違いです。自分の目できめ細かく1つひとつの財務諸表の数値を見て分析する。その積み重ねこそが,読者の「銘柄選択の目」を養ってくれるのです。

　最後に本文の小見出しの後に,4段階にわけて重要度あるいは興味深い箇所などを示す星印（☆☆☆,☆☆,☆,星なし）をつけました。これは私個人の評価による格付けです。「この箇所,どうして☆が3つなのか？」などと読者のほうで考えることは大いに歓迎しますが,必要以上にこだわらないでください。

　この本では,20年以上前に出版して大反響があった拙著『連結経営におけるキャッシュフロー計算書』の編集でお世話になった中央経済社で編集に携わる秋山宗一氏と久しぶりにタッグを組みました。70歳を超えすぐに疲れてしまう我が身を叱咤激励する意味でも,彼からのメールに書かれた暖かい励ましの言葉が元気の素になったことを記して,感謝の意を表します。

筆　者

　本書に書かれた内容のうち，意見や判断などに該当する部分は，すべて筆者個人に帰属する。これを参考にして投資することは，読者の自由である。しかし，①個々の売買は，あくまでも読者個人の最終的判断によって行うこと，②個々の投資の結果は，投資家個人の責任に帰着するものであること——の2点を，ここで再確認しておきたい。

　　　　　　　　　　　　　　　　　　　　　　　　　　　　　筆者

目　次

第4章　成長企業を求めて三千里
～株式分割を意識した3段階の銘柄探し～

第1章

株式分割の隠れた秘密

　上場企業はときどき，「株式分割（stock split）」と言われるものを行います。株式分割は一見すると"地味"に思える面があって，たいして面白くもない平凡なものという印象を持つ人もいるでしょう。しかしそれは間違いです。

　株式投資による資産の増加を考えると，投資家にとって株式分割は資産拡大の強力なテコになるのです。ただし投資家が優良な"成長株"に投資して，分割を上手に活用できればという条件がつきますが。

　本書では，不思議な魅力を秘めた株式分割について，詳しく解説します。投資家が株式分割の利点をしっかりと理解し，分割の「テコの力」を活用して大きな成果をゲットするための道筋を明らかにします。

　読者はこの本を通じて，株式分割の活用，特に分割の"繰り返し"による資産増加をぜひ手に入れてほしいと思います。

Step 1　株式分割とはどういうものか

　株式分割とは，どういうものなのか。もうおわかりの読者も多いでしょうが，まず基本的な説明から入りますと──**上場企業がときおり，自社の発行済み株式を対象に1株を2株に，あるいは1株を3株などに分けて株数を増やします。これが株式分割です。**

　企業が株式分割を行いますと，分割の実施日（例，3月末，9月末）が来ると，その株式を持っている投資家の手元には，分割比率が1→2の場

合は保有100株が200株に，300株は600株に増えます。分割比率が 1 → 3 の場合なら，100株は300株になります。

　それで株主側に追加の負担は何かあるのでしょうか？　何もありません。ただ株式を持っているだけで，こうなります。

　このため株式分割をあまり経験したことがない投資家は，「（表面的に考えますと）"タダ"で受け取った株式」が自分の保有株数に上乗せされ，保有株数が自動的に増えたように感じます。実はそうではないのですが，「表面的に」と書いたところに意味があります。この点はこの後で説明します。

● 株式分割で起きる株価調整

　ここまでの話は，株式分割をほとんど経験したことのない人にとって，夢のような話に思えるかもしれません。分割が行われると，ただ株式を持っているだけで，持ち株が自動的に2倍，3倍に増えるのですから。

　しかし世の中，こんな甘い話はあり得ません。「タダメシは簡単には食べられない」というのは，株式投資の世界の基本原則です。

　以下で書くことは，多くの投資家はご承知のことと思いますが——**株式分割が行われると同時に，株価がその分，下がります**（正確に書くと調整されます）。

　1→2の分割であれば，株価は半分（2分の1）になります。1→3の分割なら，3分の1に変わります。**この株価の下げも自動的に起きます。**

　その結果，ちょっと考えればわかりますが，**投資家が持つ株式数が2倍あるいは3倍に増えても，株価が2分の1に，あるいは3分の1に調整される（下がる）ため，この限りにおいて投資家に「プラス，マイナスは生じない」**のです。

＊　本書では，株式分割が行われると，株価が「下がる」と書くことがある。しかしこれは一般的な言い方に沿った表現で，株価は「下がる」のではなく，正確に言うと下方に調整される。この点を誤解しないようにしてほしい。

　次に頭の整理も兼ねて，1→2の株式分割の場合，どんな現象が起きるのか，図表1-1にまとめておきました。

図表1-1 「1→2の株式分割」で起きること

【分割前】
　　　　保有する株式数は100株
　　　　株価（購入価格）は3000円とすると，
　　　　　　　　　　　　⇓
【分割後】
　　　　保有株式は200株に増える
　　　　同時に，株価（同上）は1500円に調整される。

　　この結果，保有株式の価値は30万円のまま。変化しない。

● 分割後にどうなるのかが焦点 ☆☆

　株式分割をこれまでに何度か経験し，そこからどんな現象が出てくるのかがわかっている投資家は，分割実施の後にこそ，「お宝の形成」につながる動きが出てくることを知っています。このため，分割で増えた持ち株をすぐに売ったりはしないでしょう。

　分割の後，投資家はどう対処すべきか。この問題は，個々の投資家が資産拡大の果実を手にできるかどうかの分岐点になります。ここは慎重に対応すべき箇所です。

　しかし株式分割のことをあまり勉強していない初心者は，手元で保有株が（例えば100株から200株に）増えたのを見て，「タダで株式をもらった」と一瞬思います。そして，すぐ後に株価がストンと2分の1に下がった（調整された）のを知って，「人を喜ばしといて……株価は下がった。結局，同じじゃないか」と半ばシラけた気持ちになります。

　こうした受けとめ方は初心者の多くが経験するようです。私もかなり前，

レストラン経営の上場企業で，初めて株式分割を受けたときにこんな気持ちになりました。

ところが株式分割が行われてから少し時間が経過しますと，株価は興味ある展開を見せ始めます。

もちろん，以下で書く展開は銘柄ごとに違うのですが，**利益成長力のある中小銘柄の場合，往々にして株価が再び上がり出すことが多いのです。**ここが含み利益が形成されるプロセスの始まりになります。

ところが投資家が先に指摘したシラけ気分を引きずっていると，少し上がった株価を見て，すぐに売ってしまいがちです。**せいぜい数十万円程度の売却益で，満足するわけです。小さなプラスをゲットして，大きなチャンスを捨てているのですが，その点がわかりません。**

株式分割の利点がどれほど大きいのか。この点をしっかり頭に入れている投資家は，案外，少ないのではないかと思います。

● 大きな成果が生まれる仕組み ☆☆☆

初心者や株式分割のメリットを学んでいない投資家は，この魔法のような仕組み（株式分割を受けた保有株が後になって「大きなお宝」に変わる現象）をなかなか実感できません。だからこそ目の前で起きた株価の再上昇を見て，すぐに利益を得ようとします。

株式分割について書かれた解説を読みますと，たいてい，図表1-1で示した仕組み（株数の増加と株価調整の組み合わせ）の説明で終わりです。その後に起きる展開まで，丁寧に説明している本はほとんどありません。

繰り返し書きますが，投資家は株式分割を受けて保有株数が増えた**株式をそのまま保有していると，少し時間がたった辺りから株価が再び上昇し始めることが多いのです。その結果，株価の再上昇分と自分が持っている株数の増加分が"掛け算"で効いて，含み益がぐんと増えることにつながります。**

しかしこの点は，どんな銘柄でも，いつでも「そうなる」わけではあり

ません。**株価は再び上昇することが「多い」という話です。**しかしこうなる確率は，私個人の経験から見てもかなり高いと言えます。

　そのためには，<u>あなたが事前に投資対象の企業をしっかり分析して，利益成長力の高い銘柄を見つけて買っておき，株式分割を受けることが欠かせません。成長株に分割の可能性（の見極め）を結びつけて投資することが重要なのです。</u>ここの部分は，後の章で詳しく説明します。

●株式分割の "繰り返し" が重要 ☆☆☆

　さらに，投資家が分割によって2倍，3倍に増えた株式をじっと持ち続けていますと，半ば予期しない形で「大きなプレゼント」が突然，浮上してくることがあります。この点も銘柄ごとに話は違いますが，<u>一部の銘柄はかなり高い確率で，次の株式分割を行うことが多いのです。</u>これがビッグな "プレゼント" になります。

　なぜなら1回目の分割（例えば1→2の分割）に続いて，次の分割（1→2）が行われると，<u>分割の効果が二重に効いてくる</u>からです。

　最初の分割で2倍に増えた保有株は，2回目の分割を通ると，そこから2倍に増えます。当初の段階から見ると，保有株式数は4倍に膨らみます。400株保有でスタートした場合なら，2回の分割の後，保有株数は1600株になります。

　仮に，1→2の株式分割を4回，受けたらどうなるのでしょうか。当初の400株は6400株（16倍）になります。こんな異常にも思えるような株数増加が生じるのです。

　さらに付け加えますと，<u>何回も株式分割を受けた経験を持つ人であれば，株式分割の "繰り返し" にはある程度，事前にその可能性を読み取れる面があります。株式分割を行う企業は，分割を繰り返す傾向があるからです。</u>

　その際に決め手となるのは，何と言っても，その銘柄が持つ「将来の利益成長力の大きさ」です。株式分割と利益の成長力は強く結びついています。

●「テコの作用」は掛け算で効く ☆☆☆

　ここでは「テコ」という言葉が見出しに出ています。この場合，<u>テコという言葉には２つの意味があります。１つは保有株数の増加，もう１つのテコは株価が再び上昇することです。</u>

　<u>後者は，あくまでも株価上昇が起きることが「多い」ということであって，100％そうなると決まっているわけではありません。可能性の話です。一方，株数の増加は100％確実に起きることです。</u>

　<u>忘れてはいけないのは，これら２つの効果は"掛け算"で効いてくる</u>ことです。次の図表１-２で，株式分割によって生じる資産増加の現象を整理しました。

図表１-２ 株式分割で生じる資産増加の「テコ」の働き（まとめ）

保有株数の増加 ☞	この現象は確実に起きる。
×	
分割後の株価上昇 ☞	この部分はどうなるか，事前に予想が難しい。しかし成長力のある銘柄では，かなり高い確率で上昇が見込める。
⇓	
資産の増加現象 ☞	株価上昇の大きさにもよるが，往々にして投資家が驚くほど大きなものになる。

● 保有株の平均購入単価も下がる ☆☆

　上の図表１-２の２段目，分割後の株価上昇（その可能性）について，１つ付け加えたい点があります。ここには保有株数の増加に加えて，もう１つ，別のプラス要素があります。

　<u>株式分割が行われると，個々の投資家が保有している株式の購入単価も（１→２の分割であれば）半分に下がる，つまり調整されます。</u>この点も，

分割後に起きる株価上昇で含み益が拡大する際の加速要因になります。

　もちろん，分割の後，株価が下がることもあり得ます。すべてのケースで，株価が必ず上がるわけではありません。しかし成長力のある銘柄ならば，株価が再び上昇する可能性はかなり高いでしょう。

ケース1　注目の成長企業エムスリーの株式分割で生じたこと

　エムスリーは成長株を象徴する存在になっている。2020年の1年間で見られた株価上昇は，2.95倍（2019年末の株価3305円→2020年末9743円）に達した。この結果，時価総額（発行済み株式数×株価）は，3700社を超す上場企業のなかで，一時，トップ15位前後まで上昇した。

　そんなエムスリーが過去にどんな株式分割をしてきたのか，ここで見ておこう。2011年から10年間に，エムスリーは4回ほど分割を行った。それらを次の図表1-3にまとめた。

　1→2の分割を2回，1→3を1回，さらに1→200を1回行っている。1→200の分割は特殊な目的で実施されたもので，通常の1→2，1→3の分割とは性格が異なる。この点は後で説明する。

　仮に2011年10月より前に1株購入した投資家が，ここに載っている分割をすべて受けたとすると，当初の1株は2400株（2400倍！）に膨らんだ計算となる。

図表1-3　エムスリーが行った株式分割

分割	分割比率	株数の変化	想定株価
実施する前	——	1	39万9000円
① 2011年10月	1→2	2	19万9500円
② 2012年10月	1→3	6	6万6500円
③ 2014年4月	1→200	1200	332.50円
④ 2018年10月	1→2	2400	166.25円

　（注）実施前の想定価格は2011年9月中旬の株価。当時の売買単位は1株。

　投入金額は39.9万円で変わらず（手数料は含めず）。ところが相次ぐ分割によって，保有2400株の平均購入価格は166.25円に下がった。「電車の初乗り運賃」のようになる現象がここから出てくる。

●仮の計算に過ぎないが

　エムスリーの株価は2020年12月末で9743円だった。それでどうなったか，も

うおわかりのはず……40万円程度の投入額でスタートした投資は，含み益が2300万円近くに膨らむ。計算式は（9743円－166.25円）×（2400－1株）で把握する。

これこそが，ここで私が力説している「株式分割のテコで生じる資産増加」である。含み益の拡大は驚くほど大きい。

ここで**エムスリー**の株価チャートを見ておこう。2021年2月末までの過去10年間の「月足チャート」である。このチャートには，株式分割の実施時期が4つの▼印で示されている。

図表1-4 エムスリーの株価チャート（2月末までの10年間，月足）

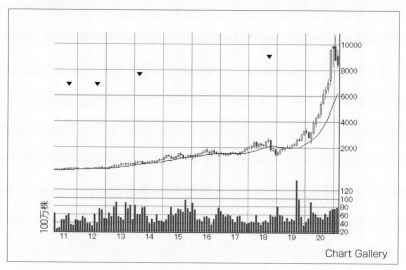

見逃せないのは，2400株近い株式を買い足していって，こうなったわけではないこと。第一，投資家が2400株分を買い増していくとしたら，たいへんな苦労をする。ところが株式分割の場合は，当初に買い込んだ1株をじっと持っているだけで，こんな状態になる。実に楽な投資手法ではないか。

さらに投資家が知恵を働かせて，途中段階で買い増しをすれば，保有株数はもっと大きく増えるはず。当然，含み益はもっと大きくなる。

Step 2　企業はなぜ株式分割を行うのか

　上場企業はどういう理由から株式分割を実施するのでしょうか。目的は
いろいろあります。1つは以前，多くの会社で実施されたものですが，1
→100や1→200，つまり1株を100株に，あるいは200株に細かく分ける分
割です。

　この種の株式分割は1→2，1→3といった通常行われる分割とは違う，
特殊な目的で実施されました。先に見たエムスリーも1→200の分割を1
回，行っています。

● 取引単位株数の集約化 ☆

　以前の話ですが，我が国の株式市場で使われていた取引単位は，1株か
ら始まって50株，100株，500株，1000株などに細かく分かれていました。
　2005年12月，ある証券会社で"誤"発注が起きました。注文を出した担
当者は，株数と株価を逆にコンピュータに入力した（と言われます）。
　担当者はすぐミスに気づいて，注文を取り消しました。しかし，わずか
な時間のスキ間が生じて，その間，売買が可能でした。そこを狙って，す
ばしっこい投資家たちが注文をぶつけて売買を成立させました。この証券
会社は，結局，大きな損失をこうむりました。
　この事件は，後になって「わずかなスキ間」がなぜ生じたのか，この点
をめぐって証券会社と東京証券取引所（東証）の間で訴訟が起きました。
　こうした誤発注事件が起きた背景には当時，上場各社の取引単位がバラ
バラで，わかりにくいことが原因だったという批判が出ました。
　そこで**金融庁と東証は，上場企業の「株式取引単位数」を集約化する方
向に動きました**。集約化の動きは段階的に進められ，2018年10月から最低
取引単位は100株に一本化されました。

　以下では，通常の株式分割（分割比率1→2，1→3など）に焦点を当て，なぜ企業は株式分割を行うのか，その背景を説明します。

● 株価が高くなり過ぎたときに ☆☆

　株式分割を行う理由の1つは，**企業側に自社の株価が高くなり過ぎているという認識があり，投資家がもっと容易に取引できるよう株価を引き下げたい（修正したい）という狙いから分割を行う場合です。**

　成長力が高く株価が高水準にある銘柄では，投資家サイドから「こんなに株価が高くては，最低単位（100株）を買うだけでも大きな資金がいる。何とかならないのか」などといった要望（苦情）が出ます。

　こうした状況を改善しようと，上場企業は個人投資家が買いやすい価格にしようと分割を行います。

　「自社の株価が高過ぎて困る」という悩みは，多くの上場銘柄にはあまり縁がないものです。多くの企業の経営者は，たいてい，「当社の株価はもっと高くてもいい」と思っているものです。

　高くなり過ぎた株価を引き下げるための分割は，成長力が高く株価が勢いよく上昇することが多い中小銘柄で見られることが多いようです。

　言い換えれば，**株式分割の実施には将来見通しが明るく，利益成長力が高い企業の「証明」と言える面があります。**

　成長株にとって，1つの「勲章」と言えるのかもしれません。しかしその勲章も時間がたつとサビが出てきたり，（一見，高そうな）宝石がポロッと取れてしまうことがありますから気をつけないといけません。

　　＊　最近では株式分割とは逆の動きとなる「株式併合」を行う上場企業がある。この場合は，例えば3→1の併合なら300株は100株に併合され，株価は3倍に上昇する（上方に調整される）。

　　　株式併合は，事業内容が成熟化して業績低迷が続いている会社，特に株価が100円未満や100円台などの低水準にある銘柄で行われることが多い。

●時価総額の拡大を狙って ☆

　経営者が，自社の時価総額をもっと大きくして，堂々たる上場企業にしたいという願望を持っていても，株価に関しては経営者がどうこうできる面は限られます。

　そこで経営者は，発行済み株式数を増やそうと考えます。発行済み株式数は増やそうとすればできますから。この場合に，株式分割が有力な手段となるわけです。

　私は，時々株式分割の予定銘柄リストをネット上で見ています。そうすると，どんなタイプの上場企業が株式分割を行うのか，だんだんとイメージができてきます。

　成長力があり，将来の成長余地が大きな中小銘柄が多いのでは当然です。そのなかでも発行済み株式数がまだ少ない企業，こうした企業こそが株式分割銘柄の有力候補になります。

　一方で，安易に株式分割を行ったツケが回ってきて……企業側が分割をし過ぎますと，それが障害となって株価が低迷しかねない。こんな問題も一方であります。

　特にIPO（新規上場）を果たして，1年もたたない新興企業が分割を行うケースが時折ありますが，この場合は投資家にとって要注意でしょう。この点は後で検討します。

　投資家は「ホンモノの成長企業」と「形だけの成長企業」を見分ける目を養って，「ホンモノの成長企業」を見定めて投資することが求められます。

●市場再編の動きが絡んできて ☆☆

　東証は日本取引所Gの傘下で，東証第1部と第2部，マザーズ，ジャスダックの4つに分かれている株式市場の再編を進めています。その概要が，2020年12月25日に発表されました。

　現在，4つある市場を「プライム」「スタンダード」「グロース」の3市

図表 1 - 5 東証が打ち出した市場再編の姿

	プライム	スタンダード	グロース
時価総額 （流通株式で把握）	100億円以上	10億円以上	5億円以上
流通株比率	35%以上	25%以上	25%以上
利益基準 （直近2年間の経常利益合計）	25億円以上	1億円以上	最低基準なし
その他 （コーポレートガバナンスな どによる規制）	新たに改定され るガバナンス基 準を適用	標準的なガバナ ンス基準を適用	事業計画の進捗 状況を開示

（注）「その他」で適用される「コーポレート・ガバナンス基準」は2021年春に改定予定。

場に再編する方針です。2022年4月から新しい体制になる予定です。

　そこで，今後しばらくの間，小型銘柄を中心に「プライム市場」への移行を目指していろいろな対応が出てくるでしょう。

　その場合，時価総額の大きさが重要な「足切り」ラインになる予定です。再編案では，「プライム市場」銘柄として認定される条件として①"流通株"をベースにとらえた「時価総額の大きさ」が100億円以上あること，②流通株比率が35%以上あることなど，複数の基準で区切る方針が打ち出されました。図表1-5は「足切り」条件の概要です。

● 2021年は株式分割ラッシュになるかも ☆☆

　現在，東証第1部に上場している約2200社のうち，約600社は目下，図表1-5で示した基準を満たしていないようです（日本経済新聞2020年12月26日付から）。

　これらの（東証第1部に上場してはいるが）小さな企業は，「**スタンダード市場**」に移行したのでは，"平均レベル"と宣告されるようなものですから，これから様々な対応策を講じるでしょう。そのなかで**対応策の1つが株式分割の実施になりそうです。**

　また流通株とは何なのか。この点が今後，微妙な問題を提起しそうです。再編案では，いわゆる「持ち合い株（政策保有株）」は流通株に含めない方針を打ち出しました。

　このため，上場企業が他社との間で持ち合っている株式を"放出"する動きが一段と加速する可能性があります。そうした株式の大量取得を狙って，内外の投資ファンドなどが待ち構えているかもしれません。

　また創業経営者や経営陣などが大きな比率の株式を握っている場合も，浮動株を増やすため一部の持ち株を手放すといった動きが出ています。

　一方，私個人の見方ですが，我々が関心を持っている株式分割を通じた時価総額の拡大策に関して，"不健全"と言えそうなものが出てくる可能性があります。

　株式分割は本来，企業経営者が自社の将来の利益成長力，成長余地の大きさなどを考えて行うことが望ましいのですが，流通株の増加を狙って「とにかく株式数を増やすのが先決」とばかりに，無理を承知で分割を実施することがあり得るからです。

　この場合，分割の後にキツイ反動，つまり株価の下げが起きかねません。ここは投資家にとって警戒すべき部分になります。

　最後に，つけ加えておきたいことが 1 つあります。東証が現在進めている市場の再編計画では，全上場企業が対象です。当然，東証第 1 部に上場している日本取引所グループも，再編対象に入ります。

　つまり東証側から見ると，自分たちの親会社に相当する日本取引所が市場再編の際に審査対象になるわけです。もっと具体的に書きますと，子会社である東証が親会社の株式保有状況やその他の状況を審査し，自分たちを支配する立場の親会社が「プライム」，「スタンダード」，「グロース」のどこに入るのかを決めることになります。

　その際，特に外部から疑問が持たれないよう，公正明大に審査し決定することが強く求められます。

Step 3　株式分割を行うのはどんな企業が多いのか

　これまで，どんな上場銘柄が株式分割を行ってきたのか——この点を調べるには，『会社四季報』（東洋経済新報社刊，年4回発行）で確認する手があります。

●『会社四季報』で見るところ

　『会社四季報』の各ページには，上下2段に分かれて2銘柄のデータが並んでいます。過去の分割事例を見るには，銘柄欄の左上にある「**資本異動**」の項を見ると，そこに実施時期とともに次の4つの項目が載っています。

①　株式分割，

②　各種の増資（公募増資，第三者割り当て増資，無償増資など），

③　減資（増資の逆，事例は多くない），

④　自己株式の消却（会社が買い取った自己株式を消してしまう行為）あるいは処分（会社が買い取った自己株式を再び市場で売る行為）

●ここから浮かぶ特徴は ☆☆

　各ページをめくりながら株式分割の状況を見ていきますと，次ページに載せた図表1-6の4つのポイントが浮かんできます。

　ここで整理した4点は，投資家が株式分割を受けようと銘柄探しをするときに，重要な着眼点となるところです。読者はまず，ここで指摘した4点を頭に入れてください。内容については，後で詳しく解説します。

図表1-6 「株式分割」の実施企業で見られる傾向

① 株式分割を実施した会社には，成長力のある中小型銘柄が多い。逆に言うと，大手企業は少ない。

② カタカナの社名がたいへん多い。

③ 分割をする銘柄には，何度も分割を行う会社が多い。

④ 業種については，非製造のサービス関連，小売業などが多い。特にネット機能を活用した各種サービスを展開する銘柄が目立つ。

● 過去の株式分割リストを見る

　過去の株式分割事例を探るもう1つの方法は，ネット上で証券会社が過去の事例をまとめて掲載していますから，それを見る手があります。時系列に沿って，実施社名と分割日，分割比率などを載せています。

　投資家はこうしたリストを見て，どんな会社が過去に分割を行ったのか確認できると同時に，投資上のヒントを探ることもある程度，可能です。

　例えば1年のうち，どの月に分割する会社が多いのか。この点は案外，重要な意味を持っています。株式分割の実施には季節的な変動があり，例年，3月と9月に集中して実施される傾向があります。

　また最近の現象として，新型コロナウイルスの拡大が株式分割の実施に障害となったこともわかります。

　さらに最近では，どんな大企業が（例外的に）分割しているのか。この点も，こうしたリストから把握できます。読者はぜひ一度，株式分割銘柄リストを見てみると良いでしょう。ネット上で簡単に見られます。

● 過去 4 年間の分割実施の状況 ☆☆

　次に過去 4 年間（2017年 1 月〜2020年12月）で見た，株式分割の実施件数を図表 1 - 7 にまとめました。

図表 1 - 7　過去 4 年間の株式分割の実施件数

	2017年	2018年	2019年	2020年
1 月	6	12	5	7
2 月	16	25	9	4
3 月	45	61	24	29
4 月	8	8	5	0
5 月	12	5	9	5
6 月	24	27	21	11
7 月	5	12	7	5
8 月	14	11	17	8
9 月	33	22	19	21
10月	8	9	6	6
11月	14	10	7	6
12月	32	16	21	18
合計	217	218	150	120

（出所）松井証券のネット開示データから。
（注）1．月別件数は「権利付き最終日」の日付で区分した。
　　　2．実施件数には同じ企業が複数回，実施したケースがある。このため実施社数は，この図表の数とは少し異なる。

　2019年から 2 年続けて合計件数が減りました。特に**2020年は減少が目立ちます**。もちろん，コロナウイルス拡大の影響がここに影を落としています。

　例えば 4 月から 8 月までの 5 カ月間を見ますと，2017年の 5 カ月間は合計63件，2018年63件，2019年59件でした。ところが2020年は29件に減っています。9 月は21件に回復したものの，その後はあまり増えていません。

　ここから**言える**のは，株式分割の実施は，各企業の経営者が近い将来の

経営に自信を持てるかどうか，経営環境の良し悪しなどに影響を受けやすい面があることです。ちょっと IPO（新規上場）の実施状況と似ています。

　さらに左のデータからわかるのは，四半期の期末日やその直後に株式分割を実施する会社が多いことです。特に3月期決算が多い我が国の特徴を反映して，3月（末）に分割する会社が多い。9月末も3月期決算の中間期末ですから件数が増えます。

　このように，株式分割の実施には "季節性" があります。あなたが近い将来に株式分割が実施されそうと期待しながら特定の銘柄を買おうとする。その場合に，分割の実施時期はいつなのか，次の春か，それとも夏過ぎか……などと思いを巡らせるでしょうが，分割時期は事前にある程度，読める面があります。

　また，投資対象の企業が，過去に実施した事例を確認するのも1つの手です。分割を繰り返す会社は，どの月に実施するのか，かなり正確に読めます。

　＊　再確認のために書くが，図表に載せたデータは松井証券がまとめたもの。（注）で書いたように「取引上の権利付き最終日」の日付で月を区分した。

　　　このため株式分割の実施日が例えば9月末日となっている場合は問題ないが，10月1日の場合には，分割を受ける権利を得る最終日は9月だが，実施日は10月になる。

　　　また，これも確認だが，株式分割の実施日と投資家が分割権利をゲットできる最終日は同じではない。権利最終日のほうが早い。

● 実施企業の市場別に見た状況 ☆

　次の分析ポイントは，株式分割の「実施件数は，どの市場の銘柄が多いのか」という点です。先の図表1-6でまとめた4点のうち，①の点と密接に関連します。

　毎日が "日曜日" 状態のリタイア生活が続く私には，自由時間があきれるほどあります。そこで2017年から4年間のデータを，さらに細かく分析してみました。

6つの区分（東証1部，東証2部，東証マザーズ，ジャスダック，Jリート，地方市場など）すべて合わせると，合計705件ありました。それらを1つひとつ確認して作ったのが次の図表1-8です。

図表1-8　株式分割を実施した企業の市場別構成（件数）

	2017年	2018年	2019年	2020年	小計
東証第1部	80	80	76	62	298
東証第2部	19	21	10	7	57
東証マザーズ	65	62	49	26	202
ジャスダック	43	45	10	20	118
その他	10	10	5	5	30
合　計	217	218	150	120	705

（注）1.「その他」は地方市場の単独上場，Jリート，東証上場の米企業。
　　　2.市場区分は分割を実施した当時のもの。

　注目されるのは，中小銘柄が集まる東証マザーズとジャスダックです。これら2市場の「実施件数の相対的な大きさ」はどの程度なのでしょうか。

　このデータを見ても，これら2市場はそう多いようには見えません（図表右端の小計を参照）。実施件数の総合計に対する比率を計算すると，マザーズとジャスダックはそれぞれ28.7％，16.7％です。**42.3％を占める東証1部よりも低くなっています。**

　こんなことになるのは，<u>東証1部の上場銘柄数が異常に多いことが原因です。</u>

● 相対的な比率の把握 ☆☆

　東証の傘下にある2つの新興銘柄市場（東証マザーズ，ジャスダック）を対象に，少し大雑把な把握になりますが，平均的な総銘柄数に対する分割実施件数の比率（2017年〜2020年）を把握してみました。次ページの図表1-9には，興味深い現象が出ています。

図表 1 - 9　新興銘柄市場 2 つの株式分割の実施件数比率

	マザーズ	ジャスダック
株式分割の総件数	202	118
総銘柄数（平均）	282	728
比率（％）	71.6	16.2

（注）総銘柄数は2017年と2020年 6 月中旬時点の上場社数の平均値。
　　　社数は『会社四季報』各年の第 3 集（夏号）による。

　マザーズ市場の比率は70％余り，ジャスダックの比率を大きく上回って
います。株式分割を行う会社は中小企業が多いと言っても，ここに見られ
る格差は異常に見えます。

　2 つの市場間で，どうしてこんな格差があるのか。マザーズ上場の新興
銘柄数は2017年から2020年にかけて余り増えていません。この点を踏まえ
ると，東証 1 部へ移行する際の "甘い" 条件を活用しようとマザーズ銘柄
が株式分割などの対策を進めて，次々と東証 1 部（あるいは 2 部）に移行
した結果，こんな現象が出てきたものと言えるでしょう。

● 大手企業の分割件数は少ない☆

　次に，大手企業では株式分割を行う会社が限られるということも，デー
タで検証しておきましょう。

　各年の『会社四季報』第 3 集に載っている時価総額（原則として各年 3
月末の数値）が5000億円以上ある会社を大手企業としました。株式分割の
実施総数705件のなかに，こうした大手企業がいくつ入っているのか，こ
の点をまとめたものが次ページの図表 1 -10です。

　ここには15社が載っています。その多くは，時々の時点で（まだ）元気
のある大手企業の集まりです。15社は，この意味で例外的な存在と言えま
す。おそらく経営陣は，「我が社の成長力から見て，この程度の株式数増
加であれば近い将来も『 1 株当たり利益』は増やせる」と判断したので
しょう。

図表 1 -10 大手企業の株式分割

実施年	実施した社名（月）		
2017年	サンドラッグ（2月）	マキタ（3月）	
2018年	エムスリー（9月）		
2019年	村田製作所（3月） テルモ（同上） オリンパス（同上）	ソフトバンク（6月） 野村総合研究所(同上)	良品計画（8月） キーエンス（11月）
2020年	日本電産（3月） 中外製薬（6月）	ウエルシアHD（8月） 第一三共（9月）	神戸物産（10月）

（注）神戸物産は2018年から毎年1回，株式分割を実施しているが，2018年と2019年は時価総
　　　額が5000億円未満。

株式分割で起きる「希薄化」現象

　視点を少し変えて，株式分割が行われると，各種の投資関連数値にどんな影響が出てくるのか，この点を確認しておこう。

　企業が株式分割（例，1→2）を行うと，株主が保有する株数は2倍に増える。同時に，「発行済み株式数」の総数も2倍に増える。

　その結果，投資家であれば誰でも気になる「1株当たりの数値」は何であれモロに影響を受けてしまう。「1株当たり数値」にはいろいろあるが，代表的なものはPERの倍率を計算するときに使われる「1株当たり利益（EPS）」である。このほか1株当たり配当金，1株当たり純資産額などがある。

●「希薄化」と言われる現象

　ここでもう一度，「1株当たりの利益」の計算を思い出してほしい。簡単な割り算だが，純利益額（連結決算では「親会社株主に帰属する利益」）を分子に，発行済み株式数を分母にして割り算する。株式分割で株数が増えると，次の図表が示すように「1株当たり利益」は自動的に下がる（小さくなる）。

図表1-11 「1株当たり利益」の計算

$$1株当たり利益（円）＝\frac{年間の純利益}{発行済み株式数}$$

株式分割でここが大きくなる。

　これと同じ現象は，会社が増資を行って株式数が増える場合にも起きる。こうした株式数増加で生じる現象を「1株当たり数値の希薄化（英語でダイリューション（dilution））」と言う。この現象は，企業の経営者，投資家たちが避けたいと思っても，避けられないものだ。

　希薄化という言葉はなじみにくい。直訳調の匂いもする。希薄化を意味する英語，ダイリューションは，もともと水を加えて薄くするという意味。金融市場の関係者は，水で薄めるイメージから発行済み株式数（つまり水）が増えると「1株当たり利益など」が薄まる＝小さくなる現象をダイリューションと言う。

●「希薄化」が生む誤解・錯覚

次に，株式分割で起きる配当金の調整（計算上の引き下げ）について，ちょっと考えてみよう。

1株当たり15円の配当金は，1→2の分割が行われると7.5円になる。問題はその後に起きる。

時間がたつにつれ，株式分割の記憶が薄れる。新しく投資に参加する投資家も増える。特に後者の場合，以前の経緯などほとんど知らないまま投資する可能性がある。その結果，「この会社の配当金は，あの会社の半分しかない。低いなあ」と感じることになる。

そばから私などが，「これは9カ月前に株式分割があったために配当額が7.5円になったので，低いわけではない」と説明しても，投資家の多くは心理的に7.5円の配当金を低いと感じるだろう。

つまり，「1株当たり数値」は株式分割の影響を受けて必ず下がるのだが，この点は理屈でわかっていても，投資家の"受け止め方"まで想定すると，誤解（あるいは錯覚）が生じかねない面がある。

●PERとPBRの倍率は変わらない

同じく，PERやPBRの倍率についても誤解しやすい面がある。株式分割の結果，株価は（1→2の場合）半分に"下がる"ため，これを見て割安になったと感じやすい。ここから，株式投資の初心者であれば，PERやPBRの倍率も2分の1に下がると受け止める人がいるかもしれない。

しかしこの場合は，発行済み株式数が2倍に増えた結果，分子の株価が2分の1に"下がり"，同時に分母の「1株当たり利益」（PERの場合）あるいは「1株当たり自己資本」（PBRの場合）も半分になる。このためPERやPBRの倍率は，分割があっても変わらない。

第**2**章

株式分割の "テコの作用" を考える

　この章では，株式分割を受けた投資家が分割の後に期待できる株価の上昇，そして利益（含み益）の発生・拡大を生むメカニズムについて詳しく検討します。この章は本書のなかで中核になる部分です。

　モノゴトは何でもそうですが，「ここぞ」と思うときにはグッとアクセルを踏み込んで，深く，細かく理解し，そこから得られる知恵をしっかり自分のものにすべきです。本を読む場合も例外ではありません。

Step 1　分割後に期待される株価上昇

　投資家が株式分割日（効力の発生日）を通過し，待望の "新しい株式" を受け取った後もそのまま持ち続けますと，やがて私が「おいしい」と表現する場面がやってきます。

　いや，ここは誤解のないよう，もっときめ細かく検討しましょう。

　株式分割は「成長力のある優良な中小銘柄の証」であり，将来の株価上昇余地が見込めると言っても，分割後にその株価がどう動くのか，この点は銘柄ごとに大きく異なります。

　少し時間がたって美しい花が再び咲き出す銘柄もあれば，分割後2年が経過したのに株価は分割で下がったところから少し上の辺で横ばい……というさえない銘柄もあります。

● おいしい場面がやってきて☆

　私がここで「おいしい場面」と言っているのは，株式分割を実施した銘柄のうち利益成長力の大きな企業で期待できることですが，少し時間がたつと株価の上昇が再び浮上してくる場合が多いのです。

　株価の浮上がいつやってくるのか，近い将来なのか，それとも遠い将来なのか。株価がどれほど大きな上昇になるのか，これらの点は事前には予測できません。

　一方，株式分割が行われて１人ひとりの株主の保有株数が増えると，**株価の再上昇を見た株主から「売り」が出てくることが予想されます。**

　具体的な事例で説明しましょう。投資家が仮に400株持っていて，１→２の分割を受けると株数は800株に増えます。一方，株価は分割前の（仮に）3000円から1500円へストンと下がり（調整され）ます。

　そこから仮に株価が1800円程度に上昇しますと，株主のなかから自分の持ち株の一部を売って利益を確保しようとする人が必ず出てきます。200株か300株でもいいから売り払って，６万円，９万円といった利益を手にしようとする投資家がいるのです。

　この場合，そうした投資家は，株式分割で持ち株数が２倍に増えたことによって満足感を持っていますから，小さな利益でも受け入れてしまうのです。

　しかし利益成長力が高い銘柄では，こんな小さな利益の確保（リカク）など，馬鹿らしく思えるような大きな利益（含み益の形成）が将来，待ち構えている可能性があります。

　とはいえ，こうした株主は，そんなことより目の前の利益実現に傾いてしまいます。**株式分割の後に，株価が上昇してくると「売り」が出てくることはある程度，避けられないと認識すべきでしょう。**

● エムスリーの事例で確認すると ☆☆

　ここで視点を変えて，先に見たエムスリーのデータ（7 ページの図表 1 - 3 の数値）を使って，株価の再浮上からもたらされる含み益の拡大現象について，ここでもう一度，じっくり点検してみましょう。

　スタートは 1 株 39 万 9000 円，そこから 4 回の分割（うち 1 回は 1 →200）を経て，計算上の株価は 166 円台まで下がり（調整され）ました。しかし足元で我々が見ている同社の株価は，3 月末では 7500 円前後になっています。

　166 円と 7500 円——この異常にも思える格差はどういうメカニズムで発生したのか。この点が今，我々が考えるべきことです。

　エムスリーの株価は，分割が行われるたびに下に調整されたはずです。しかし，そのつど分割後に株価が大きく上昇した。だからこそ現在，我々が見ているような株価水準になっているわけです。

　そこで，エムスリーの過去 10 年間にわたる株価チャート（月足，8 ページの図表 1 - 4）をもう一度，見てください。チャートでは，株式分割（4 回）が行われた時期を▼印で示しています。

　2018 年 10 月の分割後を除き，分割時の株価調整の "跡" はチャート上でほとんど確認できません。全体として，スムーズな形で右肩上がりの傾向が続いています。

　証券会社の取引サイト，新聞・雑誌などで見る株価チャート，市販の「株価チャート・ブック」などに載るチャートでは，株式分割が行われると価格がさかのぼって調整されます。分割などなかったかのように，分割の前と後が結ばれた形に修正されます。

　このため投資家が株価チャートを見て，分割の実施を確認しようとしても，星印などのマークでもついていないとわからないことが多いでしょう。

　ちなみに，上で私が書いた「分割の跡」というのは，分割後にしばらくの間，株価が低迷したり，下がったりする現象を指します。図表 1 - 4 の

チャートでは，2014年までの分割（当初の3回分）では跡がほとんど見られません。2018年4月の分割（1→2）では，分割の後1年以上，株価が低迷しました。この点については，この後で説明します。

●分割後の株価はどう変化したか ☆☆

エムスリーがこれまで4回行った株式分割の後，一定期間が経過した時点で株価がどんな変化（戻り）を見せたのか，この点をグラフで確認してみましょう。

右に載せた図表2-1は，分割実施前に株価が調整された日（権利落ち日）の終値から見て6カ月後，1年後，1年半後の3つの時点で株価がどう変化したのかをグラフの矢印で示したものです。

エムスリーは，2020年を通じて株価がほぼ3倍に跳ね上がって，投資家の間では，将来性豊かな成長性のある優良銘柄の代表のように見られています。しかし図表2-1を見ると，その時々の株式分割前後の相場環境，同社の収益状況などの影響を受けて，**分割後の株価はすべてスムーズに戻ったわけではないことがわかります。**

特に2018年10月初めに行われた分割（1→2）では，株価は分割後3カ月間にわたって調整（低迷）が続き，株価の戻りに時間がかかりました。1年半後になって，やっとプラス圏に戻っています。

このときの動きを確認しますと，分割に伴う権利落ち日は9月26日，この日は前日5000円から2641円に下がりました。10月に入ると株価は下げ基調となって，10月末には1818円に下げています。

このように分割の後，株価がしばらくの間，低迷することはそう珍しい現象ではありません。往々にして見られることです。

こうなるのは，分割が行われる前は投資家が分割の権利を得られるため，株価に「プレミアム分（プラスアルファー分）」がついています。分割が行われると，そのプレミアム分がはげ落ちることで株価の下げにつながります。

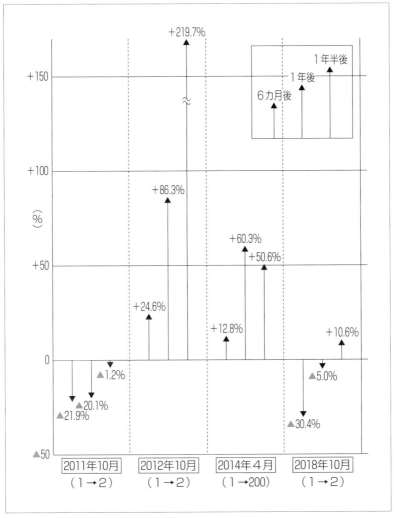

図表2-1 エムスリーの株式分割後の株価の動き

（注）グラフ下のカッコ内期日は分割の実施月。図表2-4も同じ。

　また前で指摘したように分割によって2倍，3倍に増えた保有株（その一部）を売って，利益を確保しようとする投資家の動きが出てくることも株価の圧迫要因となります。

しかし図表2-1で確認できるように，エムスリーの場合，**4回の分割**
では実施後に，時間経過とともに株価が上昇に転じています。この点がポイントです。

● ラクスの場合はどうだったのか ☆

もう1つ，株式分割を繰り返し実施している銘柄の事例を見ましょう。
取りあげるのはラクスです。私はこの会社の株主です。

この会社は2021年3月にマザーズから東証第1部に移ったところです。
このところ売上高と利益は急成長を続けており，成長銘柄の典型と言えます。事業内容は中小企業向けを中心にした「楽楽精算」などの各種の会計
処理，勤務管理などのシステム開発，IT人材派遣などです。

ラクスは，これまでにどんなテンポで株式分割を実施してきたのか，まずこの点を次の図表で確認してください。

図表2-2 ラクスの株式分割

分割時期	分割比率	株数の変化	想定株価の推移
分割前		100	2600円
① 2016年10月	1 → 2	200	1300円
② 2018年4月	1 → 2	400	650円
③ 2019年10月	1 → 2	800	325円
④ 2020年9月	1 → 2	1600	162.5円

（注）想定株価は投資スタート前の株価2600円（仮）がどう変化したのかを示す。

こちらはエムスリーよりもわかりやすいでしょう。1回目から3回目まで，きっちり1年半ごとに分割しています。2020年9月の分割は1年後の
実施となり，間隔が短くなりました。しかしどのケースも1→2の分割でしたから，株数は2×4の16倍に増えて，株価は当初価格（仮）の16分の
1になりました。

ここでも，ラクスの分割後の株価推移がどうなったのか，2月末までの

図表 2 - 3　ラクスの株価チャート

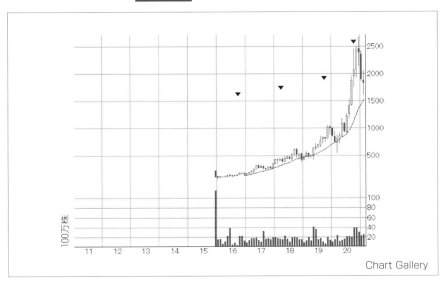

過去10年間の「月足」チャートを見てみましょう。同社の上場は2015年12
月。このため10年間チャートの左側は空白になっています。

　次に，エムスリーと同じ方式で分割の後，株価がどのように変化したの
かを見たのが次ページの図表 2 - 4 です。ここでも権利落ち日から見て半
年後，1 年後，1 年半後の 3 時点の騰落率を示しました。

　エムスリーと同じく，分割後の株価は必ずしも順調に上昇してはいませ
んが，グラフに載せた 3 ケースとも時間経過につれて株価が右肩上がりに
なっています。

　もちろん，この背景には**過去 5 年間，ラクスの利益成長スピードが拡大
して**きたことがあります。2020年 9 月に行われた直近の分割については，
これからの注目点になります。なおこの会社については，32ページのケー
ス 2 で財務面を中心に分析のメスを入れました。

図表 2-4 ラクスの株式分割後の株価の動き

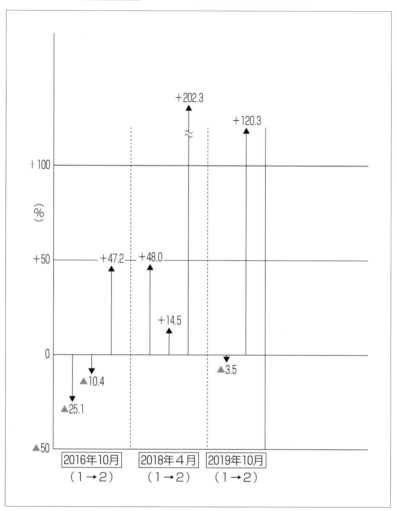

（注）1．ラクスの直近分割は2020年10月の実施であるため，グラフに載せず。
　　　2．2019年10月の分割について，1年半後は次の分割がからむため示していない。

● 株数が増加するスピード ☆☆

　ここで視点を変えて，株式分割で起きる保有株数の増加スピードはどれ

図表2-5　株式分割（1→2）で起きる現象

分　　割	保有株数	株数の増加分
分割前	100	
1回目	200	+100
2回目	400	+200
3回目	800	+400
4回目	1600	+800

ほど速いものか，この点を確認しておきましょう。次の図表2-5は，10年間に「1→2の株式分割」を4回行った場合の保有株数の変化をまとめたものです。

　注目してほしいのは，株数が目を見張るようなスピードで増えることです。足し算ではなく，"掛け算"で増えるためこうなります。

　この場合，「複利計算による年率」でとらえた平均伸び率はどれほどか。ちょっと計算してみますと，投資期間10年間で，年率ベースの平均増加率はなんと31.95%というスピードで増えることになります。驚くべき速さです。

　（ここで出てきた「複利計算を前提にする増加率平均＝年率平均」については，第3章末でその意味と把握法を説明します。）

Point　すごいスピードで何かが増える

　読者は，株式運用の世界で年率32%のスピードで「何かが増える」ということが，いかに"たいへん"なことか，実感できるだろうか。これは株式市場では「非常に稀有な現象」と言える。

　株式取引を続けていると，様々な現象に出会う。そのなかで10年間を通して，年率で32%のスピードで「何か」が増える——こんなことはめったにない。

　例えば株価の上昇率，配当金の増加率，投資対象企業の「1株当たり利益」の成長率など，年率32%の伸び率が10年間も続くことなど，ほとんどない。

　それが株式分割の"繰り返し"では，平凡な1→2の分割であっても，こんなスピードの増加になる。株式分割の威力はたいへん強い。

　保有株数の増加が持つ意味について，まだピンと来ない読者はいないでしょう。しかし，まだどこか，だまされたような感じもないわけではない，こんな読者もいるかもしれません。

　そういう人は，保有株数が増加した部分，先の図表2−5で言えば1600株と100株の差，1500株分を自分の手で買い増していって達成するとしたらどうなるか，ちょっと想像してみれば実感できるはずです。

　買うたびに高値づかみになったり，含み損の発生に苦しんだりと結構，大変な目に会うでしょう。**それが株式分割による保有株数の増加では，ただ持っているだけで1500株のホールダーになります。**

　株式分割を活用する投資法は，この意味で「省力型」の投資と言えます。

ケース2　　**高成長企業ラクスを分析してみる**

　高い成長力を維持している「分割好き」銘柄，ラクスの紹介を兼ねて，ここで少しメスを入れてみよう。

　ラクスは，足元の時価総額は4334億円（2020年12月末）になっている。新興銘柄では第6位に位置する。もちろん，ここには株式分割による発行済み株式数の増加と株価上昇が効いている。

●相次いで分割を実施

　先の図表2−2で見たように，2016年から4年間に4回，1→2の分割を実施した。先に見たエムスリーは時価総額が5兆円を超す規模になり，今後の株式分割が何回見込めるのか疑問もあるが，ラクスはまだ成長余地が大きい。株式分割はしばらくの間，続きそうである。

　この会社の成長力は，中小企業向け経費精算システム（クラウド型）の開発から始めて，最近では社内管理システムの開発など次々に事業分野を広げていることが支えになっている。加えて政府諸機関の行政手続きやデータの電子化の動きがラクスに追い風に効いている面もある。

　中小企業を主な顧客にしているため，市場開拓に手間はかかるが，成長余地はまだ大きい。

　ただ急成長企業は急に成長力を失うことがある。この点は，成長株投資で気をつけないといけない点である。投資家は必要な時には，さっと退却・回避することも頭の隅に置いておかないといけない。

●足元の業績拡大

　ラクスの財務データを対象にした分析は後の第 3 章で詳しく見るので，ここでは営業利益に焦点を当てて少し分析しておこう。

　2019年 3 月までの 5 年間，営業利益は年率平均で＋27.02％という高いペースで増えた。それが2020年 3 月期では前年比▲20.0％の "減益" となって，一気にブレーキがかかった。このため2020年 3 月期までの 5 年間を見ると，営業利益の年率平均で見た成長率は＋8.4％余りになる。

　投資家にとって驚きの減速だったが，決算発表時も株価はあまり下がらなかった。社長が減益原因について丁寧に細かく説明したためだ。それによると，広告費などの販売経費を大幅に増やして，2019年度は減益覚悟で意図的に次の飛躍に備える時期にしたのだという。

　そこで注目されたのが2020年 9 月中間期だったが，その内容はこれまた驚きの大幅増益になった。営業利益は前年比で2.52倍に急増した。社長のコメントを信じて保有し続けた投資家は，これで胸をなでおろした。

　どうやら，この会社はまだ企業規模が小さいこともあり，トップ経営陣が社内管理の手綱をしっかりコントロールできる面があるようだ。これも優良企業の要素の 1 つである。しかし投資家（株主を含む）を驚かすのは，あまりしてほしくない。

Step 2　株式分割の「テコの効果」を生む3つの要素

　ここまで読んできた読者は，株式分割から出てくる「テコの作用」を活用して，早く大きな利益をゲットしたいという気持ちが強くなっているでしょう。ですが，まだまだ勉強すべき項目が残っています。

　熱くなった読者の頭を冷やす意味もあって，ここで株式分割によって利益（含み益）が大きく増える要因について整理しておきます。

●成果を決める要素は3つある ☆☆

　株式分割とその繰り返しによる投資成果を決める条件は3つあります。1つ目は分割比率の大きさです。「1→2」や「1→3」といった「**分割比率の大きさ**」が影響を及ぼします。

　2つ目は，**分割が1回だけで終わってしまうのか，それとも何度も繰り返し行われるのか**，この点も重要なカギを握ります。

　そして改めて指摘するまでもないですが，**分割後に起きる株価再浮上の大きさが成果を左右**します。

図表2-6 　株式分割から得られる成果を決める3要素

① 分割比率の大きさ
　　分割比率は1対2（1→2），あるいは1対3（1→3），あるいはそれ以上なのか。

② 分割実施の頻度
　　一定期間で，何回，分割を実施するのか。

③ 分割実施後の株価推移
　　どの時点から株価の再浮上が始まるのか。そのスピードは？　そしてどこまで上がるのか。

● 3 要素はそれぞれ確実性が違う ☆☆

図表 2 - 6 に並べた 3 点は，それぞれ "確実性" が大きく異なります。

①については，どんな分割であっても株数の増加は必ず起きることです。

同時に株価の調整（下落）も必ず起きます。その時々の株価の動き，あるいは経営方針の変更などによって変わってしまうことは，ありません。

②と③は事前にはわからない面があります。ただ②は，読者が分割を受ける経験を重ねますと，かなりの程度，事前に推測できる面があります。③は言うまでもなく，その時々の株価次第で変わります。

株式分割を通じて得られる株数増加の現象は，ほとんど何ひとつ確実なものがなさそうに見える株式投資の世界では珍しい，確実に起きることです。

ただし，株価のほうも確実に，1 → 2 の分割の場合なら 2 分の 1 に下がり（調整され）ますが。

分割によって保有株数が大きくなった投資家の立場から見ると，株式分割の後に生じる利益（含み益）は，「持ち株数が増加した部分」と「株価の上昇部分」の "掛け算" で形成されます。

こうして見ると，ここは「確実な部分（株数の増加）」と「先行きが不透明な部分（株価の再浮上）」の掛け算であるとわかります。この点から，投資家は先行き不透明な部分に大きな期待を寄せることよりも，確かな部分を大事に扱うほうにもっと配慮すべきだという教えが出てきます。

ところが分割後に株価が少し上昇したというので，確実に手に入れた貴重な株式増加分を一部でも売ってしまう人が多いのが現実です。これは大変まずい行為だとわかるでしょう。

●「1 → 3 の分割」の場合はどうなるのか？ ☆

分割予定のリストで，時折見かける「1 → 3 の分割」では，ここで説明した状況はどう変化するのでしょうか。

説明するまでもないでしょう。1 株が 3 株に増えるため，持ち株数は 1

→2の場合などバカらしく思えるほど大きく増えます。保有100株からスタートして，分割1回で100株が300株に，2回なら900株に，3回では2700株に膨らみます（1→2の場合は100株→800株となる）。

　ここでも投資期間10年間として1→3の分割が3回繰り返された場合に「年率でとらえた増加スピード」を計算すると，**年率39％超という「化け物のような増加テンポ」**になります。

　その代わり，当然のことですが，株価の下げ（調整幅の大きさ）もぐんと大きくなります。上の場合でしたら，分割前1万円だった株価は27分の1の370円余りに下がり（調整され）ます。

　こうして見ると，1→3の株式分割を10年間に3回繰り返す企業など，**現実的に考えるとほとんどないでしょう。**発行済み株式数の増え方があまりに大きいことが障害です。

　分割比率が1株を3株か，それ以上の比率で行う株式分割は，実施されるとしても，1回だけというケースが多いでしょう。

　株式分割を行う企業側から見ると，発行済み株式数が一気に増える現象には強い警戒感があります。将来の負担，例えば配当支払い負担が大きくなって，自分の首を絞めることにもつながりかねません。

....

Point　中途半端な分割比率の場合は

　株式分割では，同じ分割比率を横一線でずっと続ける——こんなルールはない。1→2の分割を2回行った会社が，次は1→1.5の分割にする……といったように，分割比率を変えることもある。

　株式分割では，1→1.5あるいは1→1.2といった「中途半端な分割比率」で行われる場合，投資家は注意が必要である。分割で受け取る株式数が，最低取引単位の100株に満たない株数（いわゆる端株）になってしまうことがあるからだ。

　例えば300株を保有する人が1→1.5の分割を受けると，150株増えて450株になる。この場合，増加150株のうち50株分が中途半端になる。最低取引単位は100株だから，50株分は所定の手続きを取らないと売れない。

　こんな場面が来たら，投資家の対応は3つある——1つは「ややこしいことになり

そう。こんな株はやめる」とか言って、持ち株すべてを事前に売ってしまう手がある。しかしこの作戦は明らかに損である。

　2つ目は、事前に保有する300株のうち100株を分割前に売れば、保有株が200株になる。1→1.5の分割で100株増えて300株になるから、簡単に売買できる。しかしこれも貴重な株式分割を受ける権利を（部分的にせよ）手放すことになるので、合理的な行動とは言えそうにない。

　そこで3つ目の選択肢として、分割実施の予定が発表された後に、100株あるいは300株を買い増す手が考えられる。1.5倍して100株未満の株数が生じないようにすればいい。

● もう一度，全体を整理すると ☆

　ここでもう一度、株式分割がもたらす成果を決めるものは何か、整理しておきましょう。

　株式投資の基本目的は利益（含み益）の獲得ですが、株式投資の利益は3つの要素で決まります。下の計算式からわかるように保有株数と売却株価、購入価格の3つです。売らずに含み益で持つ場合には、売却価格の代わりにその時々の株価を使えばいいのです。

$$株式投資の利益 = 保有株数 \times (売却株価 - 購入価格)$$

　上の3要素のうち、株式分割は保有株数の増加と購入価格の引き下げに効いてきます。いや、こうした現象を同時に生むものは株式分割しかない、と言えます。

　唯一、投資家にとって事前に把握できないものは先行きの株価、つまり上の式で言えば売却価格の高さ（株価の動き）です。

　こう考えますと、その時々の株価の高さを決めるものが何か。この点が非常に重要な意味を持つことがわかります。簡単に言えば、**将来にわたって生じる株価 "上昇" を生むものは何かということです。**

　答えは**投資対象企業の利益成長**です。この点から、**株式分割を意識した**

投資で焦点を当てるべき銘柄は，将来の利益成長が見込める，明るい将来
展望を描ける銘柄ということになります。

　この点は，人が子供から大人になっていく過程で，小学校の高学年から
中学校，高校辺りまで5〜10年間ほど続く成長期を思い浮かべればわかり
ます。成長期が過ぎて，いくら頑張っても背が伸びない成人，つまり大企
業は現在完了形の企業か，場合によっては過去完了形の会社なのかもしれ
ません。このため株式分割とは縁が薄くなります。

● 成長力の大きい中小銘柄を狙う ☆☆☆

　結論をまとめますと，株式分割を何度も実施できる余裕のある銘柄は，
足元で発行済み株式数がまだ小さな段階にあり，株式数が増えても耐えら
れるだけの成長力，特に将来の「1株当たり利益の伸び」が見込める会社
でしょう。現実的に考えれば，投資候補となる企業はほとんど中小銘柄に
なります。

　こう書いても，「先生，他人に中小銘柄を狙えと言って，自分は時価総
額トップ20辺りにいるエムスリー株を持っているじゃないか」という声が
出てくるかもしれませんね。

　誤解してはいけません。私はエムスリー君がまだ中学生か高校生ぐらい
だったころ（マザーズに上場して数年後），この会社に目をつけて投資を
始めました。そしてリーマン・ショック後に買った株式なども合わせて
ずっと持ち続けました。そうしたら，時価総額ランキングのトップ20辺り
にスルスルと上がったのです。

　つまり成長株投資では，小粒だった投資先企業が大きくなっていく，そ
の流れに乗る形で，投資家が成長株を持ち続けることで自分の資産も大き
く育つ——これが株式投資で目指すべき理想の姿と言えます。私はその過
程で「株式分割の繰り返しが強力なテコになりますよ」と強調しているの
です。

●配当利回りに及ぶプラス効果 ☆☆

　ここでちょっと視点を変えて**投資家が受け取る配当金の"利回り"についても株式分割が大きなプラス効果を生む**ことを説明します。これも分割がもたらす「テコの効果」の1つです。

　投資家が同じ銘柄で株式分割を2回，3回と繰り返し受けると，自分の保有株数がぐんぐん増え，同時に保有株式の平均購入コストが下がります。

　この場合，分割後に支払われる**配当金額も，分割によって下がり（調整され）ます**。仮に分割前に支払われた配当金が1株当たり30円，それが（仮に）1→2の分割の後では，30円配当は15円に修正されます。

　そして，**ここでも分割後になって配当金が増加すると，投資家が目をまわすような高さに利回りがハネ上がる現象が出てきます。なぜなら株式分割によって，投資家の持ち株の平均購入コストが大きく下がるからです。**

　もちろん，この点もまた，その会社の業績が株式分割後も好調を維持し，毎年のように配当金の増加をすればという条件付きの話ですが。3〜4年間ぐらいそうした株式を持っていると，配当利回りは場合によって10%を超える水準に上昇することが珍しくありません。

　ここでもう一度整理しますと，**配当金利回りがハネ上がる現象には2つの要因が効いています。1つは，分割後に起きる配当金額の増加です。もう1つは株主の保有株式の平均コストが分割に伴って下に調整されることです。ここでも，これら2つが掛け算で効いて利回りを上昇させます。**

　この現象は，株価の再浮上ほど目立つものではありません。このため，配当利回りの上昇については，明確に認識していない投資家が多いでしょう。しかしこの点は，**配当受け取りを重視する投資家（シニア層）にとって大きな魅力になります。**

●ウイン・パートナーズの場合

ここで，私が保有する**ウイン・パートナーズ**で見られた配当利回りの変化を見ておきましょう。この会社は，医療機器（カテーテル，ステントなどの循環器系）の有力販売会社です。

同社は，これまでに２回，株式分割をしました。１回目は2009年６月末の１→100の分割，２つ目は2017年１月の１→２の分割です。このうち１回目は，例の取引単位株数の変更目的で行われたものですので省略します。

２回目の分割が行われる前，私は株式を1700株持っていました。分割によって２倍に増え3400株のホールダーになりました。

一方，私の手元にあった株式の平均購入コストは500円弱から，半分に下がりました。もちろん，投入総額は変化なし。それで配当金と利回りがどう変化したのか，ここが注目点です。

ウイン・パートナーズは，2017年３月期について当初，１株当たり43円の配当を予定していました。しかし2017年１月に分割（１→２）を行ったため，配当予定額は21.5円に修正されました。そして３月期決算を通過した後，配当金は21.5円から26円に変更されました。当初予定から20.9％増加させたわけです。

図表２-７ ウイン・パートナーズの分割前後の変化（2017年１月以降）

項　　目	株式分割に伴う変化
保有株式数	1700株 ⇒ 3400株
平均購入単価	488.232円 ⇒ 244.116円
配当金の推移	
・2017年３月期（予定）	43円 ⇒ 21.5円
・2017年３月期（実績）	26円
・2018年３月期	29円
・2019年３月期	32円
・2020年３月期	33円

　その後も2020年3月期までの3年間，配当金は29円→32円→33円と増やしてきました。2021年3月期は，年間34円を予定しています。

　それで34円配当の利回りはどれほどになるのか——34円を244.116円で割って，**13.9％強の利回り（税込み）** となります。大当たりのチャイムが♪ピン，ポーン♪と鳴ったようです。

　ウイン・パートナーズ は以前から，配当支払いに前向きの姿勢を続けてきました。私にとって，最近の利益成長には物足りない面を感じますが，この配当利回りは魅力的です。

　もう一度，確認のために書きますが，こうした**驚きの利回りを生んだ要因は，保有株の平均購入価格が分割によって大きく下がったことと分割後の増配**です。一方，持ち株数の増加は配当金の受け取り額の増加に効いてきます。この点を混同しないようにしてください。

● 時価総額ランキングの話

　エムスリーの時価総額の話が出てきたので，成長力の証明とも言える時価総額に関する一般教養編として，我が国の大手企業の時価総額がどのように推移してきたのか見ておきましょう。ここでは，たいへん興味深い現象が見られます。

　毎週日曜日に配布される週刊紙『日経ヴェリタス』は，時価総額「トップ200社」の社名と時価総額を載せます。「トップ200」とは，全上場企業およそ3800社のうち1位〜200位の企業群のことです（以下の時価総額はすべて2020年末時点の数値）。

　国内企業のトップは，言うまでもなく**トヨタ自動車**，12月末で計算した時価総額は25兆9636億円（株価7957円）です。2位は**ソフトバンクＧ**16兆8397億円（8058円），3位は**キーエンス**14兆1060億円（58000円）です。

　こうして見ると，**トヨタ自動車**の規模がダントツの大きさに見えますが，この規模でも世界の巨大企業の中に入れると20位以内には入りません。

　時価総額は毎日の株価変動によって上下に動きます。このためランキン

グ順位も毎日，上下に動きます。それぞれの企業は大も小も，抜いたり抜かれたりの競争をしているのです。

エムスリーの昨年12月末の時価総額は **6兆6129億円**（株価9743円），全上場企業のうち15位でした。こう書いても，実感がわかない人も多いでしょう。同社の前と後に位置する企業にはどんな会社があるのでしょうか。

エムスリーのすぐ上には**ダイキン工業**（14位），12位には**KDDI**，13位は**リクルートHD**となっています。

より印象的なのは，エムスリーの下位にいる会社です。銀行業界の最大手，**三菱UFJファイナンシャルG**は18位，総合商社のトップ**伊藤忠商事**もランキングは26位でエムスリーより時価総額は1.9兆円余りも少ない状況です。このほかメーカーでは**村田製作所**（16位），**武田薬品工業**（21位），**本田技研工業**（23位）などが下位になっています。

エムスリーは，高い成長力を投資家から評価されてこんな上位にきたわけですが，業務内容は主に医者向けネット情報の提供サービスです。大きな生産施設や研究所，世界的な営業網などを持っているわけではありません。それでいて，株式市場で日々つけられる株価を反映した時価総額で見ると，いかに大きな存在なのか，「目からウロコ」状態になった読者もいるでしょう。

● 企業規模を時価総額で見る意味 ☆

最近では，企業規模の大きさを把握する場合，時価総額で見る人が増えています。時価総額は時々の株価に発行済み株式数を掛けて出てくる数値ですから，この数値にはその時々の株価の高低（カッコ良く言えば，**投資家全般による企業価値の評価**）が反映されます。

私が大学を出たころ，70年代初めの話ですが，当時は企業規模を見る場合，たいてい売上高や総資産などの数値が使われていました。しかし**これらの数値は規模の大小はわかるが，どのように大きいのかがわかりません。**

当時は，戦後しばらくから始まった高度成長の爛熟期でした。そこで企

業規模を売上高や総資産で見ても許容される面がありました。

　しかし1990年に起きたバブル崩壊後は，海外投資家の日本企業を見る目が厳しさを増すにつれて，投資家の評価（株価水準）が加味された時価総額で見るケースが増えてきました。

　また，企業買収をする投資家や投資ファンドなどの視点を意識すると，**時価総額の大きさは，そのときに対象企業の全株式を買い取ったらいくらぐらいなのか，その概数を示す数値です。**

　時価総額の数字には最近，株式投資の世界で重視される「企業の価値」を反映した数値という意味があります。このため重視されているのです。ここには，時代の変遷に伴う投資家の視点の変化が感じられます。

● エムスリーに追い抜かれた大企業たち ☆☆

　株式分割を中心とした話から少し脇道にそれますが，ここで興味深いグラフを1つお見せしましょう。

　次ページの図表2-8は，時価総額「トップ200」の上位企業からエムスリーを含む9社を選んで，2020年3月から2021年2月末までの期間を対象に，毎月末の時価総額の順位がどう推移してきたのかをグラフにしたものです。

　エムスリーは，2020年3月末の59位から大手企業を次々に追い抜いて順位をあげてきました。ここに載せた9社のうち，上位で踏ん張っているのは日本電産だけです。

　もう少し細かく見ますと，かつて成長株の雄とされたパナソニックの低迷が目立ちます。株式市場で一時，人気銘柄だったファナックも2020年7月末にエムスリーに追い抜かれ，それ以後，2月末まで抜き返していません。

　ここで見ているグラフは，2020年に入ってからコロナ禍が拡大した時期とその後のウイズ・コロナの時期の1年間を見たものです。

　株価はともすれば過剰な投資家人気による大きな上振れ，あるいは下げ

図表 2-8　時価総額の順位推移

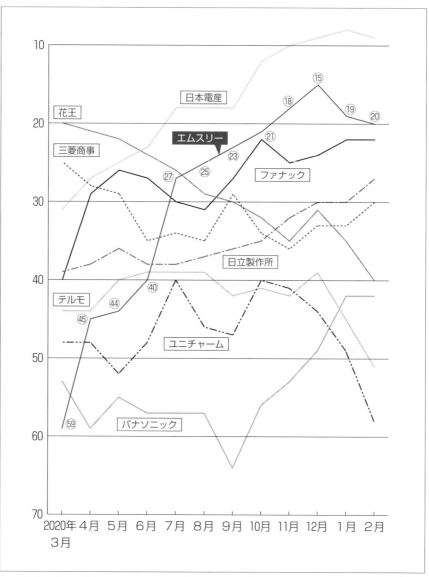

（出所）『日経ヴェリタス』の毎月末，あるいはそれに近い日付のランキングから筆者が作成。
（注）1．エムスリーのマル数字は順位。
　　　2．『日経ヴェリタス』は日曜日発行なので，基本的に前週金曜日の終値で把握した時価
　　　　総額である。このため月末時点から数日のズレが生じている月がある。

の場合も行き過ぎになりやすい面があります。このため変動の大きな株価を使って把握する時価総額について,「しょせんは一時的な現象だ」という冷めた見方もできます。

　しかし**時価総額の伸びを示すグラフを見ると, 高い利益成長を続ける成長企業が見せる"勢い"というものを感じます。**

● チャンスはいくらでもある☆

　ここまで読んできて, 読者は成長株で株式分割の繰り返しが生む「テコの効果」がどんな現象を生むのか, よくおわかりになったはずです。「これまで自分は何をしてきたんだ?」という後悔の念や儲け損ねたという感覚を抱いた読者がいるかもしれません。

　しかし我が国には上場企業が3500社以上もあります。ダメな企業も多いですが, 一方で元気な中小銘柄がたくさん上場しています。IPO（新規上場）によって, これからも新興企業が次々に株式市場に入ってきます。日本株がダメなら, 海外株もあります。

　通常の投資環境のもとで, 個人投資家が通常, 期待できる「1→2の分割」を考えると, 読者が1回目や2回目の分割をつかみ損ねたとしても, 同じ会社が次の分割を行うチャンスが見込める場合もあるでしょう。元気の良い中小企業は, 分割を繰り返す傾向があります。

　読者は, まずは1度でいいから, 株式分割を通過してみる。そして自分の持ち株が自動的に増える経験をして, そのまま株式を持ち続けるとどうなるのか。この過程を通ってみることがわかりやすい勉強になります。

　うまく行けば, 読者がぼんやりと期待しているレベルを大きく超える資産増加を実感できるでしょう。また, 少し株式分割に慣れてくれば, 分割の匂いもしない段階で, 期待の持てそうな銘柄を買う。こんな手法も使えるようになるでしょう。

Step 3　株式分割の落とし穴

　株式分割には，それを受ける投資家，実施する側の企業から見て，双方
に利点がたくさんあります。同時にデメリットもあります。ここではそれ
らの点を整理したうえで，投資家から見た投資上の「落とし穴」について
説明しましょう。

● 多くの投資家の目をひきつける効果 ☆

　会社から見た場合，**株式分割の大きなメリットの１つは，分割によって
株価が２分の１，３分の１に下がる（調整される）ため，小口資金で取引
している個人投資家の目を引きつける効果が見込めることです。**

　**株式分割は，企業経営者が自社を応援してくれる個人投資家の株主層を
増やしたいと考えている場合，有力な手段になります。**

　しかし，同時にこの投資家の目を引きつける点が落とし穴にもなります。
**分割が行われますと，小口資金で運用する個人投資家にとって投資の機会
が増えます。その結果，短期売買で投機的な行為を繰り返す投資家が増え
る**ことも想定されます。

　米国の著名な投資家兼企業経営者，W・バフェット氏は，株式分割に対
する警戒を崩しません。彼の経営する投資会社，バークシャー・ハサウェ
イ（NY 市場に上場）は株価がたいへん高く，個人投資家にはなかなか買
えないことで知られています。

　彼の元には，個人投資家から「株式分割して株価を引き下げてほしい」
という要望がたくさん来るようです。しかし彼は分割をガンとして拒否し
ています。その理由は，B・ハサウェイ社が上で指摘したような「投機の
おもちゃ」になるのを警戒しているからです。

　興味深い話ですが，株式分割にはこうした側面もあるという意味で，こ
の話は参考になるでしょう。

● 分割実施日までの「待ち時間」に起きる現象 ☆

　上場銘柄が株式分割の予定を発表しますと通常，分割日がやってくるまでに 1 カ月足らずから数カ月間の「待ち時間」があります。過去には，私が分割を受けた物流施設系リート，産業ファンドのように，6 カ月も前に分割予定を発表した事例がありました。

　この「待ち時間」，つまり分割計画の発表から実施日（実際には権利落ち日）までの間で，どんなことが起きるのか。もう一度，ここで整理しておきます。

　株式分割の計画を発表した会社の株価には，たいてい「一種の甘味料（プレミアム）」がつきます。その結果，発表を受けて株価がスルッと上昇することが多く見られます。分割の動きが具体化して，分割を受けようとする投資家から買いが増えるからです。

　ここから，投資家が実施計画の発表 "後" に買うと「高値づかみ」になりかねないリスクがあります。この点が投資家にとって落とし穴になるのです。

　さらに別の問題として，待ち時間のなかで対象銘柄の株価が大きく上昇すると，分割の後に反動で大きく下がることも考えられます。この間，その株式を持っている投資家はガマンして持ち続けなくては，近い将来に期待できる株価再浮上のチャンスはつかめません。この株価下落はなかなか悩ましいものになります。

　私自身は，こうしたケースでは，あくまで周囲の市場環境，対象銘柄の利益成長力などを見極めた上での話ですが，買い増しをすることもあります。

● 株式分割の前に起きること ☆☆

　繰り返しになりますが，**上場企業が株式分割を発表した後に，その銘柄を買い込む。こんな「後出しジャンケン」みたいなスタイルで投資していては，投入タイミングがそもそも遅過ぎる面が否定できません。大きな成**

果につながりにくいと言えるでしょう。

また「近い将来，分割がありそうだ」という期待や読みが投資家の間にあるとき，そんな思惑があるだけで，株価はもうあがり出すことが多いのです。投資家はプロも個人も，先手先手を打って動こうとするからです。

その結果，いざ企業が分割予定を発表したときには，対象会社の株価は分割の可能性を織り込んでいて，もう高くなっている場合が珍しくないのです。

先に見たラクスの分割リスト（図表2-2，28ページ）をもう一度，見てください。1→2の分割が4回ありましたが，当初の3回は1年半の期間をはさんで定期便のように実施しました。

こんな場合，投資家は次の分割時期を簡単に予想できます。 分割が行われたすぐ後に，ラクスの口コミ欄（例，Yahoo Finance の「掲示板」）をのぞいてみたら，もう次の分割のことを書いている人がいました。次の分割がくるのを待っている投資家がいることがわかります。

ここで私が「あるべき投資の姿」と思うことを書きますと，近い将来に株式分割がありそうだという思惑や読みで動くのではなく，そうした兆候が感じられない段階，つまり株価が分割の可能性をほとんど織り込んでいない段階で買っておかないと，大きな成果につながらないように思います。

私自身は株式分割について，実施タイミングを事前に予想したり，思惑で購入に動くことはあまりしないようにしています。そんなことよりも，成長力と成長余地の大きな，優良な中小型銘柄を探して買うことを優先しています。

そのうち，あたかも"遭遇"するかのように，株式分割のスケジュールが発表されるわけです。これが理想形だろうと思いますが，どうでしょうか。

● 株式分割の過剰な繰り返し ☆☆

株式分割を何度も行う会社は，分割の後，つねに順調な成長軌道を描く

とは限りません。

　例えば経営者が自信過剰気味になって，「我が社は今後もこの調子で成長できる。少々株式数が増えたぐらいでは問題ない」などと言って，短期間に株式分割を次々に繰り返す場合があります。

　これは，経営者の慢心（？）による「株式分割の集中現象」と言えるかもしれません。こうした分割実施では，分割の後に株価低迷を招く可能性が大きくなります。

　この現象は，IPO（新規公開）をした後の企業で見られる現象と似ています。非上場企業が株式公開すると，創業経営者はたいてい大株主ですから数十億円，ときには数百億円といった資産の保有者になります。

　そうすると，経営者のなかには勘違いする人が出てきます。マスコミをにぎわす企業買収に乗り出したりするわけです。

　株式分割を繰り返し行いますと，当然，その会社の株主の保有株は急激に増えます。短期的な視点から，そうした局面を見て短期売買をしようとする投資家が増えます。一種の短期的バブルと言えるかもしれません。

　また創業経営者も株主の1人ですから，保有株数の増加は経営者自身にとっても甘い蜜になります。このため，前のめりで株式分割を繰り返すことになってしまうのです。

　結局，それでどうなるかと言えば，**発行済み株式数の急増に利益成長がついていけず，株価がガクンと下がってしまう。**投資家は，この種のリスクにも気をつけないといけません。

ケース3 メディカル・データ・ビジョンの場合

　ここで取り上げる銘柄が過剰な分割事例に相当するのか，この点については議論があるかもしれない。だが1つの参考例として，メディカル・データ・ビジョンの分割を見ておこう。この会社の上場は2014年12月，まだ小粒だが，東証1部の上場である。

　同社は2015年から2018年までの4年間で，株式分割を4回実施した。次の図表2-9はその状況である。

図表2-9　メディカル・データ・ビジョンの株式分割

分割時期	分割比率	株式数（万株）
実施前	——	114
① 2015年7月	1→4	456
② 2016年7月	1→2	912
③ 2017年5月	1→2	1824
④ 2018年5月	1→2	3648

（出所）『会社四季報』2020年夏号など。

　この会社は，ほぼ1年に1回のペースで分割を行った。この結果，発行済み株式数は，分割前は114万株だったが，4年後には32倍の3648万株に膨らんだ。

　一方，利益のほうを見ると，純利益は2017年12月期までの4年間は早いスピードで成長してきた。しかし2018年12月期になって営業利益は前年比38.3％の減益，純利益も80.5％減となってブレーキがかかった。

　次の2019年12月期がどうなるのか注目されたが，さいわい，数値で見る限り利益水準は元の成長路線に戻ったようである。

　しかし株価チャートを見ると，一時的な現象ではあるが，2018年5月の分割後，2年間低迷した。分割の集中で株式数が急増した結果，株価の抑圧要因となったことがわかる。

　この会社は病院，薬品メーカー向けにネット上で医薬品・医療関連データを提供している。

　まだ小粒だから，成長余地は大きい。特に2020年に入って，コロナ禍の拡大後，夏過ぎ辺りから株価は急上昇に転じた。最近までの株価の動きは，結果オーライと言えるかもしれない。

　しかし次の分割まで，（仮にあるとしても）かなり長い間隔があくのではないか。

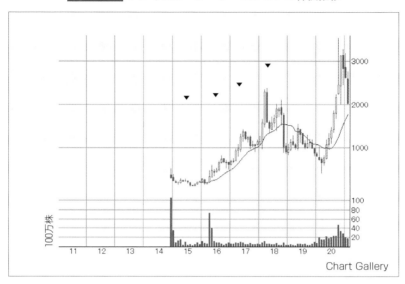

図表2-10 メディカル・データ・ビジョンの株価推移

● 株式分割をめぐる投資家の心理 ☆

　ここで少し視点を変えて，株式分割にからむ心理的な側面も考えてみましょう。

　まず，上場企業が分割を実施してから時間がたつと，投資家間で分割が行われたという記憶が薄れてきます。さらに分割で株価調整があったことをほとんど意識していない（知らない）新しい投資家も取引に加わってきます。

　後者の場合，新鮮（？）な目で対象銘柄の株価を見ます。分割の形跡がほとんど見えない株価チャートを見て，「この会社の株価，案外，安いんじゃないか？」と受けとめます。

　もちろん，これは「**一種の錯覚**」です。しかし，株式市場ではこうした現象が往々にして起きます。これも落とし穴の1つになります。

●売却益を早く確保したがる心理 ☆☆

　分割が終わって株価の再上昇が起きると，今度は**投資家にとって克服し
づらい「心理面の葛藤」が浮上します。それは——足元で20%，30%の株
価上昇によって膨らんだ含み益を前に，投資家は自分が保有する株式をす
ぐに売って目の前にある利益を確保したくなることです。**

　この心理は，豊富な投資経験から「比較的冷静に対応できる」と胸を張
る人でも，その時々の心理状態や株式投資の収支状況などによっては，そ
うした場面になると売りたくなる気持ちが強くなります。

　1つには，株式分割を通過して保有株数が2倍，3倍に増えた後ですから，
頭の中は「うまくいった」という満足感で満たされています。脇が甘くなっ
ているのです。ここは投資家にとって，なかなか克服しにくい局面です。

　このため**株式分割の後は，投資家は特に意識して「売りたい気持ち」を
抑えることが必要でしょう。**保有株は少し前に2倍，3倍に増えたばかり。
だからこそ，**投資家は「増えた持ち株の"一部"だけでいいから，売って
もいいのでは」という心理に陥りやすい**のです。いわば，自分に言い訳を
しながら売ってしまう姿になりかねません。

　こうした自分の心理との闘いは簡単に克服できません。なぜなら，通常
の金銭欲が背中を押すことに加えて，ここでは足元の悩ましい局面から早
く脱したいという，別の心理も作用するからです。

　こうした局面では，どうしたらいいのか，なかなか難しい問題です。私
の結論は——**決め手になるのは将来の利益"成長力"です。**もちろん株価
には様々な要因が影響しますが，**大きくモノを言うのは対象銘柄の利益が
将来も伸びるかどうかです。**

　投資家はここで説明した心理状態に陥りかけたら，対象銘柄の財務デー
タをチェックして，成長力が維持されていることを確認した上で，グッと
ガマンすることを心掛けるべきでしょう。その先にはもっともっと大きな
利益が待ち受けている可能性があるのですから。

株価上昇した株式は「含み益」で持つ

　個別銘柄の株式を買って首尾よく株価が上がってくると，投資家は「新しい悩み」を抱える。それを売って利益を実現すべきか，それとも含み益のまま持ち続けるべきかの選択である。

　この問題は，株式分割の後で生じる含み益だけに限らない。株式全般を通じて，損ばかりしている投資家は別として，投資家が何度も直面するものだ。しかもこの裏には結構，複雑な側面が隠れている。

●「目からウロコ」の現象

　以下で書くことは，投資・運用のあり方をぼんやりと考えている個人投資家にとって，「目からウロコ」の話かもしれない。なぜなら多くの個人投資家は，含み益（または含み損）について，まだ売ってない，確定していないものなので，「あやふやなもの」と認識しがちである。

　そこから，「利益確定の売り」という言葉があるように，売却で得た利益（実現益）こそが重要なもので，含み益で持ち続けることより，売却して利益確定するほうを優先的に考える人が多い。

　もっと書くと，それまでの人生の流れを通じて身につけた通俗的な常識の教えとやらで，いつの間にか「株式の利益とはこういうものなんだ」と勝手に思い込んでいる面もある。

　しかし株式投資に限らず投資全般の常識では，実現損益と含み損益は同じものとして扱うのが原則である。この点は，読者が年に 4 回，3 カ月ごとに銀行や証券会社などから受け取る資産残高表，売買報告書などを見れば，含み損益100円は実現損益100円と同じ扱いになっていることでわかる。

　一部の証券会社が送ってくる報告書を見たら，含み損益が（不確かなものなので）7 掛けの数値になっていたなどということは，絶対にない。

　つまり世の中では，ある時点の株価で把握した含み益と実際に持ち株を売却して得た売却益（実現益）の間に，扱いの差はないのである。これは各国で共有されている考え方である。

　ただし，確かな違いが 1 つある。それは，売却益に対して税務当局が20％余りの税金（譲渡益課税＝キャピタル・ゲイン課税）をかけてくる可能性があること。毎年春の確定申告時に，前年の 1 年間で通算した損益収支でプラスの利益となったら，その分の利益に対しては税金がかかる。

　含み益で持っている限り，こうした税金はかからない。これは大きなメリットである。

●実現益を必要とするとき

　ここまで考えると，イヤ，考えなくても，読者はもうおわかりだと思うが，含み益となっている銘柄を持っている場合，投資家は急いで売る必要はほとんどないのである。

　相場の世界には「損切りは素早く，益出しはゆっくり」という格言がある。上で書いたように含み益を「あやふやなもの」と認識していると，含み益銘柄は早く売って利益を確保しないと目の前の利益が消えてしまう……と考えて早めに売ってしまう。利益確定の売りは，とにかくゆっくり，ゆっくりと自分に言い聞かせるぐらいで，ちょうど良いのだ。

　逆に含み損の場合も，「不確かなもの」と思うので，先に行ってまた株価上昇が起きて含み損が小さくなる（消滅する）かもしれないと考える。その結果，含み損銘柄の処理（ロス・カット）が遅れがちになる。だから格言では「早く売りなさい」と言うわけだ。

　これを無視して「損切は後回し，益出しはさっとやる」方式で対応すると，含み損銘柄は延々と保持して先まで引っ張る一方，含み益銘柄はすぐに売ることになるので，手元には含み損銘柄がたまってくる。こうして"塩漬け"銘柄の収集家となってしまう。

　投資家の皆さん，黙っているからわからないが，世の中にはこんな状況に陥っている個人投資家が案外，多いようだ。

　では，どういう場合に売るべきなのか。1つ目は当面，資金を必要としているとき。この点はこれ以上，書く必要はないだろう。

　もう1つは，先行きの利益予想が暗く，どうにも株価が上がりそうにないと自分で確信できる場合である。基本的にこれらの2つの理由以外に，売る必要性はなかなか見つからない。

●あわてる投資家は……

　結局，含み益で持つべきか，それとも利益確定してしまったほうが良いのか，その選択は結局，その銘柄の将来性，特に将来の利益がどこまで伸びるのか，利益成長力の大きさで決まる。言い換えると，投資家がその銘柄の将来について，自分の手でいろいろ分析して，どう展望するかがカギとなる。

　しかしそんなことは，ハナから何も考えていない，考えようともしない個人投資家が多い。それで株式をバタバタと買ったり売ったりする。実に愚かな行為と言うべきだが，そうした投資行動の持つ「リスク」がわかっていないのでこうなってしまう。

　含み益の銘柄をなぜ売るのか。売りを正当化できる理屈の1つは，持ち株を売って利益を確定すれば将来，株価が下がって，せっかくの含み益がはげてしまうリスクを回避できることである。これは，これで正しい判断である。

　しかしその半面で，将来，株価がもっと大きく上がって含み益が拡大する

チャンスを捨てていることになる。

　含み益銘柄を急いで売ろうとするのは，「将来に得られるかもしれない（モヤモヤした）大きなプラス」より，「手短につかめる（確かそうな）小さなプラス」を重視するからである。これは投資全般で，こびりついて離れない投資家特有の心理と言える。

　投資家は，目の前にある小さなプラスよりも，将来に大きなプラスになる見通しがある限り，保有株を持ち続けることが賢明な選択になる。その前提として，投資家はそうした見極めを自分でしないといけない。

　そこで，個々の銘柄ごとに，例えばX社は「ずっと持つ銘柄」，Y社は「もう先の成長余地は小さそうないので，適当なところで売る」などと事前に自分で分析・評価したうえで，保有株式を分類しておくことも1つの手だろう。

●「バタバタと売買しないこと」の価値

　株価が買値から30％上昇したら，すぐに売ろうとする。こうした姿勢の裏側を探ると，投資家の安易な発想が潜んでいることがわかる。さっと売って利益をゲットし，近い将来にいずれ株価が下がってきたらそこで買い直せばいい。そして再び株価が上がって来たら，また売る……こんな売買の繰り返しが，資産拡大をもたらすと考えている。

　しかしこうした投資法を「資産拡大の正しい方法」と考えるのは大きな間違いである。なぜなら，投資家が売買をバタバタと繰り返せば繰り返すほど，プロであれ，個人投資家であれ，投資が失敗になる可能性が増えるからである。なぜなら買いと売りを1回の売買でズバリ当てられればいいが，実際にはそうならないからだ。バタバタと売買をすればするほど，失敗になる確率が増えてしまう。これが株式運用の世界の常識である。

　幸いに買値から30％上の株価になって含み益が膨らんできたら，投資家は，優良な成長株の場合はできるだけホールドすべきである。究極の優良・成長株投資の姿は，「ずっと売らずに持ち続けること」なのだ。

　W・バフェット氏がよく言うように，優良な成長銘柄の場合は売り払ってしまう必要はほとんどない。気構えを大きく持って，足元で起きる細かい株価変動は気にしない。死ぬまでずっと持ち続けるぐらいでちょうどいい。

Step 4　投資家の「企業を見る目」がモノを言う

　過去の『会社四季報』でユニクロの運営会社，ファーストリテイリングの分割事例を確認すると，1994年8月から2002年4月にかけて1→2と1→1.1などの分割を6回実施しています。ちなみに同社の株式上場は1994年7月。

　ところが同社は，最近は分割をまったくしていません。**この点から1994年から2002年春にかけての時期が，この会社にとって株式分割の「旬の時期」だったことがわかります。**

　投資家にとって，上場企業の株式分割を考える場合，分割の「旬の時期」を外さないようにすることが大切です。

● 分割の"旬の時期"を確認する ☆

　次にZホールディングス（2019年10月まではヤフー）の場合を見ると，**株式上場は1997年11月，2003年9月から2006年3月までの3年足らずの間に1→2の分割を6回も実施しました。**これは，頻度の高い分割を繰り返した事例です。

　その結果，当初の1株は64株に増えた計算です。この間，上場当初からヤフー株を持ち続けた投資家は，じっと持っていただけで大きな財産を築けたことでしょう。

　しかしこんな「おいしい展開」は，ヤフーの株数が大きくなった現在，再び起きるとは考えられません。**旬の時期を通り過ぎた上場企業は，ほとんどの場合，株式分割を行う意欲を失ってしまうものです。**

　では，個々の上場銘柄にとって「株式分割の旬の時期」がいつなのか。この点を見極めるには，どうすればいいのでしょうか。

　対象企業の過去の『会社四季報』，あるいは「有価証券報告書」などを見て，これまでの株式分割の"経歴"をチェックすることがスタート台に

なります。

　新規上場を果たした後，少し時間がたって1回目の分割を行う。その後，1年半あるいは2年，3年と経過した段階で，次の分割をする……読者がこんな段階にある中小銘柄を見つけたら，すぐにその銘柄をチェックして買うかどうか判断すべきでしょう。

　まず対象企業の株価チャートを見ます。次に，企業サイトから過去数年分の「決算短信」や決算説明資料などを引っぱり出して調べます。事業の内容，事業の成長性，財務上のリスクの大きさ（借入金の相対的な大きさや自己資本比率の高さなど），営業利益の推移と営業利益率の動き，さらにはキャッシュフロー計算書で「フリー・キャッシュフロー」が毎年出ているかなど，様々な面から調べます。

　さらに余力があれば，対象企業が決算時に発表する「決算説明資料」などを見るのも賢明な手法です。この種の資料は，事業の性格や問題点などを把握するのに役立つことがあります。

　こうした財務や経営面の分析は，一般に「ファンダメンタル分析」と言われます。後の第3章と第4章で，分析の際の着眼点，重要ポイントなどを解説します。

● "旬の時期" は案外，短いかも ☆☆

　読者が首尾よく分割を実施しそうな会社を見つけたとしても，その会社が将来にわたって延々と株式分割を何回も繰り返すことはありません。将来どこかの時点で，「分割はもうしません」となる時期がやってきます。

　そこで**株式分割のテコを活用しようとする投資家は，可能な限り分割の「旬の時期」の初期，1回目の分割をつかみ損ねたとしても，せいぜい2回目か3回目までの段階で，株式を購入しておくことが望ましいと言えます。**

　私のこれまでの経験と観察から言えるのは，**分割の「旬の時期」と言える期間は，そう長くは続かないことです。短い企業なら，5年間も続かな**

いかもしれません。長い場合でも，10年以上も続いたら驚きのケースで
しょう。

　その際に，投資家側が見極めるべき点は，何といっても対象企業の利益
成長力，特に将来の「1株当たり利益」の成長力です。経営面で優良な要
素を持っていて，それらが成長力に集約されて，決算内容にもそれが出て
いる。こんな銘柄が求める企業の姿です。

　この点については，次のケースで紹介するエムスリー株投資で，私が
「ピンときたとき」の話を書きました。参考になることが多いと思います。

● 最終的にモノを言うのは，投資家の「企業を見る目」 ☆☆☆

　株式分割の後で起きる株価上昇の"勢い"と上昇幅の大きさを決めるも
のは，基本的にその会社が持っている「将来の利益成長力」です。

　分割後，それが大きな成果（利益）につながるかどうか——この点もま
た，事前に読者がどれだけ割安な株価で成長企業の株式を買っていたのか
に左右されます。この点は通常の投資でも同じです。

　ここから結論として，個々の銘柄の利益成長力を投資家が"事前"にど
れだけ見極められるか，この点が決め手になります。個人投資家は自分で
銘柄分析の力，特に企業を見る目を養うことが強く求められます。

　次のケースと第3〜第4章で，財務分析と経営分析の視点を念頭に「企
業の成長力」をどうやって分析すればいいのかを説明します。

ケース4 企業分析で「ピン」とくる瞬間

　エムスリーは，今では時価総額でトップ30に入る有力企業だが，私がこの会社に目をつけて買い始めたのは，同社が東証マザーズに上場して2年目の2006年9月。社名もまだ「ソネット・エムスリー」と言っていた。

　同社は当初，ソニー（4月1日からソニーGに変更）の出資を受けてスタートした経緯があり，ソニーは今もエムスリーの筆頭株主（保有比率34％）である。

●**エムスリーとの出会い**

　私がこの小さな会社に目をつけたとき，ちょっとした話題の会社だった。この点から，投資家としてこの銘柄に目をつけたこと自体に，そう自慢できる部分があるわけではない。

　15年も前のことで記憶が不確かな部分があるが，エムスリーに関する記事をビジネス雑誌で読んでいて，「ピン」とくるものがあったことを覚えている。

　エムスリーは医者向け各種情報・サービスサイトの運営が主な業務。当時，全国の医者を相手に有料会員に組織化している段階だった。

　医者と言えば毎日の業務が多忙な人が多い。だが新薬の開発，薬の副作用問題，医療行政の動き，新しい医療機器や医療技術の情報などをつねに仕入れておく必要がある。

　しかし現実には，ゆっくり情報収集・分析などに使える時間が限られる。ここにエムスリーの事業が成り立つ舞台があった。当時の同社は，そうしたネット時代に沿う新事業の土俵（今風に言えば「プラットフォーム」）を構築し始めた段階だった。

　また医者は弁護士と並んで高収入の人が多い。そこで，例えばジャガー（英国の高級車）の販売会社から見ると，エムスリーのサイトに広告を出すのが効果的だとわかる。同様のことは，貴金属の小売り，別荘・リゾートマンションの分譲業者，旅行代理店などにも言える。エムスリーは医薬品メーカー，医療関連の企業だけでなく，これらの企業とも連携して広告の掲載など，様々な事業展開ができそうな可能性を感じられた。

●**事業の独自性がポイント**

　重要な点は将来，事業の展開が幅広く見込めそうだったことである。エムスリーは，ネットの広範なつながりをバネに，様々な隣接分野へ事業を拡げられる可能性を持っていた。

　さらに，自社で独自に開発したノウハウを使って事業展開を図ろうとしていた。その象徴が，祖業となった新薬とその開発に関連する情報提供サービスである。

この事業は独自に開発したもので，ほとんどライバルがいない。海外まで含めて広大な原野が目の前に広がっていた。将来の大きな可能性を感じさせるものがあった。

ここで一般化して書くと，まず「独自性のある事業」という点が重要な価値を持つ。第2に，そこで培ったノウハウを活かして隣接分野へ次々に事業展開できそうな可能性があることが指摘できる。この点は「水平展開」などと言われる。

読者もこの2点を意識して銘柄探しをするといい。例えば，私は後になってラクス，eBASE，最近ならJストリームなどを買ったが，いずれもエムスリーの投資経験からヒントを得て投資した。

eBASE は当初，食品の安全問題から需要が浮上した食品類の「トレーサビリティ」（食品の生産者から流通業者，小売り業者までのルートを跡づけするシステム）の構築・販売が事業だった。この分野は当時の国策に沿ったもので，狭い分野（ニッチ）にとどまっていた。

やがて私が想像した通り，雑貨などの「隣り村」へ展開し始めた。水平展開の進展である。商売のタネは，雑貨以外へどんどん広がりそうである。

Jストリームは最近，注目されている5G（第5世代通信網）の関連銘柄探しで見つけた。同社はネットを活用した通信と映像製作の接点で事業を行っている。5G網の整備が急速に進むにつれ，種々の映像関連の事業を展開できる。

いずれも，ネットの便利さ（機能向上）と成長分野の "交差点" で事業を展開している。この点は21世紀の今，重要な着眼点となる。

●いつ有望銘柄に目をつけるのか

ここで見たように，私がエムスリーに目をつけた時期が成長の「初期段階」だったことに，それなりの意味がある。

株式投資というものは，「早いモノ勝ち」の面がある。投資家はこの点を意識して中小の銘柄を探すべきだろう。他人の後をついて行くのでは，成果が限られる。

一方，こうして見つけた有望銘柄は，当初，投資をするときに「ハイリスク」に見えることが多い。しかし将来見通しが不透明な部分があっても，そこを乗り越えて投資をしないことには前に進めない。

そうした不安要素を少しでもカバーするのは，自分の手で行う経営分析，財務分析である。やはり，ここでも結論はここに戻ってくる。

個人投資家の多くは，こうした投資の基礎となる部分で，勉強や努力をあまりしていない。それでいて，なぜか，自分だけはうまいことをできると思っている。

ここまでのまとめ

- 株式分割では、1 → 2 の分割の場合、株数が 2 倍に増え、同時に株価が半分に下がる（調整される）。だから損得は生じない——この説明と理解に投資家がとどまっている限り、大した展望は描けない。

- ポイントは、その先にこそ、大きな成果につながる展開が待ち受けているということである。

- 株式分割を行う銘柄は、中小銘柄が多い。特に上場してから 1 年か 2 年ぐらい経過した段階から10年以内の会社が狙い目になる。一方、上場後あまりに早すぎる分割は、逆に警戒すべき対象となる。

- 銘柄を選ぶ際の決め手は「将来の成長力」である。成長力を見るには、事業内容の性格、売上高の拡大スピード、特に営業利益の成長、純利益の推移などを調べればいい。言うまでもなく、無借金経営かそれに近い状態の会社が望ましい。

- 株式分割を意識して、資金投入のタイミングをうまくつかもうとしても難しい。候補企業を自分で見つけたら、思い切って資金を入れてみることが必要だろう。

　　その際に決め手となるのは、あなたの気合や度胸ではない。自分で対象銘柄の調査・分析をどれだけ深くできるかがモノを言う。そうした努力があなたに自信と確信を与え、障害を乗り越える力になる。

- 資金投入する前に、必ず過去に株式分割をしたことがあるかどうかをチェックすること。株式分割を実施する企業は、分割を繰り返す傾向がある。

- 株式分割の予定が発表された "後" に、その会社の株式を買うのは慎重にすべき。発表後には、株価が高くなっていることが多いから。

　　しかし発表企業は全部、タイミング的に遅すぎると言うわけではない。案外、将来性の大きな有望な銘柄が混じっているかもしれない。読者には、時々、ネット上で「株式分割予定の一覧表」を調べることをお勧めする。

● 事前に買っておいた銘柄で，幸運にも株式分割が発表されたら，とにかく保有し続けること。株価が一時的に下がった場合は，そこで買い増しすることもあり得る。

● 分割の後に，株価が再び上昇し始める。その場合も安易な「利食いの売り」は控えること。長期ホールドの方針で「含み益の拡大」を図ることを追求すべきである。そうすると，また2年後辺りに次の分割がある（かもしれない）。

第3章

企業の成長力の見極め方

この章と次の第4章で，「企業の成長力」をどうやって把握・分析すればいいのか，この点に焦点を当てて解説します。

このテーマは，近い将来に株式分割がありそうな企業の分析に限られるものではありません。株式投資は上場企業の将来性，特に将来の成長力，企業価値の増大を期待しながら行うものですから，**企業の成長力を探る分析は株式投資全般に通じる基本的な課題です。**

しかし企業が持つ成長力，成長の早さ，あるいは将来の事業展開の力などを把握することは簡単ではありません。そのための手法も，過去の財務データに基づく財務分析に加えて経営分析と言われる定性的な要素まで含まれます。そうした分析を様々な銘柄で繰り返すことによって，投資家は少しずつ先の展開が読めるようになるのです。**読者は前向きな姿勢で，まず「自分の手で分析してみる」ことがスタートになります。**

Step 1 「2つの視点」からのアプローチ

まず教科書のスタイルで説明しますが，上場企業の成長力を見る場合，基本的に「2つのアプローチ」があります。それは①**財務分析**，②**経営分析**——の2つです。

財務分析は，決算で出された数値や会社側が公表している各種データなどを対象に分析・評価するものです。分析の対象となるのは数字やいろいろなデータ類が多く，見る人によって分析結果が大きく異なるなどという

ことはあまりありません。この部分は分析全体のうちで，比較的わかりやすい部分に相当します。

　もう1つの経営分析は，「非財務分析」的な要素，つまり**定量的でない**
（数値で把握しにくい）定性的な要素まで含まれます。このためこの種の
分析には，難しい面がたくさんあります。

　そうした難しさの一例を書きますと，**対象銘柄の経営者の手腕，社員の**
質の良し悪し，会社の社風，風通しの良さなどといった「空気のようなも
の」までが，経営分析では対象になります。株式投資では，オーナー経営
者とサラリーマン経営者のどちらが良いのかということが話題になります。
これも経営分析の1つの事例と言えます。

● 3つの分析手法 ☆☆

　株式投資をしているプロを含む投資家たちは，これらの課題にどう対処しているのか。ざっくり言いますと，**財務分析を中心にした「ファンダメ**
ンタル分析」，株価チャートを相手にする「テクニカル分析」の2つで対
処している人が多いはずです。

　この場合，ファンダメンタル（基礎的な）分析と言っても，実際にやっているのは財務分析が大半を占めます。経営分析のほうは各自ばらばら，「分析などほとんどしない」と言う人もいるでしょう。それでも時には儲かってしまうのが株式投資の不思議なところ，と言うか，困惑するところなのですが。

　以上をまとめると，**ファンダメンタル分析は財務面の分析と非財務的な**
分析，つまり2つの要素で成り立っています。それらとは違う手法として，
株価チャートに基づくテクニカル分析（チャート分析）があると考えればいいでしょう。次ページの図表3-1は，この構図を示したものです。

● それぞれの特徴と欠点 ☆

　財務分析は，学校などで財務諸表の基礎を勉強してこなかった投資家に

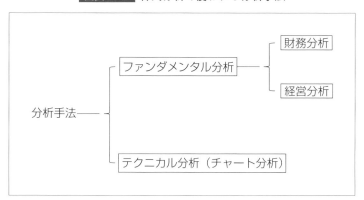

図表3-1　株式分析で使われる分析手法

とって，最初の段階はとっつきにくい面（入りにくい面）があるでしょう。しかしいったん基本をマスターすれば，分析はある程度，簡単にできるようになります。

　その場合のカギは，基本的な分析手法を身につけて，どれだけたくさんの対象銘柄でそれを使うのか，この積み重ねがポイントです。株式投資を前提にした財務分析では，決算数値などを見て分析することの繰り返しによる経験・知見の"蓄積"が大いにモノを言う面があります。このため習得には，ある程度の時間がかかります。

　一方，定性的な分析まで含めた「経営分析」では，定性的要素の分析が難しい部分になります。社内の空気，社員の質などといった「とらえどころ」のないものが対象になりますから，個々の問題に対応する分析手法が確立しているとは言えません。

　このため個人投資家は，経営分析について苦手意識を持っている人が多いでしょう。長年，株式投資を続けている人でも，経営分析は事実上パス……と言う人が多いはずです。

　しかしこの点に関して，1つ注意しないといけないことがあります。それは「ここで謹んで分析いたします」といった気持ちなどほとんど持たない投資家でも，多くの場合，頭のなかで社風の良し悪し，経営者の能力な

どについて，ぼんやりとイメージしていることです。こうしたボンヤリ型の対応を続けていますと，頭の中に誤った判断基準ができて，それが投資上のミスにつながりかねません。

●企業の「研究開発力」をどう見ればいいのか

経営分析の難しさについて，1つ具体的な事例で説明しましょう。分析対象の会社がどれほど「優れた研究開発力」を持っているのか——この点を探ろうとすると，なかなか大変です。

普通，**投資家は年間の研究開発費（R&Dの経費）を調べて，そのコストが年間売上高に対しどれだけの比率になっているのか，といった数値を見ます**。しかしこの種の比率を見るだけでは，分析はすぐに壁にぶち当たってしまいます。比率だけでは，モヤモヤした部分が残るからです。

そこでひと工夫して，**会社の保有特許数を調べる，その特許数がどう増えているのかを見る，研究所などで働く博士研究者がどれだけいるのかな**どを調べたりします。

これらは，漠然としたイメージでとらえがちな研究開発力と言うものをできるだけ「定量的な分析（数値による分析）」に置き換えて迫ろうという手法です。

しかしこうした数値による分析は，表面的なものになりやすいというマイナス面から逃れられません。結局，数字の裏に隠れている様々な要素まで把握・分析しないと，実態はわからないという結論になってしまいます。

●ビジネス・スクールでの経験

私は2014年から10年余り，福井県立大学の「ビジネス・スクール（大学院の修士課程）」で資産運用を非常勤で教えました。定性的要素の分析にからみついて離れないこの種の問題について，5日間にわたる集中講義の初日によく話をしたものです。

日ごろ家内と交わす会話はほとんどなし。私の声帯はさぼりグセがつい

ています。ところが福井に行くと突然、（集中講義のため）朝から夕まで
しゃべり通しになります。途中で休みを取るとはいえ、声がかれてしまい、
「のど飴」が手放せない日々でした。

　講義のなかで、上記の定性的要素の分析について話すと、「先生、それっ
て、個人の見方によるんじゃないですか？」などと質問（少し意地の悪い
質問）をしてくる大学院生がいたものです。たいてい社会人の学生でした
が。

　そうなのです。数値は誰が見ても1、2、3は1、2、3ですから、財
務分析は比較的はっきりした答えが出ることが多い。しかし経営分析では、
定性的な要素をどう分析し評価すればいいのか。何が正しい答えなのか、
なかなかわかりません。

　**そのせいか、経営分析の分野で定評のあるテキスト、参考書などはほと
んど見当たりません。教えるほうも、「こうした傾向が見られる」といっ
た程度の話しかできないこと**が多いのです。

●科学と芸術の合わせ技 ☆☆

　米国で出された投資関連の本を読んでいると、よく**株式投資は「科学と
アート（芸術）の合わせ技のようなもの」**という文章にお目にかかります。

　科学とは、財務データの分析から得られる知見、評価などに基づく投資
判断のことです。「1株当たり利益」の成長性やPER倍率の分析などが、
当てはまります。数値が相手ですからわかりやすい。投資家がいったんノ
ウハウや分析手法を身につければ、それを繰り返し使うことが可能です。

　ところが、先のエムスリーのケースで紹介した「ピンときた瞬間」の話
など、まさにつかみどころのない話です。頭脳の前頭葉で一瞬ひらめいた
ことをどうやって把握し、どうすれば次の投資案件に応用できるのか。さ
らに、どうしたら「ピンとくる現象」を増やせるのか――こうした課題は
どうすれば習得できるのでしょうか。

　結局は、「ボーとしていないで、いつもピリピリした状態で企業を分析

しなさい」となるのがオチかもしれません。これでは精神集中の教えになりますね。

このため投資関連本の多くでは，音感の良し悪しに似た感覚的な鑑識眼のような能力が重要である——と指摘することはできても，「そこは芸術の世界に似た面があって……」と書くしかないのです。

●財務分析ぐらいはマスターしよう

しかし読者の方々，ご心配召されるな。以下では財務分析の話を中心に書きます。定性的な部分の分析は，必要に応じて触れることにします。

それでも，財務分析の基本をマスターすれば，企業の成長力の分析はある程度，こなせるようになります。

ところが個人投資家は，その財務分析をほとんどしていない人が多いようです。「この会社は有名だから安心できる」とか，「日経新聞によく記事が載るので，わかりやすい」などといった"評価"で，（十分すぎるほど成熟化した）大企業の株式を買っている人が数多くいます。

財務分析の基本を身につければ，こうした段階にとどまっている投資家の多くよりも，投資対象である企業の理解度を深めることができるでしょう。

ただし，株式投資では，読者がこの段階まで進んだら他人を上回る大きな成果があげられるのかと言うと，そうなる場合もあるし，そうはならない場合もあります。株式投資では「運」がかなりの程度，成果を左右することは避けられないからです。

投資家は「運頼りの投資」にとどまっている限り，自分のノウハウを使って成果につなげることはできません。投資のノウハウというものは，繰り返し使えることがキモ（肝）なのです。

読者は，まずは財務面の分析の基本的ノウハウを習得することを目指すべきです。少しでも自分の分析力を向上させる努力を続けることが欠かせません。

Step 2　「連結財務諸表の森」に踏み込む前に

　読者は上場企業の決算データを見て，細かく分析したことがありますか。私は前々から，**個人投資家にとって最も苦手なところがここではないか**，と見ています。言い換えると，**投資のプロとアマの間で顕著な差がある部分がここではないか**ということです。

　株式投資の世界は，ゴルフと違って，1人ひとりの技量に応じたハンデ（ハンディキャップ）が事前に決まっていて，それに基づいて競技スコアを調整できるわけではありません。**同じ土俵上でプロもアマも入り乱れて，まったくハンデなしで売り買いする。これが株式市場**です。

●アマチュア投資家の姿 ☆

　昔話になって恐縮ですが，2000年春から教鞭をとっていた流通科学大学では，春と秋の2回，毎週土曜日の空き教室を使って，5日間の「社会人向け公開講座」をしていました。その1つに株式投資のコースがあって，それを私が担当しました。

　あるとき，財務分析を取りあげたことがあります。この講座では，最終日に参加者にアンケートを取ります。翌週には回答が束になって研究室にやってきます。

　それを見ていたら，**財務分析を取り上げた回では「今回は難しかった」，「自分の勉強不足を痛感した」といったコメントが並んでいました**。私は「やっぱり，そうなんだ」と強く感じたものです。

　あるとき最終回の話を終えて，「何か質問はありませんか」と聞いたら，いつも私の正面に座っていて，話を始めるとすぐに舟をこぎ始める御仁（おそらく70歳台のシニア）がいました。その人がおずおずと聞いた質問は——「先生は何回も有利子負債と言っていたが，何でっか？」。

　「オッと驚く為五郎」と言いたくなる場面ですね。とは言っても，最近

の若い人には「為五郎？　ナンのこと」かもしれませんが。

　私はこの質問を真正面から受け止めて，こんな答えをしました。

　――「*企業は有利子負債と"無"利子負債を持っている。だが無利子負債は通常，こんな言い方はしない。ただの負債である。*

　しかしこの種の負債には，"事実上の金利"に相当するコストが含まれていることが多いので，気をつけないといけない。」――

　ここには，ある種の問題が垣間見えるようです。有利子負債なるものを知らずに，自分の大切なおカネを株式に投入する――これが個人投資家の実態（リスクいっぱいの姿）のようです。

　この種の行為がいかに恐ろしいことか，この点を意識しないまま投資をしている人がたくさんいるようです。特に財務諸表の分析については，ほとんど勉強もせず，我流と言うか，適当にごまかしながら投資をしている人が多いでしょう。だから株式投資で損ばかりするんだ……とは言いませんが。

●『会社四季報』からの卒業 ☆

　あなたが前向きの意欲を持つ投資家なら，『会社四季報』ぐらいは日ごろから見ているでしょう。この情報誌は，最近，どんどん厚く，重くなって，70歳を超えた私には持ちにくくて困ります。

　読者は，『会社四季報』を見るだけでなく，そこからもっと前に進んでほしいと思います。そのためには――**自分の保有銘柄で決算発表があったら，その会社のホームページから「決算短信」を引っ張り出して，ぜひ内容をチェックしてほしいのです。**多くの個人投資家は，新聞に載る決算数値をチラッと見る程度でお茶を濁しているようです。読者の方々はこの点どうですか？　決算短信については，252ページ以降に東レの2020年3月期決算短信から取り出したデータを載せておきました。参照してください。

　決算短信は，年間決算の場合，Ａ４判30～40ページぐらいの分量があります。四半期決算や中間決算（第２四半期決算）では，もう少し薄くなり

ます。

　まず1ページ目の「まとめ」部分をプリントアウトして，じっくり見ます。次に3～5ページぐらい後に，5種類の財務データが載っています。これが財務諸表と言われるもので，ここから必要なものを取り出して分析するわけです。

　財務諸表のうち，基本的なものは次の3つです。これらは一般に「**基本財務諸表**」と言われるもので，まずこの3つの財務諸表を見ることがスタート台になります。

　財務諸表を見る人は企業の経営者や幹部，公認会計士，税理士，税務署のスタッフ，金融機関の関係者，M&Aの専門家などいろいろいますが，**株式投資家もこれら3種類のデータは欠かさずチェックすべきです。**

図表3-2 基本的な財務諸表

- 連結バランスシート（貸借対照表）
- 連結損益計算書
- 連結キャッシュフロー計算書（略してＣＦ計算書）

　決算短信には，上記3つのほかに「連結包括利益計算書」と「連結株主資本等変動計算書」という見慣れない名のデータも載っています。こちらは必要なときに見ればいいでしょう。

　それよりも，**4つ目のデータとして投資家にぜひ見てほしいのは，財務諸表類の少し後のページに載っている「セグメント情報」のデータ**です。

　セグメントとは「部門」という意味です。事業部門別，海外市場を含めた地域別に見た主要事業の売上高，営業利益の状況などがここに載っています（このデータも，後の**東レ**の参考データに載せています）。

　これで財務分析に必要な「4つのデータ」がそろいました。最後に「決

算短信」の本文に相当する「**経営成績等の概況**」という欄（文章説明）を
読めばいいでしょう。

● 成長力を見るときの着眼点 ☆☆

　ここでもう一度，確認しますが，ここで財務諸表の分析を説明するのは，
あくまでも企業の様々な側面のうち，**成長力，特に "利益" の成長力を探
る**ことが目的です。以下では成長力の把握・分析に的を絞って解説します。
　企業の成長力とは何か——成長期にある子供の場合なら，すぐに思い浮
かぶのは身長と体重（その増え方）です。
　企業の場合も，成長力を把握するための項目はだいたい決まっています。
**売上高の状況から始まって，営業利益，純利益（税引き後利益），そして
「1株当たり利益」などの成長率（前年からの増加率）が主なもの**です。
それにバランスシートで把握する自己資本比率の高さ，自己資本の増加率
も加えればいいでしょう。
　キャッシュフロー（CF）計算書については，なじみの薄い読者が多い
かもしれませんが，これはキャッシュ（資金・預金とその類似物）の出
金・入金の状況を見る計算書です。株式投資では最近，**このデータが重要
性を増しています。**
　CF計算書でチェックすべきポイントは2つ——「営業活動から得られ
るキャッシュフローの収支」の大きさと増加状況，そして「フリー・
キャッシュフロー」の状況です。次の図表3-3で，これらのチェック項
目を整理しておきました。

● 連結決算と個別決算

　ここで視点を変えて，企業が作成し発表する財務データには，基本的に
「2種類の決算書類」があります。1つは「連結決算」と言われるもの，
もう1つは「個別決算（単独決算とも言う）」です。読者は，この2つが
あることはおわかりでしょう。

図表 3 - 3 企業の成長力を見るときの項目

財務諸表	項　目
①　連結損益計算書	● 売上高 ● 営業利益 ● 純利益（税引き後利益） ● 1 株当たり利益
②　連結バランスシート	● 自己資本 ● 有利子負債 ● 手元の資金
③　連結 CF 計算書	● 営業活動から得られた CF ● フリーCF
④　セグメント情報	● 主要部門の売上高，営業利益

（注）　1．自己資本は純資産から非支配株主持分，新株予約権を除い
　　　　　たもの。
　　　　2．フリーCF は，営業 CF（通常はプラス金額）から投資 CF
　　　　　（同マイナス金額）を引いて把握する場合が多い。
　　　　3．損益計算書については経常利益を載せていない。その理由
　　　　　は後で説明する。

　以下で基本的な点を中心に，「連結決算と個別決算の違い」について説
明します。

● **親会社，子会社，関連会社，そして関係会社** ☆

　まず「**親会社と子会社の関係**」について，次に誤解している人が多い「**関
連会社と関係会社の違い**」について説明します。

　親会社は，連結決算を作成している会社のことです。上場企業の場合，
親会社はたいてい子会社を抱えています。一部には，子会社を持っていな
い上場企業もありますが，それらは少数です。

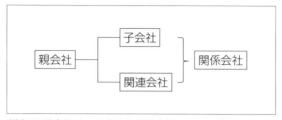

図表3-4 親会社，子会社，関連会社，関係会社の関係

（注）関係会社は，子会社と関連会社の2つで構成される。

　上の図について説明しますと——**親会社（連結決算の作成会社）は通常，傘下に①子会社，②関連会社の2つを抱えています。**その際に，子会社と関連会社の2つは，親会社側から見た場合に親会社の出資比率に加えて，親会社と密接な関係にあるかどうか，その程度の違いによって区分します。

　ちなみに関連会社と関係会社は，一字違いでよく似ています。しかし企業会計上では意味が違います。

　関係会社は通常，子会社と関連会社の2つを併せて表現するときに使われる一般的な呼び方です。しかし一般の人々は，関連会社と関係会社をしばしば混同しています。

●子会社と関連会社の「区分」 ☆☆

　親会社が子会社と関連会社を持っているとき，どのように区分するのでしょうか。

　従来は，「親会社それ自体や経営者などの出資比率を合わせて，50％超になっている場合に子会社とする」というルールが適用されていました。出資比率の大きさで分けるため，この方式を「**持株比率基準**」とか「**数値基準**」と言います。

　しかし現在ではこの方式は使われていません。**50％の上か下かで区分する方式に加えて，親会社が子会社に出している取締役の人数や取締役会の支配状況，さらに親会社と子会社の間で密接な結びつきを示す契約や取引**

があるかどうかなどまで考慮して，**子会社に該当するかどうかを決めます。**こちらは「**実質支配力基準**」と言います。

　例えば親会社と経営陣やその他の関係者，関係法人などの保有比率が合わせて（仮に）子会社の42.8％分を出資している場合，従来なら50％未満なので子会社ではなく，関連会社に区分されました。

　それが今では，**親会社が子会社を実質的に支配している状況まで含めて区分しますから，連結決算上の子会社として区分されることがあります。**

　同じように関連会社の場合も，従来は出資比率が20％以上50％ジャストまでであれば関連会社となりました。現在では親会社とその関係者が合わせて16.7％（つまり20％未満）しか持っていない場合でも，実質的な影響の度合いを反映させて関連会社となることがあります。こちらは「**影響力基準**」と言います。

　子会社では「支配力基準」，関連会社なら「影響力基準」と違う言葉になっています。この点，注意してください。

●"連結外し"の広がり

　どうして，こんな複雑な方式に切り替わったのか。その裏には"**連結外し**"と呼ばれる，一種の操作が上場企業の間に広がったことがありました。こうした操作を防ぐため，連結決算上の子会社，関連会社の区分（線引き）の方式が変更されたわけです。

Point 「連結外し」の話

　ある上場企業が海外で，大規模な不動産開発事業を手掛けているとしよう。海外現地に100％出資で子会社を設立し事業を始めたが，大きな赤字になった。この子会社は，親会社にとって頭痛の種になっている。

　そこで親会社の経営者は，この子会社を連結対象から外そうと持株比率を49.99％に引き下げた。その結果，以前なら「数値基準」が適用されるのでこの子会社は連結決算上の子会社から関連会社になる。

　この場合，この（元）子会社は形式的に関連会社となって，損益計算書で持分法損

益のみが反映されることになる。これが、いわゆる「連結外し」である。

　ただし「連結外し」という言い方は、法律や規則でそう書かれているわけではない。市場関係者やマスコミなどが当時、そう呼んでいたのである。

　次に、親会社がこの（元）子会社＝（現）関連会社の出資比率をさらに引き下げて、（例えば）18.5％にしたとする。これなら関連会社からも外れて、親会社の連結決算にはまったく反映されない。

　しかし今では18.5％の出資でも、関連会社として認定される可能性がある。親会社の経営陣は監査担当の公認会計士の顔色を見ながら、日々を過ごすことになる。

　ここで「持株比率基準」と「実質支配力基準」あるいは「影響力基準」が持つ、それぞれのプラスの点、マイナスの点を整理しておきました。

　下の図表が示すように、**現在、使われている実質支配力基準や影響力基準では、より実態に沿った形で子会社、関連会社に区分する方式に変わりました。**

　しかし一方で、例えば子会社の“実質的”な支配状況をめぐって経営者と監査担当の公認会計士が対立して……といった別の問題があり得ます。ここは、関係者が公正明大に対処するかどうかが問われるところでしょう。

図表3-5 持株比率基準と実質支配力基準（影響力基準）のプラス、マイナス

	良い点	悪い点
持株比率基準	誰の目にもわかりやすい。	“連結外し”に利用されやすい。
実質支配力基準（影響力基準）	“連結外し”が防げる。	内容がわかりにくい。判断の際に関係者の恣意が入りやすい。

（出所）拙著『連結財務分析入門』77ページから。

●連結決算の基本的な作り方 ☆☆

　連結決算は、親会社のデータにまず子会社の決算データを単純に“合算”して作ります。「単純に合算する」というのは、同じ項目の数値を単に足し合わせることです。

　その後に，連結決算 "特有" の調整を加えます。親会社と子会社間の取引，資金の動きなどのことを「内部取引」と言います。ここは親子間で資金や勘定が動いているだけです。そこで，こうした重複部分について修正（正式には「相殺・消去」と言う）をします。

　つまり連結決算の作成作業は，「まず足し合わせてから，重なっている部分を消す」という2段階で行うのだと覚えておけばいいのです。

　一方，関連会社の場合は，一部のデータだけを親会社の決算に反映させます。損益計算書上の営業利益と経常利益の間に「持分法による投資利益」あるいは「持分法による投資損失」という用語で載っている項目がそれです。これらの点は後で，詳しく説明します。

● 現在適用されている会計基準は3つ ☆☆

　次に現在，我が国の上場企業が連結決算の作成で適用している会計基準について確認しておきましょう。ここも結構ややこしい形になっています。個人投資家が気をつけていないと，間違いやすいところです。

　我が国では目下，連結決算の作成について，大きく分けて3種類の会計基準が適用されています。

　連結決算の作成・発表で適用する会計基準は，上場企業ごとに違います。読者は，まずこの点を頭に叩き込んでください。このため個々の上場銘柄の連結決算を見るとき，その連結決算データがどの基準で作成されているのかを確認したうえで数値を見る必要があります。

　各社が発表する「決算短信」の一番上のところに「xxxx年x月期決算（日本基準)」などと記されていますから，ここを見ればいいのです。252ページに載せた東レの「決算短信」1ページ目の最上段に「日本基準」と出ています。

　気をつけてほしいのは，ここで説明している会計基準の話は，連結決算を作成する場合に当てはまることです。

　親会社だけのデータである個別決算（単独決算）では，上場企業はすべ

て国内基準（日本基準）を適用して作っています。また小規模な上場企業で，連結決算を作成していない会社の場合は，当然，連結決算はありません。個別決算データが投資家の見るべき唯一の対象になります。

　後者の場合を除くと，たいていの上場企業は連結決算を作成しています。21世紀の今日，連結決算の作成会社の場合，個別決算を見る必要性はあまりないでしょう。

●米国会計基準，国際会計基準と国内基準の併存 ☆

　ここまでの話，読者の頭にスッと入ったでしょうか。「頭が混乱してきそう」という読者は，ここでお茶でも飲んで一息入れてください。この後には，もっとややこしい話が待っていますから。

　ややこしいというのは——あくまでも連結決算の話ですが——**日本企業でありながら，一部の会社は米国会計基準（SEC 基準とも言う），あるいは最近であれば国際会計基準（IFRS）を適用して連結決算を作成していることです（この後，両者を「米国基準」「国際基準」と表現することもあります）。**

　一方，**3700社余りある上場企業の大多数は，国内基準で連結決算を作成・発表しています。**ちなみに巻末に載せた東レの連結データ（2020年3月期）は，国内基準で作成したものです。しかし同社も2021年3月期から，国際会計基準に移行しています。

図表3-6 我が国で採用されている会計基準

```
連結決算──　① 国内基準
　　　　　　② 米国会計基準
　　　　　　③ 国際会計基準

個別決算──　国内基準のみ
```

　国内企業のうち，一部の有力企業が米国基準，あるいは国際基準を適用して連結決算を作る。こうした姿は1970年以前から見られました。日本企業が海外の会計基準を適用して連結決算を作成し，それを国内でも発表する。そして，そうした行為は投資家の間で高く評価されてきました。奇妙な姿と言うしかないでしょう。

　さらにここ10年足らずの間に，国際会計基準を採用する企業がどんどん増えています。なかにはトヨタ自動車のように，米国基準から国際基準へ乗り換える会社も出ています。同社は2021年３月期から国際基準へ移行しています。ソニーも2022年３月期から国際基準に移行します。

　このように，会計制度の適用をめぐる状況は，かなり流動的な様相を見せています。こうした姿は，国内企業の連結決算に適用する会計制度が国際基準に統一されるといったことでもない限り，これからも続くでしょう。

　＊　ちなみに『会社四季報』では，企業ごとに連結決算で適用している基準を小さな印で示している——米国基準は◎印，国際基準は◇印，国内基準は無印。

　　　この印は，各年決算の決算数字の前につけられている。しかしたいへん小さく見づらい。私など，二重丸，ひし形などを確認するのに，まじめな話，虫眼鏡を使うことがある。

●事前のチェックが欠かせない☆

　大多数の上場企業は国内基準の適用ですから，「そう目くじら立てなくてもいいんじゃないか」と言う人もいるかもしれません。

　しかし最近では，思わぬ会社が国際会計基準を採用していて，驚かされることがあります。「ホー，こんな会社がねえ」と言うわけです。

　投資家はぼんやりしていると，「損益計算書から突然，経常利益が消えた！」という驚きの変化に遭遇することになりかねません。なぜなら経常利益は国際会計基準では使われていないからです。

　投資家は，自分が投資している企業，あるいは投資をしようとしている銘柄について，事前にその会社が３基準のうちどの基準で連結決算を作成

しているのか，この点を必ず確認したうえで投資をしないといけません。
気ぜわしいことですが，21世紀の現在，好きだ嫌いだと言っている場合で
はないのです。

　なお，損益計算書から経常利益が消えたという"怪談話"については，
後で詳しく説明します。

● 国際基準に変える会社が次々に ☆☆

　国際基準に移行した企業は，2021年4月現在で移行を予定している会社
を含めて232社となっています（東証調べ）。上場企業数に占める比率で見
ると10％未満ですが，大企業が多くなっています。このため時価総額ベー
スでとらえると，すでに全体の4割が国際基準の適用会社です（日経新聞
2020年10月9日付）。

　また東レ，トヨタ自動車，日本航空などが2021年3月期から国際基準に
切り替わっています。これらの会社の連結決算の姿は，5月に入って発表
される2021年3月期決算で大きく変わります。

　読者のなかでこれらの企業に投資している人は，当然，この切り替えに
ついてはご承知のことと思います。

　国際会計基準への移行は，規則や法律で強制されているわけではありま
せん。現在のルールでは，国際基準の適用は会社の任意で決められます。
有力企業を中心に，国際会計基準への移行がこれからもどんどん進むもの
と予想されます。

　これまで見てきたように，連結決算の作成で使われる会計基準は，目下，
大きな移行期にあります。その背景には，国内基準よりも国際会計基準，
米国会計基準のほうが「質が高い」，あるいは「海外で通りが良い」といっ
た受け止め方があります。投資家のほうも，国際会計基準に切り替える行
為に対して，優良な企業の証（あかし）になると見る人がたくさんいます。
この点は重要な意味を持っていますので，後で詳しく説明します。

●米国会計基準の適用で見られたゴタゴタ劇 ☆☆

　先に書いたように，**我が国ではかなり前，1970年前後から米国基準で連結決算を作って発表する有力企業がありました**。こんな現象がずっと続いてきた背景には，複雑な事情がありました。

　ここで投資家が持つべき常識，というか，教養編の話として，ちょっと振り返っておきましょう。

　ときは1970年代の終わり頃——当時，我が国の上場企業は，まだ個別決算の時代でした。大半の会社は国内基準のみで決算データを作成し発表していました。

　しかしソニー，キヤノン，三井物産などの有力企業は，米国市場でも株式を上場（ADR方式）しており，そのために，米国基準で作成した連結決算を作成して公表していました。

　そこへ海外の先進諸国で，連結決算を作って公表する動きがどんどん広がってきました。それを見た我が国も，70年代の末近くになって連結決算を導入することにしたわけです。

　ところが当時，上場企業の大半はこうした動きに抵抗感が強く，経済団体なども「まだ早いのではないか」と消極的な姿勢を見せていました。

　そこで大蔵省（当時）は，妥協策として「当面，連結決算は正規のものではなく，"簡易"方式で作っても良い」という方針を出しました。

　当時の状況をまとめますと，大半の国内企業は単独決算だけ，当然，国内基準の適用です。一方，数は少ないものの，有力かつ国際化を進めている大手企業の一部は米国基準で正規の連結決算を作っている——こんな二重構造になっていました。

　そこへ大蔵省は，いわば「まがい物」と言えそうな"簡易版"連結決算の作成を国内企業向けに認める。こんな状況になりかけたわけです。

　こうした動きに，米国基準で正規の連結決算を作っていた大手企業はカチンときました。「我々はちゃんと連結決算を作って，米国の公認会計士

の監査も受けて発表している。それなのに，別の簡易型を作れと言うのか」というわけです。

　困った大蔵省は，ソニーなどの"先進的"企業に対し，米国基準で作成した「誇り高き連結決算」について，そのまま国内で発表してもよいとしました。ただし，条件が1つ，ついていました。この措置を「暫定的に認める」ことにしたのです。

　こうして我が国では，1970年代の末から連結決算については2種類のデータが併存する形になりました。もちろん，"簡易版"で始まった国内向け連結決算は，しばらく後に正式の連結決算に切り替わりました。

　しかし米国基準の採用は，そのまま続きます。こうして**暫定的に始まった措置が，40年余りの間，延々と続いてきたのです。**

　「こりゃ，おかしいゼヨ」などと他人事のように言っている場合ではないでしょう。私は以前，出した本で，この点について"国辱的"と書きました（拙著『連結財務分析入門』126ページ）。国辱的と言うのは少々，言い過ぎかもしれませんが，恥ずかしい話です。

● 会計基準は「質の面」で差がある ☆☆☆

　私は先ほど，米国基準で作成された連結決算を「誇り高い」と書きました。どうして米国会計基準による決算なら，誇り高いのか。

　世界各国で適用されている様々な会計基準について，それぞれの基準を比べますと，規制の厳しさの水準に違いがあります。

　会社ごとに異なる信用力の「格付け」がつくように，**会計基準ごとに異なる「信頼性」，つまり投資家がどこまで信頼して使えるのか，という点が微妙に異なります。**

　この点，米国会計基準はSEC（米証券取引委員会）の監督下で設定された内容の"厳しさ"に定評があり，米国基準は国内基準（日本基準）よりも質が高い——こうした認識が広く，国内の企業関係者や市場関係者などに共有されてきたのです。

　だからこそソニー，キヤノンなどの有力企業は，**連結決算を米国基準で作り発表していることに，ある種の"誇り"を持ってきたわけです。**「国内基準で作成している他社とは，違いまっせ！」と言いたいわけです。

　この点は，国内基準から見ると米国基準は仰ぎ見る「上の位置」にあるということです。「日本企業なのに，米国基準で連結決算を作って発表するなんておかしい」と言ってもいられません。

　我が国の株式市場では，ガイジン投資家の目が光っています。こうして40年余りの間，こんな状態が続いてきました。この間，輝く米国基準を適用して連結決算を作る日本企業はかなり増えて一時，40社前後になっていました。

　ある時など，日本企業の多くが採用している国内基準の連結決算の内容に対し米国から厳しい批判が出て，**決算資料に注意書き（今風に書けば，トランプ氏のツイートについた"警告タグ"のようなもの）をつけるよう要求された時期もありました。**

　そんな米国基準ですが，1990年代末にかけて「アッ」と驚く不正会計事件が起きて，2001〜2002年に**エンロン**と**ワールドコム**が経営破綻しました。さらに不正行為への加担を疑われた米国の代表的な公認会計事務所アーサー・アンダーセンが解散に追い込まれるという醜態を見せました。誇り高い米国基準もいつの間にか，「埃（ほこり）」がたまっていたのです。

＊　1990年代の末にかけて，ITやネット関連分野の急速な発展を背に，米国株式市場では株価の急上昇が見られた。バブル的な空気が蔓延した時期だった。そのツケが，こうした不正会計の発生につながったという見方がある。

　その後，5年ほどたった2005年辺りから，今度は住宅ローンの組み替えを活用した「リブ・プライム」ローンをめぐる複雑な取引が，米国と欧州各国の大手金融機関の間で広がり，2008年秋のリーマン・ショックにつながった。

　バブル的な空気の広がりは株式にプラスに効く。だが同時に不正会計や大型経営破綻を生む土壌にもなる。この現象は，歴史上，何度も繰り返し起きている。

● 米国基準と国際基準の競争 ☆☆

　現在，国内で併用されている3つの会計基準，国内基準と米国基準，国際基準について，「質の良さ」という面で見ると微妙な差異が（まだ）あります。個人投資家にとっても，この点は注意しておくべき箇所です。

　個人投資家の端くれである私が個人的に抱いている「ざっとしたイメージ」を書きますと——オリンピックの長距離走になぞらえて，**トップを走るのが米国基準，それに肉薄しながらすぐ後ろを走のが国際基準**という位置づけです。私自身はこの2つの基準について，やや大雑把ですがそう大きな差はないと見ています。

　一方，国内基準のほうは，細かな内容について少しずつ国際基準との調和を進めてきました。その結果，**かなりの程度，問題点は改善されました。しかしまだモノ足りない部分があります。**

　ここでその細かな差異，その詳しい説明まで書きますと，この本は暖炉（もし，あればの話）のなかへ……ということになりそうですから割愛します。

● 国際会計基準の位置づけが大きくなって ☆☆

　会計の世界では「会計基準の首位の座」をめぐって，舞台裏で米国と欧州諸国間で主導権争いが演じられてきました。

　注目されるのは，ここ20年ばかりの間に，国際会計基準の策定作業が大きく進展したことです。

　こちらは，EU諸国が中心となって，包括的な共通の会計ルールを作ろうという動きから始まりました。ロンドンにある国際基準の策定組織（公認会計士らの民間組織で組成）では，80年代から公認会計士の各国代表が集まって策定作業を進めました。見逃せないのは，この動きは欧州主導で作業が進められ，米国は事実上，外されていたということです。

　米国は，かなり長い間，国際基準の策定作業を冷ややかに見ていたよう

です。あのトランプ氏が当時，ホワイト・ハウスの主たったら何を言い出したやら。大西洋の両岸で火花がバチバチと散ったかもしれません。

　一方，我が国は策定作業の当初から参加し，国内の公認会計士団体が代表をロンドンに送りこんで審議に加わりました。

　ロンドンの策定組織は，「収益（売上高）の認識」などといった議論の少ない部分から策定を進め，段階的に国際会計基準を策定しました。こうして国際基準の姿が整備されてくるにつれ，国際会計基準を正規の会計基準として認め，導入する国が増えてきたのです。

　2002年，米国はついに国際会計基準を認める方向にカジを切りました。2008年には，国際会計基準で作られた連結決算を米国内でも使えるという決定がなされました（これを「アダプション（採用）」と言う）。

step 3　連結財務データ分析に向けた基本的な視点

　ここから企業の成長性，利益成長力を探るための分析手法の説明に入ります。以下で扱う内容の多くは，決算で発表された連結財務諸表を対象にした財務分析の話です。

　もう一度，73ページに載せた図表3-3を見てください。ここには，損益計算書，バランスシート（貸借対照表），キャッシュフロー計算書（略称CF計算書）などの項目が並んでいます。これらは分析の際に見るべきポイントを整理したものです。

　しかしその前に，まず連結データを理解し分析するために，連結決算の作り方について詳しく説明します。

●連結データの目の付けどころ ☆☆

　先の77ページで，**連結決算のデータ作成では，まず親子の財務諸表をいったん合算し，その上で「親子間の取引など重複している部分」を消す**という2段階の作業で進めると説明しました。

　一方，**バランスシート，損益計算書では，連結決算だけに出てくる「特有の項目」がいくつかあります**。ここから，投資家が連結データを分析する際の視点として，「2つのポイント」が浮かびます。

　1つは，**連結決算の特有項目に焦点を絞って分析すること**。2つ目は，損益計算書を例にすると，連結ベースの売上高から始まって順に下段の純利益の方へ，**売上高と5段階で示されている利益額の大きさについて，連結数値と個別数値を比べてどうなっているのか，この点を確認する手法**があります。

　後者は少しわかりにくいかもしれませんが，**連結数値と個別数値の同じ項目の数値を単純に比べて分析するもの**です。この比較から出てくる比率を「連単倍率」と言います。

　連単倍率による分析は，損益計算書だけでなく，バランスシートの主要項目についても同じように分析ができます。「連単比率」の「単」とは，個別決算のこと。以前は個別決算のことを単独決算と言っていたため，連単倍率と言います。

　以上，ここで説明したポイントをまとめたものが図表3−7です。

図表3−7　連結データの主な分析ポイント

① 連結決算に特有の項目について分析する。
　（例）損益計算書の場合——
　　　　・「非支配株主」に帰属する利益・損失
　　　　・「持分法」による投資利益・損失
　（例）バランスシートの場合——
　　　　・（資産側）のれん代
　　　　・「利益剰余金」と「非支配株主持分」
② 連単倍率をはじき出して見る。
　（例）損益計算書の場合——
　　　　・売上高
　　　　・総利益（粗利益）から純利益までの利益（損失）
　（例）バランスシートの場合——
　　　　・総資産の合計
　　　　・売掛金などの勘定
　　　　・負債の残高数値
　　　　・資産側の主要項目
　　　　・自己資本と利益剰余金

（注）国内基準で作成する財務データを前提にした。

●連結決算の基本的な作り方 ☆☆

　ここで，もう一度，連結決算の作り方を復習しておきます。連結データを分析する場合，作成プロセスをしっかり理解しておかないとわからない

図表3-8　連結決算の基本的な作り方

図表3-8　連結決算の基本的な作り方

- 子会社の場合

　　親会社は第1段階として，数多い子会社のうち主な子会社を対象に，バランスシートと損益計算書の同じ項目ごとに親子の数値を"単純合算"する。そのうえで，親子間の取引に該当する数値を消去する。

- 関連会社，小さな子会社の場合

　　「持分法」によって部分的に連結する。複数ある対象会社の最終損益を合算して収支を把握する。収支結果が利益になった年は，親会社の営業外収益に計上する。損失の年は営業外費用のところに計上する。

　　いずれの場合も，親会社の出資分に相当する利益（損失）分を計上する。こうした処理を「1行連結」と言う。

ことが多いからです。

　上の図表3-8で説明した内容は，連結対象の関係会社を子会社と関連会社に分けて，親会社がそれらを連結決算に組み込む際のポイントを整理したものです。

　次に，もう1つ図表を載せておきます。次ページの図表3-9は，上の図表3-8で説明した連結決算の作成過程を左から右側へ4コースに分けて示したものです。こうして図で示すとわかりやすいでしょう。

● 図表3-9の説明 ☆☆

＊　子会社のうち小さな子会社は，通常の連結作業（図では「フル連結」と表記）をせずに「持分法」で処理する。関連会社と同じ扱いである。

　　小規模な子会社の場合，これらをフル連結してもしなくても，親会社の連結決算から見ると大きな影響がないためこうする。一種の簡便法である。

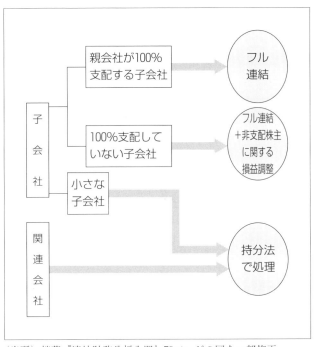

図表 3 - 9　決算作成の作業ルート

（出所）拙著『連結財務分析入門』79ページの図を一部修正。

* 復習だが，「フル連結」とは，いったん親子の同一項目ごとに "単純合算" した後，親子間の取引など重複している部分を消す作業（相殺・消去）を指す。ちなみに「フル連結」という言い方は私個人の言い方で，一般的な用語ではない。

　会計用語で「相殺・消去」と言う場合，相殺は「そうさい」と読む。大人が「そうさつ」と読んだりすると恥をかきますよ。

* 子会社のうち，親会社が100％支配している場合は単純合算と相殺・消去で作業は終わり（「非支配株主に帰属する損益」の調整は不要）。

* 親会社（その経営者，関係者なども含む）の支配出資比率が100％でないとき，例えば15％，８％などといった少ない持株比率の株主

（子会社への出資者）がいると，特別な調整が必要である。

　この場合，損益計算書では一番上の売上高から下の当期利益（または損失）までは「フル連結」のままで計算する。そして税引き後の当期利益（損失）の後で，「親会社株主に帰属する利益（損失）」と「非支配株主に帰属する利益（損失）」の2つに分けて示す。

●子会社の数は想像以上に多い☆

　大手の上場企業の場合，子会社，関連会社の数はどれほどあるのか，ちょっと見ておきましょう。**読者が「こんなにあるのか！」と驚くほど，数多くの子会社を抱えている会社があります。**

　東レの場合，2020年3月末でまとめた子会社数は265社，関連会社は41社です。この程度なら，大手企業の平均レベルでしょう。本社で決算のとりまとめ作業をする担当者も，気合を入れてこなせば対応可能な範囲です。

　ところがソニーになると，子会社は1529社，関連会社が155社もあります（2020年3月末）。こんなに多いと，連結決算の集計・作成は3カ月ごとに行うのですから大きな負担になります。担当者がうっかりして，子会社の一部を決算集計に入れずに処理して（そのまま公表して），頭を抱えることに……といった非喜劇も起きかねません。

　そこで**連結決算では，集計と作成作業を簡単にするため，いろいろな工夫が講じられています。**この点は後で説明します。

　上場企業が抱える主な子会社，関連会社については，各社が決算発表の後に公表する**「有価証券報告書」**を見ると社名が出ています。例えば総合商社のデータを見ますと，たいてい，事業範囲が広く複雑な事業構成になっていますから，主要子会社の一覧表が何ページも続いています。

　銘柄探しの際，**私は個人的に，複雑でややこしそうな事業構成の銘柄は避けるようにしています。**事業範囲が広がり複雑になると案外，経営トップ自身が実態を見失う可能性もあるのではないか，と思うことがあります。

● 連結損益計算書の作り方のポイント ☆☆

　次の図表3-10は，連結損益計算書の作り方をまとめたものです。**売上高から下の（税金支払い後の）当期利益（損失）のところまで，親会社の子会社に対する支配比率はすべて100％支配と見なして計算します。そのうえで，損益計算書の最終段階で「非支配株主に帰属する利益（または損失）」を別に取り分けて示す──こうした方式が使われています。**

図表3-10　連結損益計算書の作り方（まとめ）

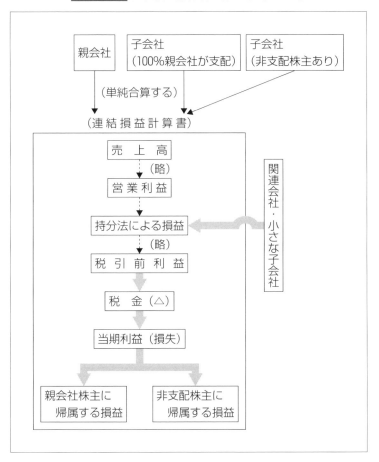

　ビジネスの世界では，効率的な作業が求められます。限られた時間内に，国内，国外にある子会社，関連会社の決算を親会社の決算に効率よく取り込んで1つの決算をまとめる。これが課題であることから，こうした工夫がなされています。

●「持分法」損益の表示 ☆

　話はかなり複雑になっていますが，以下では1つひとつ取り上げて説明していきましょう。読者は，253ページに載せた東レの連結損益計算書を参照しながら読んでください。

　まず取り上げるのは「持分法による投資損益」です。ここは簡単な内容なので，最初に説明します。

　東レは2020年3月期で「持分法による投資損失」として，マイナス108.1億円を営業外費用に計上しました。2019年3月期は，営業外収益としてプラス96.2億円を計上しています。

　ここから，過去2年間でプラスからマイナスへ「持分法による損益」が204.3億円ほど悪化したことがわかります。

　経常利益を見ると，2020年3月期は前期から311.6億円ほど減っています。その原因（の1つ）がこの「持分法による損益状況」の悪化だったことがわかります。

　この持分法損益の部分は，世界各地にある対象の関連会社（および小粒の子会社）の決算を反映します。では，東レの2020年3月期で，関連会社のうち，どの会社が利益悪化の原因だったのか。それは1社なのか，複数なのか。

　これらは決算短信を見てもわかりません。もっと探るには企業にヒアリングするしかありません。

　しかし企業の外から決算データを分析する投資家にとって，ここまで把握できれば，ある程度の助けになります。

● 持分法損益の把握法 ☆

「持分法」による計算はどのように行うのか。まず持分法の対象となる会社1つひとつの決算で，税引き後の**当期利益（あるいは損失）の数値を**確認します。次に，それらの数値に親会社が支配する比率をかけて，個々の会社ごとに「親会社の支配部分」に相当する利益（損失）の金額を計算します。それらを合計して，「持分法による利益（または損失）」の金額を把握します。

合計数値がプラス数値だった場合は，「持分法による投資利益」として，マイナス数値なら「持分法による投資損失」として損益計算書上に計上します。掲載する箇所は，東レのデータでわかるように，（国内基準の適用会社の場合）「持分法による投資利益」は営業外収益に，損失の場合は営業外費用に載せます。

これで持分法損益の処理は終わりです。簡単な話ですね。この方式を「1行連結」と言う場合があります。

●「非支配株主」とは誰のことか？ ☆

次のテーマは，連結決算特有の項目である「非支配株主に帰属する当期利益（または損失）」です。ここは連結決算を見るとき，重要な意味を持つ箇所（その1つ）です。同時にここの部分はわかりにくい面があります。

まず「非支配株主」の意味を説明しますと，「非支配株主」とは親会社から見た場合に，**複数の子会社にいる「親会社とその関係法人や個人を除く"アカの他人"に相当する株主（個人，法人など）のこと」**です。

繰り返しますが，連結決算上の「非支配株主」は──親会社の子会社にいる少数の株式を所有する株主のことです。親会社それ自体にいる零細株主のことではありません。この点を混同している人がたいへん多いようです。読者も気をつけてください。

● 「非支配株主に帰属する損益」の計算 ☆☆

　ここから「非支配株主に帰属する利益」の説明に入ります。下の図表3
-11は巻末の東レ連結損益計算書から「税引き前利益から下の部分」を取
り出したものです。

図表3-11　東レの連結損益計算書（最下段の部分，単位：億円）

項　目	2019年3月期	2020年3月期
税引き前利益	1274.2	940.5
税金（△）	396.3	291.3
当期純利益	877.9	649.2
非支配株主に帰属する利益	84.2	91.9
親会社株主に帰属する利益	793.7	557.3

　2020年3月期を見ますと，税引き後の当期利益649.2億円から「非支配
株主に帰属する部分」91.9億円を引き抜いて「親会社株主の利益」557.3億
円を出しています。（読者へ――ここでは自分で必ず検算してみてくださ
い。）

　この点は2019年3月期も同じです。2年とも黒字決算でしたから，わか
りやすいでしょう。もしこれが損失（赤字）になっていると，話はややこ
しくなります。

● 税引き後の損益が「損失」のときは？ ☆☆

　当期利益に相当する数値が損失の場合，マイナスの数値（当期損失）か
らマイナスの数値（非支配株主に帰属する損失）を引くことになります。
このため，「非支配株主に帰属する損失」はプラスに効いてきます。

　結果として，「親会社株主に帰属する損失」は，非支配株主分が持つマ
イナス分が減って親会社株主分の損失は減る。こういうことになります。

　この点，さっと頭に入ったでしょうか？　急にわからなくなったのでは

ないですか？　ナゾナゾのような話ですが，心配はいりません。落ち着いて，自分で検算してみるとわかります。

Point　注　意

　よく「使用上の注意」という警告が消費者向けの商品などに書かれているが，連結決算の損益計算書でも，それに似た「警告文」が必要かもしれない。

　というのは，ここで繰り返し（税引き後の）当期利益（または損失）は「親会社株主に帰属する部分」と「非支配株主に帰属する部分」に分けられると書いた。

　ところが，社会一般では損益計算書の帳尻に出ている「親会社株主に帰属する利益・損失」のことを単に「利益・損失」と言うことが多い。

　例えば『会社四季報』を見ると，各社の損益計算書の損益について，「親会社株主に帰属する損益」のことを "純利益"（損失の場合は数値の前に▲印付き）と記している。この点は『会社四季報』の数値と東レの損益計算書の数値を見較べればわかる。

●「引き抜かれた部分」はどこへ行くのか？ ☆☆

　ここまで「非支配株主に帰属する利益（または損失）を引き抜く」と何度も書きました。では，引き抜かれた部分はどうなるのでしょうか。

　もちろん，<u>「非支配株主に帰属する利益（損失）」の数値も，バランスシート上の「決められた項目」に繰り入れられます</u>。

　もう1度，確認になりますが，連結決算上の親会社にいる株主の損益部分（親会社株主に帰属する損益」）は，連結決算の株主資本の「利益剰余金」に繰り入れられます。この点はもう説明しました。

　これと同じように，**「非支配株主に帰属する利益（損失）」は，バランスシート上の「非支配株主持分」という項目に入ります**。

　これが，もし親会社のバランスシート上の「利益剰余金」に入れられたら，子会社にいる非支配株主は怒るでしょう。「この部分は我々に帰属する利益（損失）なんだから，ちゃんと分けてバランスシートの別のところで示すべきだ」と声高に要求するはずです。

次の図表3-12で確認できるように，連結決算では「親会社の株主に帰属する損益」と「非支配株主に帰属する損益」の2つははっきりと区分されたうえで，それぞれ別の項目に繰り入れられます。

こうして**毎年，決算から出てきた利益・損失は，2つに分かれてバランスシート上の「異なる受け皿」に溜まっていくわけです。**これでこそ，子会社の「支配株主」と「非支配株主」は仲良く共存できるという話です。

図表3-12 支配株主と非支配株主の利益（損失）の行き先

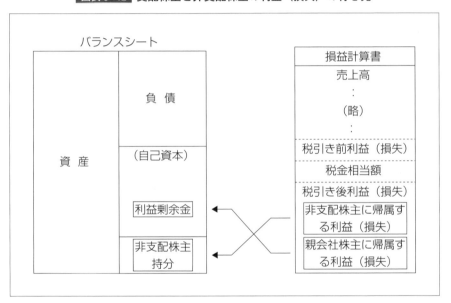

● 微妙な「非支配株主」の位置づけ ☆☆

しかし現実には，親会社株主と子会社の非支配株主がいつも，どんな場合にも，仲良しとは限りません。両者がいがみ合って争いになることがあります。

例えば親会社がある子会社の65％を支配しているが，非支配株主（少数株主）のほうも自分たちの持ち株比率をもっとあげたいと思っている。そ

こで子会社を巡って争奪戦が始まって……といった場合です。

　最近も外資系投資ファンド（子会社の非支配株主）を巻き込んで，これに似たケースがマスコミを騒がせていました。

　ここで一般論を書きますと，**連結経営では，子会社にいる非支配株主の位置については，基本的に微妙な性格があります。**

　この点から，親会社から見た場合の「連結経営のあるべき姿」としては，いかに**大きな企業であっても，子会社の数は必要以上に増やさないほうが良いと言える面があります。さらに個々の子会社においても，非支配株主が少ないほうが管理しやすいはずです**。この点は投資家が個別銘柄を探すとき，１つのチェックポイントとなるでしょう。

● バブルが崩壊して30年，グループ再編の動きも ☆

　以下で書くことは，連結経営のあり方に関する話です。最近，このテーマに関連する動きがホットな話題になるケースが増えています。

　例えば**日立製作所**は，有力子会社（上場企業）であった（旧）日立化成，**日立金属，日立建機**などを次々に手放す，あるいは他社に身売りを検討するといった動きを見せています。経営グループの見直しに伴う動きです。

　ちなみに（旧）日立化成は最近，**昭和電工**が買い取って上場廃止となりました。**日立金属**は身売り先を目下，探している段階です。

　1990年にバブルが崩壊して30年あまり，大手企業の間で事業再編と効率良いグループ管理の必要性から，上場子会社の整理が広がっています。

　投資家はこうした流れを意識して，ややこしそうな銘柄は持ち株から外すといった工夫をすべきでしょう。

　我々投資家は，**21世紀の現在，大手上場企業を中心に事業統合（多角化路線の再検討，事業再編など）が大きな流れとして進んでいる，という認識を持つべきです。**この点は，「**株式分割をテコにした成長株投資のあり方」**を考える際にも，重要な視点となります。

　また私が個人的にしているように，小型銘柄に的を絞って銘柄を探せば，

小型企業はたいてい単独事業か，少数の事業をしているだけです。そのた
め決算内容がわかりやすい会社が多いのです。私はこの本で読者に小型銘
柄投資を勧めていますが，ここにはこんな理由があります。

Step 4　3つの財務諸表の分析ポイント

　以下では，投資家が連結決算のデータ分析をする際に気をつけなければ
いけない主なポイントに焦点を当てて説明します。損益計算書，バランス
シート，キャッシュフロー計算書（略，CF計算書）の順に解説します。

●連結損益計算書

　損益計算書でまず焦点を当てるのは，「**経常利益と営業利益の相対的な**
位置づけが変化している」ということです。

　この現象は連結決算であれ，個別決算であれ，同じ状況が当てはまりま
す。連結決算だけで見られる現象ではありません。

●経常利益の重要性が後退 ☆☆

　「財務諸表は一応，わかっている」と言う個人投資家は，先の図表3-3
（73ページ）を見て，ちょっと奇妙なことに気がついたはずです。**損益計**
算書のところに「経常利益」が出ていません。

　以下で書くことには私個人の見方も入っていますが，21世紀の現在，我
が国の上場銘柄を分析するうえで，**経常利益を見る必要性（重要性）が低**
下しています。

　私が大学を出て新聞記者になったころ，70年代初めの話ですが，経常利
益が文句なしに最も重要な利益とされていました。当時の日経新聞（縮刷
版）を見るとわかりますが，決算結果や決算予想を報じる記事の見出しに
は経常利益という言葉が並んでいたものです。

　やがて1990年頃から日経新聞の見出しに載る利益の種類は，営業利益や
純利益などに多様化しました。**こうした変化が起きた裏には，いくつか重**
要な現象があって，それらが影響した面があります。

●経常利益はなぜ重要視されたのか ☆

「営業利益と経常利益の違いについて書きなさい」——これは私が大学で教えていたとき，1〜2年生向け基礎科目で試験に出した問題です。読者の方々，この答えがパッと出てきますか？

営業利益には，金利支払額（長短借入金と社債の利息支払額）が反映されていません。しかし経常利益には反映されています。損益計算書上で，金利支払額は営業利益の下，経常利益の上に載るからです。

ここは，損益計算書を見るときの「基本のキ」に相当する箇所です。おわかりの読者が多いでしょうが，「何のこと？」と言う読者は，東レの損益計算書で金利の支払額（支払利息）がどこに載っているか確認してください。

では，経常利益の重要性が変化していることが，なぜ重要なのか。**最近の経営環境の変化に加え，個々の上場企業が金融機関から借り入れる借入金や社債などの負債項目が大きく変化してきたことが影響しています。**

最近の上場企業は，手元に抱える資金（バランスシートの左側，資産項目の一番上に載る現金・預金など）が大きな数字になっている会社が増えています。

こうした現象の背景には，**大手企業を中心に上場企業の投資意欲が減退（大型の投資案件の減少）している点**があるようです。さらに後ろ向きの「守りの姿勢」が目立つ経営実態などが影響しているとも言われます。

こうした悩ましい面はあるものの，最近の日本企業は借入金が少なく，手元資金（バランスシートの現金・預金）を豊富に抱える会社が増えています。

● 海外の会計基準では，経常利益を使わない ☆☆

さらに最近，注目される変化として，先に説明した現象，つまり国際会計基準（IFRS）を適用する会社が増えてきた点があげられます。

国際基準で作られた連結損益計算書を見ますと——以下の点は驚く人がいるはずですが，損益計算書上に経常利益が出ていません。米国会計基準

でも同じです。

　つまりこれら2つの会計基準では，原則として「経常利益なるもの」は使われていないのです。格付け会社で海外部門のヘッドをしていた私が知る限り，経常利益を載せている国は，日本と韓国だけでした。

　この点も，経常利益の重要性が低下する一因となっています。21世紀の現在，「経常利益は損益計算書のなかで最も重要な項目である」と書いている教科書や参考書があったら，時代遅れの内容と言えます。

　では，海外の先進国ではどうして経常利益を使わないのか。その裏には，国内基準の損益計算書で経常利益の後（税引き前利益の前）に載っている特別利益と特別損失の項目がからんできます。

　国内基準で作る損益計算書では，経常利益のところでいったん区切って，その下に「特別利益」と「特別損失」を分けて計上します。

　これに対し，欧米先進国で主流となっている考え方では，「特別損益の意味が不透明である」，「何を＜特別なもの＞と見るのかについて，経営側の恣意が介入する恐れがある」などの理由で，損益計算書を経常利益で区切って別途，特別利益と特別損失を計上する形は使われていません。これがグローバル・スタンダードの姿です。

　このため，米国会計基準だけでなく国際会計基準を適用する会社が増えるにつれて，経常利益の位置づけが下がり，営業利益の重要性が相対的に高まってきたと言えます。

● 国際会計基準の問題点 ☆☆

　ただしそんな国際会計基準にも，細かく見ますと問題点があります。それは営業利益について，きちんとした計算ルールが決められていないことです。

　このため国際会計基準で連結決算を作成している日本企業（多くは大手企業）の連結損益計算書を見ると，営業利益のところに「事業利益」や「コア営業利益」などといった名称の項目を載せている会社があります。この点については，103ページの図表3-13を見てください。

　一方，株式投資で投資銘柄を探す場合，最初から財務内容が悪い会社には投資しない。こんな方針を守っている人もいるでしょう。私もこの原則を守っています。

　最初から財務内容の悪い会社を除外して投資していると，借入金が多い・少ないの問題，借入金の金利負担などの問題はあまり気にする必要はないはずです。この場合，金利支払額を差し引いた後の経常利益を見る必要性は，最初から小さくなります。

● 決算データで確認すると ☆

　念には念を入れる意味で，我が国の主要メーカー25社を対象に，各社が①どの会計基準で連結決算を作成しているのか，②経常利益と営業利益はどのように表示されているのか——この2点を確認しましょう。

　右の図表3-13は，2020年3月期（12月期決算の会社は2019年12月期）の決算短信から作成したものです。この図表を見て，どう思うでしょうか。25社のうち，日本基準で連結決算を作っている会社は6社，米国基準の採用会社は2社，国際会計基準が17社です。

　以前から大企業の株式を持っていたら，最近になって突然，経常利益が損益計算書上から消えた。さらに一部の会社の営業利益のところは，「コア」という名がついていたり，「調整後」などという奇妙な文言がついていて……「一体，どういうこっちゃ？」と不思議に思っていた投資家もいるでしょう。

　ここまでの説明で，今さら聞けない疑問の1つが氷解したことでしょう。この本は案外，役に立つ話が多いようです。

● 営業利益が複雑になりつつある ☆☆

　図表3-13が示すように，経常利益の状況は簡単です。**経常利益は国内基準だけで使われています。国際基準，米国基準は記載なし，つまり使われていません。**

図表3-13 大手メーカーの経常利益と営業利益

企　業　名	会計基準	経常利益	営業利益の表記
トヨタ自動車＊	国際＊	なし	営業利益
ソニー＊	米国＊	なし	営業利益
中外製薬	国際	なし	営業利益
第一三共	国際	なし	営業利益
任天堂	日本	あり	営業利益
武田薬品工業	国際	なし	営業利益
ダイキン工業	日本	あり	営業利益
信越化学工業	日本	あり	営業利益
日本電産	国際	なし	営業利益
本田技研工業	国際	なし	営業利益
東京エレクトロン	日本	あり	営業利益
村田製作所	米国	なし	営業利益
HOYA	国際	なし	**表記なし＊**
SMC	日本	あり	営業利益
花王	国際	なし	営業利益
日本たばこ産業	国際	なし	営業利益
ファナック	日本	あり	営業利益
アステラス製薬	国際	なし	営業利益
デンソー	国際	なし	営業利益
日立製作所	国際	なし	**調整後営業利益＊**
テルモ	国際	なし	営業利益
ユニ・チャーム	国際	なし	**コア営業利益＊**
富士通	国際	なし	営業利益
オリンパス	国際	なし	営業利益
エーザイ	国際	なし	営業利益

（注）1．営業利益について，日立製作所は営業利益の代わりに「調整後営業利益」と表示し，同時に「EBIT」も載せている。
　　　2．ユニ・チャームは，損益計算書上に営業利益を表示せず，注記で「コア営業利益」を示し，同時に計算内容と注釈も載せている。HOYAは営業利益の表示なし。
　　　3．トヨタ自動車は，2021年3月期から国際会計基準に移行した。
　　　4．ソニーは2022年3月期から国際会計基準に移行する。

　一方，**営業利益は徐々に複雑な様相になりつつあります。特に国際会計基準の適用会社で，この現象が目立ちます。**

　日立製作所とユニ・チャームの損益計算書を見ますと，営業利益の箇所では「自社で独自に計算した数値」ということを意識してか，営業利益に注記をつけて説明しています（図表3-13の注記（＊）を参照）。この点は，投資家向けの細かい配慮を感じるところかもしれません。

　一方，国際基準の適用企業のうち大多数の会社は説明もなく，ただ単に営業利益と表記しています。この場合は，会社のほうで国内基準の営業利益と同じ方式で営業利益に相当する金額を計算して載せていると見られます。

　投資家の皆さんは，「もう，この点おわかりでしょうね」という姿勢です。しかし，ちょっと一言，説明がほしいところかもしれません。

　25社のなかで投資家が面食らうのは，HOYA の損益計算書です。この会社は国際基準の適用ですが，売上高（収益）の下にいろいろな項目をズラーッと並べて，その下にいきなり税引き前利益が出ています。経常利益だけでなく，総利益，営業利益も載っていません。

　「投資家はちゃんと損益計算書を勉強しているはず……必要なら自分の手で計算したらいい」といった冷たい姿勢を感じますね。

　さらに，**国際会計基準の適用会社で営業利益のところに「コア営業利益」，「事業利益」，「調整後営業利益」，さらには米国流に「EBITDA」などを表記している会社もあります。**

　<u>投資家は営業利益について，だんだんと注意して見なくてはいけない時代になりつつあるようです。</u>

● 営業利益を重視する意味 ☆☆☆

　営業利益は，売上高から売上原価と販売費・一般管理費を引いて出てくる「**本業の利益**」です。投資先企業の収益動向，特に利益成長力を見る場合，**営業利益は優先的に見るべき項目です。**

投資家は営業利益の数値を見て，前年からの増え方を確認する。そして，各年の営業利益を売上高で割って出る営業利益率の推移も把握すべきです。

さらに，対象企業が成長力のある会社かどうかを把握するには，<u>少なくとも過去5年間を対象に，営業利益の増加率をチェックすることが欠かせません。この成長率の平均値（年率でみた平均）は，投資先企業の利益成長力を見るときのカギになる数値です。</u>

言い換えると，「決算短信」に載っている2年間の数値だけを見て判断することは避けるべきです。最低でも過去5年の期間を通じて，どういう状況なのかを把握することが必要です。

この場合に，<u>「複利計算を前提にした"年率"で見た成長率平均値」の数値を計算して見ることが求められます。この数値は，営業利益がどれぐらいの"巡航速度"で増えているのかを示すからです。</u>

「年率による平均成長率」は，投資関連の本を読んでいますとゾロゾロといった感じで出てきます。21世紀の今，「**年率平均**」は個人投資家もしっかりマスターしなければいけない基本的な項目になっています。後の151ページ以下で，年率平均の意味，計算法などについて詳しく説明をしました。ぜひ読んでください。

● 純利益も単純ではない ☆☆

次に，税金相当額を差し引いた後の利益，つまり「当期利益（税引き後純利益)」について説明します。

読者が連結決算の作成会社（親会社）に投資する場合，連結損益計算書を前提に説明しますと「**税引き後当期利益**」のなかの<u>「**親会社株主に帰属する利益**」がPER（株価収益率）の計算で使う「**1株当たり利益（EPS）**」を決める数値になります。この場合，「税引き後当期利益」をそのまま使わないよう気をつけてください。</u>

繰り返しになりますが，当期利益の数値は「親会社株主分」と「非支配株主分」の2つに分けられて，それぞれバランスシートの「利益剰余金」，

あるいは「非支配株主持分」に繰り入れられます。

　この繰り入れ現象から言えるのは，「親会社株主に帰属する利益」こそが「企業の価値」を増大させる原動力であるということです。

　収益力の強い会社では，毎年，「親会社株主に帰属する利益」の部分が膨らんでいきます。それが親会社の連結バランスシートの「利益剰余金」へ繰り入れられ，「利益剰余金」を含む自己資本の増加を生むわけです。

　この意味で，連結損益計算書では，「親会社株主に帰属する利益」は営業利益と並ぶ重要な数値と言えます。

　ちなみに東レ2020年3月期の「決算短信」1ページ目（252ページ）を見ますと，上から2段落目の左端に「1株当たり当期純利益」34.83円が出ています。この数値は連結損益計算書の税引き後利益＝当期利益の数値（649.2億円）で計算したものではなく，「親会社株主に帰属する利益（557.3億円）」で計算したものです。読者は電卓でこの点を確認してください。

　こんな場合，必ず自分の手で検算することが大切です。わずらわしく感じるかもしれませんが，こうした作業の繰り返しが投資家の分析力，ノウハウの向上につながるのです。

● 純利益についての注意点 ☆☆

　損益計算書の純利益については，投資家が気をつけないといけない点がいくつかあります。

　その1つは，税金（法人税など）に関連する諸制度が各国ごとに異なっていることです。このため日本企業の純利益の数値（国内基準による数値）と海外企業の数値を直接，比べる場合，慎重にしないといけません。

　また損益計算書の税金部分に関しては，いわゆる「税効果会計」が適用されています。このため利益額と税金相当額の間で時期的な"ズレ"が生じている場合があります。

　また，多くの国内企業の損益計算書では経常利益の下に出ている特別損益の項に「投資有価証券売却益」や「固定資産売却損」などといった特別

利益・損失が計上されています。これらが当期純利益と「親会社株主に帰属する利益」にストレートに影響します。

　特に「投資有価証券売却益」の計上については，十分な注意が必要です。なぜなら株式売却益の計上は，企業側が大きな特別損失を穴埋めするため，あるいは決算数値をきれいに見せるために行うことが多いからです。

　会計の世界では，この種の行為を「利益の平準化」と言います。合法的な "お化粧" と言えますが，好ましい決算処理とは言えないことが多いのです。

　投資家は，こうした項目が損益計算書に出ていたら（小さな金額であれば無視してもいいが），「この会社はどうしてこんな数値をここで計上したのだろうか」とちょっと考えてみるべきです。

＊　東レの損益計算書では，2020年 3 月期に「投資有価証券売却益」として45.6億円（前期19.0億円）を計上した。特別損失を見ると，保有株式を対象とする時価会計から出てくる「投資有価証券評価損」を21.8億円（前期25.2億円）載せている。

　　この場合，これら 2 つは相互に関連していると見られる。期末にかけて株価が下がって，「投資有価証券評価損」を計上しないといけない状況が発生し，このマイナス面を緩和するために「投資有価証券売却益」をひねり出したらしいと読める。この点は外部から見たらそう読めるということであって，私が東レに確かめたわけではない。

　　また上の話とは少し違うが，2019年 3 月期の「有形固定資産売却益」が158.3億円ほど計上されている。私の目には，この大きな利益計上は特別損失の「減損損失」184.1億円と関連しているように見える。

●売上高を忘れてはいけない ☆☆

　企業の成長性を把握すると言うと，利益の数字だけを見る——こんな手抜きスタイルで済ませようとする投資家がいます。そもそも売上高を確認しなければいけないという意識が，最初から欠けている人もいます。

　投資をする際，きわめて当たり前のことですが，売上高の状況を必ずチェックしなければいけません。読者のなかにも日ごろ，この点をつい忘

れてしまう人がいるでしょう。気をつけてください。

　企業は，大企業も中小企業も同じことですが，（専門用語で書くと「発生主義」でとらえた）売上高が計上されないと，損益計算書に利益（または損失）の数字は出てきません。売上高ゼロであれば，そもそも損益の計算などできないのです。

　同じことはキャッシュフロー数値についても言えます。営業CFの収支やフリー・キャッシュフローの数値がいくら重要だと言っても，売上高が計上されなければ，こうした数値は出てきようがないのです。

　売上高は業績把握の土台です。それなりに重要な数値です。

　毎年の売上高がどんな伸びになっているのか，特に売上高の成長率が営業利益の成長率よりも低いのか，それとも高いのか，といった点が分析ポイントになります。

　例えば，あなたが投資をしようかと考えている上場企業で，売上高の前年比伸び率が12.5％だった。それなのに営業利益は5.6％しか伸びていない。この場合，なぜ営業利益伸び率が小さいのかを探ることが求められます。

　逆に売上高が8.2％の伸びだったのに，営業利益は16.8％も伸びている。この場合はどこに原因があるのか。

　重要なカギは，数値が並んだデータを前に「どの項目を見れば答えがわかるのか」ということを頭に入れているかどうかです。こうしたノウハウを“事前”に身につけていることが求められます。

　上の問題の答えは，損益計算書で売上高のすぐ下に載っている「コスト（売上原価）」の状況，さらに営業利益の上に載っている販売費・一般管理費（略して販管費）を探ることが必要になります。

　こうしたノウハウ……と言うと大げさですが，「基本的な分析ポイント」を身につけて投資をすることが望ましいのです。しかし現実には，これらの点が抜け落ちたまま，貴重なおカネを株式に投じている人がたくさんいます。

● 分析をもう一歩，深めると ☆☆

　売上高が順調に増えた場合も，販売数量が増えてそうなったのか，それとも販売単価が値上がりしたためにそうなったのか，この違いで話は変わります。

　また，もっと問題のありそうなケースとして，営業利益は伸び悩んでいるのに，損益計算書の一番下に出ている当期純利益（税引き後利益）は過去5年間，きれいな増益を続けている――こうした "不思議" な決算を堂々と発表している上場企業があります。

　ここから，「何か特別利益でもひねり出したらしい」というヒントが浮んできます。このようにして，あなたが勉強しながら個々の企業の財務データを分析する作業を積み重ねると，一歩も二歩も深い分析が可能になります。

　一方，売上高があまり伸びていないのに，営業利益が伸びている――この場合は，企業側のコスト削減の結果，そうなった可能性があります。この見方が正しい場合，この点は当面，企業評価のうえでプラスに効く要素になります。

　しかし問題なのは，来年もその先もこうした状況が続くのかということです。なぜなら企業のコスト削減努力は，足元の1年間か2年間程度の期間であれば好調な数値を出せるかもしれませんが，4年間，5年間と続くのかとなると難しいはずです。つまり，コスト削減による利益向上は，短い期間で息切れしてしまうことが多く，評価は慎重にすべきでしょう。

EBITDA は一体，どういう利益なのか

　最近，損益計算書の利益項目に関連して，EBITDA などの英語の頭文字を連ねた名称の利益を記載している会社が散見される。例えば103ページの図表3-13で日立製作所は，営業利益のところに「調整後営業利益」と表記して，参考数値として注記に EBIT を載せている。

　日経新聞の記事でも，2021年1月6日付の朝刊で「2021年の注目銘柄」の1つとしてユニ・チャームを取り上げて分析しているが，記事のなかに EBITDA が出ている。

● **EBITDA とは何か**

　こうなると，我々個人投資家も EBITDA のことを「何となく奇妙なもの」ぐらいに受け止めてパスするわけにもいかない。EBITDA とは一体，どういう利益なのか，ここで説明しておこう。

　EBITDA は英語で earnings before interest, taxes, depreciation, and amortization の頭文字を続けた言葉。米国で広く使われている。それが我が国にも入ってきて，最近では日経新聞や経済誌の記事，上場各社（大手企業）の決算資料などで目にするようになった。

　EBITDA の意味は，「金利支払い前，税引き前，各種償却前の利益」ということである。建物や機械・設備などの減価償却費のことを英語で depreciation と言う。これと類似の意味を持つ言葉として，減価償却費以外の費用（例，無形固定資産の償却）を amortization と言う。

　この EBITDA は，税引き後利益に（逆算する形で）金利コスト，税金，各種の償却関連費を足し戻して把握する。こうしたとらえ方は，国ごとに異なる金利，税金の仕組み，償却方式などを除外した上で見る利益数値という意味がある。世界的にオペレーションをしている会社の場合，国ごとに異なる諸制度の影響を除外して見るのは，便利な面がある。

　この EBITDA には，いろいろな種類がある。例えば以前は EBIT という言葉がよく使われていた。この場合は EBITDA のうち償却関連コストを外して把握する。次に EBITA というものも使われている。この場合は depreciation のみを外している。

　かなり前のことだが，EBITA のことを国内の関係者は「エビータ」と言っていた。スペイン辺りにいる情熱的な女性の名前と勘違いしそうな言い方ではないか。さらに EBITDA が使われるようになると，一部の人たちは，「エビットダー」と呼んだ。いかにも無理な言い方で，「何，言ってんだー」と言いた

くなったものだ。

●そもそも，なぜこんな数値が使われるのか

　EBIT，EBITA，EBITDA などが使われ出した背景には，米国企業の間で利益操作と言えそうな各種の利益・損失を計上する動きがなかなかなくならないことがある。そこで，財務データを分析する人たち（投資家を含む）の間で「コア利益（中核的利益）」として扱える利益数値を把握しようとする動きが広がった。

　しかし，なかなか良いアイデアがない。「これが定番の把握法」と言えるものがない。

　我が国でも経営陣の恣意的な判断で特別利益・損失の計上や各種の償却費を計上する例が見られ，コア利益を把握する必要性はある。また米国では経営陣，幹部などに対するストック・オプション付与が増え，この項目に関する利益・損失の計上が（裁判などで）問題になるケースも多い。年金の関連項目も悩ましい存在である。

　そこで市場関係者の間で，こうした悩ましい部分を外して，コア部分だけを見るものとして，「エビータ」や「エビットダー」などが使われている。

　しかし，こうした利益数値は一種の試行段階にあるものだ。第一，企業がこれらの利益数値をはじき出すにしても，その計算法については何の決まりもない。

　投資家は，EBITDA などを「重要な利益」と見て，必要以上に重視するのは避けたほうが良いだろう。

●連結バランスシート

　損益計算書について書きたいテーマは他にもまだありますが，ここからバランスシートに話を移します。

　本章の主眼は，あくまでも企業の成長力の探り方です。この点を意識してバランスシートを見ると，どの項目が中核の分析対象になるのか，そこをどうやって分析するのかがポイントになります。

●手元資金の話 ☆

　バランスシートの左側には，様々な資産項目が並んでいます。資産項目

の一番上に，手元資金に相当する「現金・預金」の残高が載っています。

この項目は，国内基準では「**現金及び預金**」となっています。しかし国際会計基準，米国会計基準では「**現金及び現金同等物**」になっています。現金同等物は，「現金に近いもの」という意味です。

実は，国内基準で使う現金・預金と海外基準で使われる現金・現金同等物の間には，少し違いがあります。この点は後のキャッシュフロー計算書のところで説明しましょう。

現金及び預金（略，現預金）をたくさん抱える会社のことを，一般に「**キャッシュリッチ・カンパニー**」と言います。最近，日本の上場企業ではこうした姿の企業が増えています。

現預金がどれほどの大きさなのか，この点を見るには現預金が総資産に占める比率をはじいたり，あるいは年間売上高と比較する意味で，1カ月当たりの売上高（月商）の何カ月分を現預金で持っているのかといった比率で把握します。

この場合，借入金があるときは，手元資金から借入金を引いて現預金の残高をとらえるのがいいでしょう。

● キャッシュリッチ・カンパニーの姿

ここで，キャッシュリッチ・カンパニーの典型例を見てみましょう。**手間いらず**という会社（東証1部上場）です。まだ小さな企業ですが，バランスシートは**たいへんユニークな姿**になっています（同社は連結決算を作成していないので，非連結バランスシートである。ユニークな姿は連結か，非連結なのかの違いによるものではない）。

手間いらずは宿泊施設のネット予約システムが主な事業です。ネット関連企業の1つです。ネット関連と言っても，システム設計や構築の請負などでは運転資金（手元資金）をたくさん持つ必要がある会社もありますが，同社は多くの現預金を抱える必要はないようです。

それで2020年6月期末の数値（年間決算）を見ますと——**現預金の残高**

は39.7億円，総資産が42.9億円。資産全体のうち，実に92.5％が現金・預金で占められています。ちなみに借入金はゼロです。

　月商ベースで見ると，年間売上高は16.5億円（月商は1.38億円）なので，実に29カ月分近い月商のキャッシュ・ポジションを抱えているわけです。

　こんな大きな現預金を抱えていると，仮に売上高が2年あまりゼロになっても，この会社は生き伸びていける余地があります。実際には，そうもいかない面もあるでしょうが，計算上は，こんな「ものすごい」と言うしかない構造になっています。

　なお，手元資金あるいは手元流動性と言う場合，バランスシートの資産項目に載っている現金・預金（現金・現金同等物）だけでなく，短期の有価証券（例えばコマーシャル・ペーパーなど）を含める場合があります。手間いらずは，こうしたものは持っていません。

● 豊富な現預金は，使ってこそ意味がある ☆☆

　手元にある現預金の残高が大きな場合，その会社は「成長力がある」と言えるのでしょうか。銀行などを除く一般企業の場合，現預金の大きさは成長力の高さには直結しません。むしろ過大にも思える手元資金は，逆に問題になりかねない面があります。

　見方にもよりますが，大きな現預金の塊は不稼働資産と言うと言い過ぎでしょうが，当面企業の利益創出にはほとんど効いていない資産と言えます。現預金の塊は使ってこそ，ナンボのものなのです。

　キャッシュリッチ・カンパニーに対する評価は，このように難しい面があります。現預金は多ければ良い，といった単純な話ではないからです。

　手元資金は，どんな会社でも，どんな場合にも，ある程度の量を持っておくことが必要です。しかし手元の現預金を必要以上に持っていると，問題が出てきます。

　当然，もっと何か将来の事業展開に向けた投資などに使わないのか，という疑問が株主などから出てきます。手間いらずは，何か大きな企業買収

でも考えているのでしょうか。

　ちなみに最近の東京株式市場では，ガイジン投資家（多くは海外の各種投資ファンドや年金運用機関など）が１日当たり売買高の７割程度を占めていると言われます。そうしたガイジン投資家から見ると，日本の上場企業で見られる「現金の貯め込み」には強い疑問を感じる面があるようです。大きな現金・預金に対して，厳しい批判が出されることも珍しくありません。

　ただし，豊富な手元資金が，コロナ禍の下で耐え忍ぶ経営を強いられた会社では，経営の支えとして効いた面があったはずです。もっとも，その効果は一定の限られた期間だけだったでしょう。

　また**手間いらず**のようなケースでは，現金・預金の大きさが誰の目にもすぐわかります。このため業績悪化などで株価が下がったりすると，内外の投資ファンドなどから“（非友好的な）買収”の手が伸びてくるかもしれません。大きな現預金の塊には，こんな経営上のリスクもあります。

●やはりモノを言うのは自己資本の成長力 ☆☆☆

　バランスシートの資産と負債の項目をずっと見ていくと，**バランスシートで「企業の成長力を示す数値」は結局，自己資本の状況である**ことがわかります。

　ここでもう一度，損益計算書の最終段階で税引き後利益が２つに分けられて，バランスシートの決まった項目に繰り入れられる点を思い出してください（図表３-12を参照）。

　読者が親会社（連結決算の作成会社）に投資することを前提にすると，**見るべき対象は，まずは自己資本の成長力，特に自己資本のなかの「親会社株主に帰属する利益」の受け皿となっている「利益剰余金」の増加状況が決定的に重要なカギを握る**ことがわかります。

　自己資本の成長力を見る場合も，過去５年間の残高を把握して，５年間を通して見た「年率ベースの平均伸び率」をはじき出せば，自己資本の成

長パワーがどれほど大きいのかが把握できます。

　ただし，これは「親会社株主に帰属する部分」がちゃんと黒字を続けている会社の話です。ここが大きな損失になれば，マイナスの数値が繰り入れられますから「利益剰余金」の残高は減ってしまいます。

　巨大な損失を一気に計上した会社，あるいは赤字をダラダラと出し続ける企業は，「利益剰余金」の残高がゼロ近くになったり，マイナスになります。後者の場合，「欠損金」と言います。こうなったら，その会社は危機的状況に近いと見ていいでしょう。

　とにかく企業の決算データでは，①損益計算書の帳尻の状況，②自己資本（利益剰余金）の増減の2つは，かなりの程度，連動しているものです。

　ちなみに，連結バランスシートの自己資本額は，バランスシート上の数値でとらえた「企業の価値（簿価ベース）」を示すものとされます。英語でこの数値を「ブック・バリュー（book value）」と言います。PBR（株価純資産倍率）は，この部分に焦点を当てた株価指標です。

PER と PBR は川上から見るか，川下から見るかの違い

　ここでもう一度，PER と PBR の計算式を思い出すと，PER は損益計算書の帳尻に出ている「親会社株主に帰属する利益」の1株当たり数値——これがいわゆる「1株当たり利益（EPS）」——と時々の株価を比べた比率（倍率）である。PBR は「1株当たり」で見た自己資本の大きさと株価を比較した倍率のこと。

　もう一度繰り返すが，毎年利益が黒字になっている企業では，「親会社株主に帰属する利益」が「利益剰余金」に繰り入れられて自己資本が年々，成長していく。

　こうして見ると，株式投資の基本指標とされる PER と PBR は，"同じもの"を見ていることがわかるだろう。違うのは見る位置である。PER は「川上」に相当する年間の純利益の「出口（蛇口）」を見る指標である。PBR は「川下」に位置する「利益の受け皿」，つまり「容器」の溜まり具合を見るものと言える。

　結局，投資家が PER や PBR の倍率をはじいて株価の割り高，割り安を判断すると言っても，事実上，川上から見るか，川下から見るかの違いでしかない。

　このため，投資家が株式購入の際に PER か PBR のどちらかを見るのは当然としても，両方を同時に見て「ウーン」とうなっていると，ちょっと滑稽に見えてくる。

　それよりも，もっと性格の異なる株価指標は他にないのか。当然，こうした問題意識から，最近では CF 計算書から得られる「1株当たり営業 CF 収支」の金額と株価を比べる指標として，PCFR（株価 CF 倍率）をはじいて使う人が増えている。

　ここでこう書いても，PER と PBR には「活用する値打ちはない」と言っているわけではない。両方を同時に見ても，あまり意味がないのではないか，と言いたいのである。

　投資家によって，PER と PBR のどちらを重視するか，その"好み"の違いはあってもいい。

● 自己資本の成長力を見ると ☆

　ここで時価総額の大きな大手企業5社をとりあげて，自己資本の増加率，「利益剰余金」の増加率などを比べてみましょう。

　5社は，①ソニー（2020年末の時価総額12兆9699億円＝4位），②ファーストリテイリング（9兆8086億円＝6位），③日本電産（7兆7397億円＝9位），④エムスリー（6兆6129億円＝15位），⑤ユニ・チャーム（3兆0371億円＝44位）です。

　次ページの図表3-14は，過去5年間を対象に5社の自己資本，利益剰余金，営業利益の平均伸び率，そして株価の平均上昇率を示したものです（ソニーは米国会計基準，他は国際会計基準）。注目すべき箇所は，カッコ内に示した5年間の平均伸び率（複利計算をもとに把握した平均成長率）です。

● 成長力のありそうな会社の姿 ☆

　ここには2020年の出世株の代表格と言えるエムスリーをはじめ，成長力のありそうな大手企業を並べました。しかし自己資本（利益剰余金），営業利益が10％前後かそれ以下の水準にとどまっている会社があります。

　一方，全体として比較的高い成長率になっているのは，2020年で株価上昇が目立ったエムスリーとソニーです。

　こうして見ますと，バランスシートの自己資本，損益計算書で本業の利益を示す営業利益の成長率と株価上昇は互いに関係している（相関している）ことがわかるでしょう。本来はもっと多くの企業のデータで検証すべきでしょうが，ここに載せた5社のデータを見るだけでも相関性があることがうかがえます。

　ただし株価の動きには，その時々の相場の雰囲気，特に投資家全般が近い将来まで展望した時の利益成長に対して抱く期待感（心理）が強く影響します。このため，株価の上昇局面では上振れすることが多くあります。

図表3-14 有力5社の成長 "パワー"

単位：億円，％	ソニー	ファストリ	日本電産	エムスリー	ユニ・チャーム
自己資本					
2016年	24633.4	5745.0	7630.2	548.9	3872.0
2020年	41253.1	9595.6	9497.0	1661.1	4730.7
（平均伸び率）	（＋10.9）	（＋10.8）	（＋4.9）	（＋24.8）	（＋4.1）
利益剰余金					
2016年	9363.3	6139.7	6251.7	425.6	3667.8
2020年	27688.6	9333.0	9260.3	1052.5	5130.7
（平均伸び率）	（＋24.2）	（＋8.7）	（＋8.2）	（＋19.9）	（＋6.9）
営業利益					
2016年	2942.0	1272.9	1176.6	200.2	799.3
2020年	8454.6	1493.5	1103.3	343.4	897.8
（平均伸び率）	（＋23.5）	（＋3.3）	（−1.2）	（＋11.4）	（＋2.4）
株　価					
2015年	3002	42640	4418.5	1261	2477
2020年	10285	92470	12980	9743	4892
（平均上昇率）	（＋27.9）	（＋16.7）	（＋24.1）	（＋50.5）	（＋14.6）

（注）1．2016年と2020年は3月期決算の数値。ファーストリテイリング（ファストリ）は8月期，ユニ・チャームは前年12月期。
2．株価は2015年，2020年の終値（株式分割があった日本電産とエムスリーは修正済み）。
3．ユニ・チャームの2015年12月期は国内基準，2019年12月期は国際会計基準。

　エムスリー，ソニー，日本電産の3社については，率直に言って，2020年末時点で見た株価には過熱感を感じる面があると思います。

　エムスリーは，営業利益の成長スピードが足元で前年比＋60％を超えるレベルになっています。株価が2021年に入って1万円を（一時的に）超えました。

　おそらく3年先，4年先ぐらいまで，こんな利益成長が続くという期待が投資家間で強く持たれたからでしょう。私はこの銘柄をたくさん持っていますが，この期待がはげ落ちると，株価は大きく調整する可能性がある

かもしれません。

　なお第 4 章の後に，特別編（補章）として最近のエムスリーに関する収益状況について分析を載せました。これは 4 半期別決算の業績数値の動向を細かく見て分析するとともに，「セグメント」情報の紹介と分析を兼ねたものです。2021年 2 月に入ってからエムスリーの株価が大きく下がりましたが，その背景説明だけでなく，同社の収益成長について今後の展望もしました。

● 自己資本の金額が示す意味 ☆☆

　ここまでの説明で，バランスシートで把握できる**自己資本の金額は，利益の蓄積部分である「利益剰余金」を抱え，成長企業を評価する場合に重要な意味を持つ項目である**ことがおわかりになったでしょう。

　先に指摘したように自己資本の金額は，いわゆる「企業の価値」を示すものです。ただし，このとらえ方には重要な条件が 1 つあります。それは，**バランスシートに記された簿価（ブック・プライス）をベースにしてとらえた数値である**ということです。自己資本の金額を英語で「ブック・バリュー（book value）」と言いますが，book という言葉にはこんな意味合いが込められています。

　「企業の価値」を示す数値には，このほかに「**その時々の株価から把握される時価総額（英語は market capitalization)**」があります。さらに無形固定資産などを含めた資産と負債の各項目に時価評価などを加えてはじき出される「**理論的な企業価値**」と言われる数値も，プロの投資家などの間で使われています。

● 自己資本はどこに載っているのか？ ☆☆

　ところが，この重要な数値である**自己資本とその数値は，国内会計基準で作る連結バランスシートを見ても載っていません**。この点はニッポン式バランスシートの不思議なところ（不便なところ）です。

　その代わり，上場企業は「決算短信」１ページ目の上から３段目の下に（参考）として，自己資本の数値を載せています。**東レの巻末資料（252ページ）**では，2020年３月末の自己資本は１兆937.5億円と出ています。（注意☞　この点は国内基準の適用会社に当てはまることで，国際会計基準と米国会計基準の適用会社では異なる形になっている。）

　次に，**東レ**のバランスシートを見て「自己資本の数値が載っていない」ことを確認しましょう。次の図表３-15は，2020年３月期バランスシートから「純資産の部」を取り出したものです。

　確かに自己資本はどこにも載っていません。上段に「株主資本」が出ていますが，この部分は（今では）自己資本と異なる意味を持つ「特殊な位置づけ」に変わっています。これらの点は重要ですから，後で詳しく説明

図表３-15 東レに見る**自己資本**と**株主資本**

（2020年３月末の「純資産の部」）

項　　目	金額（億円）
【純資産の部】	
株主資本	
資本金	1478.3
資本剰余金	1180.6
利益剰余金	8492.7
自己株式	△203.1
株主資本合計	10949.0
その他の包括利益累計額	
その他有価証券評価差額金	441.0
繰延ヘッジ損益	11.6
為替換算調整勘定	△441.1
退職給付に係る調整累計額	△22.9
その他の包括利益累計額合計	△11.5
新株予約権	16.0
非支配株主持分	842.2
純資産合計	11795.7

します。

　自己資本の数値は，「親会社の株主に帰属する価値」を示す数値です。株式投資をしている投資家にとっても，重要な意味を持つところです。経営者はもちろん，上場企業のデータを見る人すべてにとっても欠かせない数値です。

　ところがその数値が，肝心のバランスシートには示されていない。これが21世紀の今，我が国の財務データで見られる「不思議」な光景です。

● 数値で確認すると ☆☆

　先に自己資本の数値は「決算短信」の 1 ページ目に（参考）として載っていると書きました。東レの2020年 3 月末の数値は 1 兆937.5億円です。

　そこでバランスシートの数値を使って，どのように計算すれば自己資本の金額が出てくるのか，この点を確認しましょう。

　「この辺が匂うな」と思いながら，株主資本の合計 1 兆949.0億円に「その他の包括利益累計額」マイナス11.5億円を足しますと， 1 兆937.5億円になります。「決算短信」 1 ページ目に載っている自己資本の数値と合致します。

　つまり国内基準で作成される連結バランスシートでは，自己資本の金額は株主資本の合計額と「その他の包括利益累計額合計」の合計数値であるとわかります。言い換えると，純資産の合計数値から新株予約権と非支配株主持分を除いた金額が自己資本です。

　そうであれば，いや，誰が見てもそうなのですから，連結バランスシートの「その他の包括……」の合計数値の下に，自己資本の金額を示せばいいのです。なぜそうしないのか，私など，首をひねっているうち首筋が痛くなって戻らなくなりそうです。

● 自己資本，株主資本，純資産〜 3 兄弟の複雑な関係〜 ☆☆

　以下の話は，個人投資家のための教養講座として書きます。

かつて，と言ってもそう昔の話ではありませんが，3月期決算で言うと2006年3月期まで，我が国では（今と同じように）①自己資本，②株主資本，③純資産の3つの言葉が使われていて，これら3つの言葉は「金額が同じ」でした。これら3つの言葉には，ニュアンスの違いが若干ありましたが，金額は同じでした。

また当時の連結バランスシートを見ると，現在の「非支配株主持分」に相当する項目として「少数株主持分」という言葉が使われており，**「少数株主持分」が計上されている場所は負債と「資本の部」の間になっていました**（124ページに載せた図表3-16の左側で確認してください）。

このため当時の連結バランスシートの右側は，現在の2区分（負債と純資産）ではなく，3区分＝負債，少数株主持分，「資本の部」になっていたのです。

重要な点は，図表3-16で確認できるように，**少数株主持分が純資産（資本の部）の"外"に計上されていたことです。**現在の「純資産の部」に相当する「資本の部」には，少数株主持分は含まれていませんでした（なお新株予約権に関する話は，ここでは割愛します）。**このため純資産の数値は自己資本と同じ金額になっていたわけです。**

繰り返しになりますが，2006年3月期までは金額に関する限り，〔純資産＝自己資本＝株主資本〕の関係が成立していました。3つの言葉のどれを使っても金額については問題がない——こんな良き時代でした。

ところが2006年に商法の大改正が行われ，「会社法」という法律が商法から切り離されて独立した法律になりました。このときに企業会計の諸規則も改正され，ここで私が説明している「バランスシートの変化」が起きたのです。

Point　3兄弟のニュアンスの違い

先ほどちょっと触れた3つの言葉の"ニュアンス"の差について説明しておこう。まず純資産だが，この言葉の元々の意味は総資産（資産合計）から負債合計を引いた残り，つまり資産と負債の「差」を意味する。英語で net asset と言う。

次に自己資本と株主資本だが，自己資本の「自己」とは自分のこと，つまり自己資

本の意味は「株主にとって，自分たちに帰属する部分（持分）」ということである。英語で own funds などと言うことがある。

　ところが，この「自己」の部分が誤解されやすい。誰にとって自己なのか，がわかりにくいからだ。

　この点，株主資本という言葉はわかりやすい。英語で言えば shareholders' funds である。これなら持ち主が誰なのか，はっきりする。

　このため，1980年代だったと記憶するが，東証が音頭を取って「自己資本という言葉はやめて，代わりに株主資本を使おう」というキャンペーンを展開した。その結果，一時，自己資本という言葉は事実上，ほとんど使われなくなっていた。

　現在，シニア年齢になっている読者は，80年頃，自己資本という言葉を捨てて，株主資本という言い方に慣れるのに苦労した覚えのある人がいるはずだ。

　ところが2006年の改正で，株主資本が異なる意味を持って堂々と再登場してきた。何ともややこしいことだが，21世紀の今になっても，この切り替えが頭の中でできていない人が多い。

● 「純資産の部」で起きた大きな変化 ☆☆☆

　次に焦点を当てるのは，株主資本に関して起きた"革命的な変化"の検証です。**2007年3月期から，株主資本の位置づけがガラリと変わりました。**

　その変化を示したのが，次ページの図表3-16です。ここに載せたのは，連結バランスシートの右側部分です（数値は省略）。負債は，ここでは関係ありませんから省略しました。

　最初に図表3-16（注）2に書いたことに関して少し説明しておきます——現在，使われている連結バランスシートの姿は巻末の東レの財務データでわかりますが，現在の姿は図表3-16と少し異なっています。

　どういうことかと言いますと，**国内基準で作成される連結バランスシートは2006年にあった大きな変化に続いてもう1回，2010年にも別の変化があったため，こうなったのです。**

　つまり，2段階を経て姿が変わってきたわけです。これらの変化をいっぺんに説明したのでは，読者は混乱するでしょう。そこで，ここでは2006

図表3-16 2006年に起きた「純資産の部」の変化

【2006年3月期】

項　　目
（負債の部） 　　　　　　　（略）
負債合計
少数株主持分
（資本の部） 　資本金 　資本剰余金 　利益剰余金 　その他有価証券 　　評価差額金 　為替調整勘定 　自己株式（△）
資本合計
負債，少数株主持分及 　び資本合計

【2007年3月期】

項　　目
（負債の部） 　　　　　　　（変化なし）
負債合計
（純資産の部）
株主資本 　資本金 　資本剰余金 　利益剰余金 　自己株式（△）
評価・換算差額金等 　その他有価証券 　　評価差額金 　繰延ヘッジ損益 　為替換算調整勘定
少数株主持分
負債純資産合計

（注）1．自己株式のカッコ内は，マイナス数値であることを示す。
　　　2．右側の2007年3月期の姿は，現在の形と異なっている部分がある。

年の変化を解説します。その後に2つ目の変化を説明しましょう。

● 株主資本が新しい姿で登場した（！）　☆☆☆

　図表3-16からわかる変化は，次の図表3-17に並べた4点です。

　ここで**最も重要な点は，株主資本が見せた大きな変化です**。オーバーに書けば，これは“革命的な変化”と言えるほど重要なものです。①と②については先に説明しました。

　なぜならこれまで長い間，続いてきた**例の3兄弟の平和な関係が2006年から（2007年3月期から）崩れて，自己資本と株主資本，純資産は意味が**

図表3-17 2007年3月期の変化点

① 「少数株主持分」が示される位置が，「負債と資本の部の間」から「純資産の部の中」に移された。

② その結果，バランスシート右側は従来3区分だったが，2区分（「負債の部」と「純資産の部」）に変化した。

③ 「株主資本」という項目が新たに純資産の中で表示されるようになった。株主資本は資本金，資本剰余金，利益剰余金，自己株式（マイナス数値）の4つをまとめた項目である。

④ 図表3-16左側の「その他有価証券評価差額金」と「為替調整勘定」はまとめられて，株主資本の項の下で示される。

異なる言葉に変化したからです。

　変化した後の「3つの言葉（3兄弟）」は数値の大小で見ると，**最も小さな数値が株主資本で，最大が純資産となります。**その状態を示したのが，次の図表3-18です。

　自己資本と株主資本の関係は，国内基準を前提にする限り，**ほとんどの企業では，〔自己資本＞株主資本〕という関係になります。自己資本が株**

図表3-18 3つの言葉の関係

純資産　≧　自己資本　≧　株主資本

・株主資本＝資本金＋資本剰余金＋利益剰余金－自己株式

・自己資本＝株主資本＋その他の包括利益累計額

・純資産＝自己資本＋新株予約権＋非支配株主持分

主資本と同額になるのは「その他の包括利益累計額」がゼロの場合ですが，こんなケースは新興銘柄，非常に小さい銘柄などを除くと，ほとんどお目にかからないでしょう。

　一方，自己資本と純資産の間も，たいていの上場企業では〔純資産＞自己資本〕の関係になっています。しかし企業によっては，あるいは決算期によって，その企業に非支配株主がいる子会社（小さな子会社を除く）が存在せず，同時に新株予約権が発生するケースがない場合に〔純資産＝自己資本〕となります。こうした形の上場銘柄は数が少ないはずです。

　次ページの図表3-19に，東レの2020年3月期連結バランスシート（現在，使われている姿）の「純資産の部」を取り出して，載せておきました。どこの項目がどう変わったのか，自分で確認してください。

● なくならない自己資本と株主資本の「混同」☆☆

　ところで，ここで焦点を当てている株主資本の位置づけの変化に関して——2006年の規則改正から15年が経過しようとしていますが，いまだに従来の形である「自己資本＝株主資本」の関係が成り立つと思い込んでいる人がたくさんいます。投資家だけでなく，プロの運用担当者，証券会社のストラテジスト，さらには著名な経済学者などです。

　これらの人たちが出した本を見ますと，「ROE」を「自己資本利益率」と書くべきところを「株主資本利益率」と書いています。この種の混同は，新型コロナウイルスのようにしつこく続いています。

　ROE のことを「株主資本利益率」と書くと，国内基準を前提とする限り，「自己資本利益率」とまったく違った数値になります。これは深刻な問題です。

　この点を東レのデータで確認しますと——2020年3月期の純利益のうち「親会社株主に帰属する利益」は557.3億円，自己資本は1兆937.5億円，前年の自己資本は1兆1310.3億円，株主資本は1兆949.0億円です。

　「決算短信」1ページ目に載る ROE は，自己資本を「期首・期末の平

図表3-19 東レの「純資産の部」

(2020年3月期, 単位：億円)

項　目	金　額
純資産の部	
株主資本	
資本金	1478.7
資本剰余金	1180.6
利益剰余金	8492.7
自己株式	△203.1
株主資本合計	1兆949.0
その他の包括利益累計額	
その他の有価証券評価差額金	441.0
繰延ヘッジ損益	11.6
為替換算調整勘定	△441.1
退職給付に係る調整累計額	△22.9
その他の包括利益累計額合計	△11.5
新株予約権	16.0
非支配株主持分	842.2
純資産合計	1兆1795.7

（注）読者に区分がわかりやすいよう，筆者が実線，点線を入れた部分あり。

均でとらえた数値」で計算します。期首・期末平均の自己資本は，1兆937.5億円と1兆1310.3億円の合計を2で割って，1兆1123.9億円です。

　そこでROEを計算すると5.0％になります。「決算短信」1ページの数値5.0％（自己資本当期純利益）と見事に合っています。

　次に株主資本で計算すると，株主資本利益率は5.2％になります。上で指摘した混同をしているプロたちは「5.0％と5.2％の違いなど，大したことではない」と言うのでしょうか。

● 「包括利益」の導入 ☆☆

　上の図表3-19に関連して，先の図表3-17の④の説明が残っていますね。

ここは2010年に起きた「2つ目の変化」と関係します。そこで2006年と2010年に起きた2つの変化をまとめて説明しておきます。

重要な変化は、**2010年秋に「包括利益」という新しい制度が導入されたこと**です。この制度は、まず包括利益を親会社株主との直接取引に該当しない純資産の変動部分をカバーする幅広い概念と位置付けたうえで、当期純利益、非支配株主持分に入らない変動項目を「その他の包括利益」とします。そして「その他の包括利益」に該当する部分をバランスシートの自己資本のなかで別途、表示する方式を採用しました。

現代の企業は、財務管理面で各種の手法をいろいろ取り入れて運営されています。例えば**為替の変動、商品（コモディティ）価格の変動などに備えた「デリバティブ」と言われる手法（例、先物取引）、さらには最近も話題になることが多い「持ち合い株（政策保有株）」の保有・売買に伴う時価会計に関連した事項**などです。

包括利益の制度は、21世紀に入ってこれらの変動をバランスシート上で示す必要性が出てきたことに対応して導入されたものです。

包括利益の導入に先駆けて、まず先の図表3-16右図に載っている**「評価・換算差額金等」の項目**が登場しました。この項目は2006年の改正で導入されました。

その上で、**2010年（2011年3月期）に、この部分が「その他の包括利益」と呼ばれる新項目に置き換わったわけです（図表3-19を参照）**。同時に「その他の包括利益」の対象項目に関する増加・減少を示すものとして、**「連結包括利益計算書」が導入されました**。

ただし、「包括利益計算書」は巻末の東レ資料には載せていません。どんなものか興味のある読者は、ご自分で確認してください。上場各社の「決算短信」で簡単に見られます。この計算書の内容は、1年間に起きた該当項目の増減を示すだけですから、内容は簡単です。

● 海外会計基準の適用会社の場合は ☆

　次に焦点を国際会計基準，米国会計基準で連結データを作成している会社に当てて，純資産の部（資本の部）がどうなっているのか見ましょう。

　結論を先に書きますと，混沌と言うと言い過ぎですが，結構，複雑な形になっています。まず大手企業を中心に採用が進んでいる国際基準のほうから。

　国際基準の適用会社の１つ，**日本電産**の連結バランスシート（2020年3月期）のうち，「資本の部」（純資産の部に該当）を取り出したものが次の図表3-20です。

図表3-20 日本電産の「資本の部」

項　目	金　額（億円）
資本の部	
資本金	877.8
資本剰余金	1147.5
利益剰余金	9260.3
その他の資本の構成要素	△1151.1
自己株式	△637.5
親会社の所有者に帰属する持分合計	9497.0
非支配持分	202.9
資本合計	9699.9

（注）ここでも筆者が実線，点線を書き加えた部分あり。

　国内基準で作る連結バランスシートと比べ，少し簡単な構成になっています。国内基準と異なる点は，①**「株主資本」が出ていない**，②**国内基準の「その他の包括利益累計額」に相当する項目は「その他の資本の構成要素」としてひとまとめで表示されている**——の２つです。

　次に，米国基準の場合はどうなっているのか。ソニーの「資本の部」に該当する部分（2020年3月期）を取り出して，次ページの図表3-21で示

図表 3 -21 ソニーの「当社株主に帰属する資本」

項　目	金　額（億円）
当社株主に帰属する資本	
資本金	8802.1
資本剰余金	1 兆2897.2
利益剰余金	2 兆7688.6
累積その他の包括利益	△5809.8
自己株式	△2325.0
当社株主に帰属する資本合計	4 兆1253.1
非支配持分	6642.3
資本合計	4 兆7895.4

（出所）2020年 3 月期「決算短信」から。

しました。

　米国基準では国際基準とほぼ同じ構造になっています。ただ国内基準の「その他の包括利益累計額」に相当する部分の表記が少し異なっています。

● 米国基準では株主資本が使われている ☆☆

　ここまでは「純資産の部」についての説明でした。次に「決算短信」 1 ページ目に載る項目を改めて見ますと，米国基準の適用企業の「決算短信」には，オッと言いたくなる状況が出ています。

　この点を細かく言葉で説明するのはたいへんですから，次の図表 3 -22 で国内基準，国際基準，米国基準をそれぞれ使っている東レ（国内基準），日本電産（国際基準），ソニー（米国基準）の 3 社の状況を並べて見ておきました。

　この図を見てどう思うでしょうか。バランスシート項目の表示については，もう驚かないでしょう。

　「決算短信」 1 ページ目に記載された項目（図表 3 -22の下段）では，米国基準を適用しているソニーは，自己資本の項に「株主資本」と書いています。当然のことですが，自己資本比率は「株主資本比率」となっていま

図表3-22 3基準による記載の差異

項　目	日本基準	国際基準	米国基準
【バランスシート】純資産の表示	純資産	資本	資本（純資産）
株主資本の表示	株主資本	なし	なし
その他の包括利益の表示	その他の包括利益累計額	その他の資本の構成要素	累積その他の包括利益
非支配株主の表示	非支配株主持分	非支配持分	非支配持分
【決算短信1ページ】自己資本の表示	（参考）自己資本	親会社の所有者に帰属する持分	株主資本
自己資本比率の表示	自己資本比率	親会社所有者帰属持分比率	株主資本比率
EPSの表示	1株当たり当期純利益	基本的1株当たり当期利益	1株当たり当社株主に帰属する当期純利益
ROEの表示	自己資本当期純利益率	親会社所有者帰属持分当期利益率	株主資本当社に帰属する当期純利益率

（出所）各社の2020年3月期「決算短信」から。

す（わかりやすいよう，この部分をブルーの活字で示しました）。

　ROEについては，「株主資本当社に帰属する当期純利益率」という，ちょっと見ただけでは意味がわからない表示になっています。この場合は「株主資本」を「当社に……」で割った比率であるという意味です。

　こうした表記はソニーだけが採用しているのでしょうか。キヤノンなど米国基準を適用する他社について見ると，ソニーと同じです。

　つまり米国基準で連結データを作成・発表している企業は，かなり社数が少なくなってはいるものの，今も堂々と株主資本という表記で通しているわけです。

　先に米国基準について「誇り高い」と書きました。そうした基準を採用している会社から見れば，我が国で2006年に行われた株主資本から自己資

本への言い換えなど「我々には，関係ない！」と言っているようにも見えます。なお，繰り返し書きますが，ソニー（現ソニーG）は2022年3月期から国際会計基準に移行します。

● 投資家もしっかり学んで備えないと ☆☆

ここまで見てきた点をまとめますと，先に指摘した ROE に関する日本語表記については，**米国基準の適用企業に関しては株主資本利益率を使っても，問題はありません**。

また銘柄の数は少ないですが，子会社を持っていない銘柄は非連結ベースで財務諸表を作って発表します。非連結の財務諸表を見ますと，**連結バランスシートで自己資本に該当する箇所は，「株主資本」**となっています。この場合も，**ROE を株主資本利益率と言っても，問題はないわけです**。

一方，**上場企業のうち大多数の日本企業では ROE のことを株主資本利益率と言うと明らかな間違い**になります。自己資本利益率と言わないといけません。このように ROE の日本語表記に関して，混乱気味に思える状態になっています。

21世紀の企業社会は，親会社とその周囲に子会社を配したグループ経営が基本の姿です。投資家も連結決算を前提にした分析をすべきです。

しかし上で見たように米国基準の場合は依然，株主資本という言葉が従来通りの意味で使われており，ここには混乱が見られます。

個人投資家である我々は，こうしたややこしい状況を踏まえて，財務データの分析を注意しながら行うしかありません。

ここで私が説明した細々とした問題について，一部の読者は「こんな細かいことまで……」といった印象を持ったかもしれません。

しかしこうしたこともちゃんと理解し，押さえておかないと，投資家は時代の変化にふるい落とされてしまいかねません。細々とした問題点を無視していると，自分が持っている銘柄で財務分析上の問題が起きたとき，「いったい何のこと？」と言うだけで対応できなくなります。

●連結キャッシュフロー計算書

　キャッシュフロー計算書（略，CF計算書）は，2000年度に導入された比較的新しい財務諸表です。**1年間で企業に入金，出金されたキャッシュ（現金とそれに類似するもの）の状況をまとめたデータです**（会計の専門用語で言うと「現金主義」に基づくデータです）。

　ところが，このCF計算書をどう見たらいいのか，どのように分析したらいいのかといったことがいまひとつわからないまま，株式を売買している投資家が多いようです。特に株式投資で重視される**「フリー・キャッシュロー」については，誤解されている面があります。**

●「3つの区分」とその意味

　CF計算書は，その構造と意味を理解してしまえば，分析それ自体はわりあい簡単です。読者は，巻末に載せた東レのデータを参照しながら読んでください。

　CF計算書は上から3区分で収支を示しています。それぞれの項目は，どんな意味があるのか，以下，順に説明しましょう。

A．【営業キャッシュフロー収支について】

　ここに載っている数値は，企業の通常の営業活動，つまり小売業の場合なら店頭の販売活動で得られた売上代金の入金，販売活動に伴う出金の状況を示している。**我々が通常，「決算短信」で見る「営業CF」の部分は「間接法」と呼ばれる把握法で作られている。**

　「間接法」は，従来から使われてきたバランスシートと損益計算書の数値を使ってプラス・マイナスを"逆"にした形で営業CF収支をはじき出す手法と考えればいい。一方，「直接法」は「入金と出金の差」でとらえる手法である（これは，一般の現金出納帳と同じ方式である）。

　現在の会計ルールでは，企業は営業CF収支を「直接法」か「間接法」

のどちらかで作成する。しかし現状では，ほぼすべての企業が「間接法」を採用している。

この区分の収支尻に記載された金額は，「決算期を通じて通常の営業活動から得られた現金収支の結果」を示す。通常，この部分はプラス数値になることが多い。

しかし企業の経営状態，あるいは特殊な要因などによって，マイナスになる場合もある。もしこの収支尻が数年間，マイナス数値となったら，その企業は危機的状況に近いのかもしれない。

収支尻がプラス数値である場合，その企業の「現金の創出能力」が基本的にどれほどあるのか——この点を我々に教えてくれる。このため，ここのプラス数値が毎年伸びている会社は，経営が一応順調に進んでいることを示している。

営業CF収支の数値は，CF計算書で最も重要な数値とされる。

B．【投資キャッシュフロー収支について】

投資CFの項には，機械・各種設備などの投資（CF計算書上では「有形固定資産の取得による支出」と表記），株式などの有価証券投資などが記載される。

もちろん，機械・設備や土地などの購入があれば出金額が載る。売却した場合は入金額が計上される。大規模なM&Aが行われたら，当然，ここには大きな出金額が計上される。

ちなみに，この投資CFと次に説明する財務CFは，ともに「直接法」で記載されることに注意してほしい。

株式投資家の立場から見て注意すべき点は，例えば①上場株式の購入（新規投資）と売却に伴う代金の出金・入金の状態，②売却で生じた損益——の2つを区分して見ることである（この点は，この後で説明する）。

投資CFの収支尻は，企業が「資金を使っていろんな投資をしたこと」を示すところだから，ここはマイナス数値（出金超）になることが多い。

逆にプラス数値（入金超）になることもあるが，例外的なものと見ていいだろう。プラスの数値になっていたら，投資家はどうしてプラスなのかチェックすることが求められる。

C.【財務キャッシュフロー収支について】

　この項では，**借り入れの実行と返済，社債の発行から出てくる入金と返済・償還に伴う出金，配当金支払いの出金，自己株式買い取りで出てくる出金などが計上される**（東レの2020年3月期CF計算書では，自己株式買い取りはゼロである）。

　この項目の**収支尻は，時々の状況によってプラスになったり，マイナスになる。マイナスだからといって，問題になるわけではない。**しかし収支尻が大きなマイナス数値になったときは，多くの資金が出て行ったことになるから注意しないといけない。

　また，**年間で見た配当金の支払い額（出金），自己株式買い取り額（出金）は，この財務CFに出ている数値によってどれほどの大きさなのか確認できる。**

　もちろん，金融機関からの借金（長短借入金）の動きも大切なチェックポイントである。借金をしたら入金額がプラス数値で計上される。返済したらマイナス数値（出金額）が載る。ただし短期借入金に関しては，出入金の収支差を計上する。

● 売買に伴う資金出入と売却損益 ☆☆

投資家は，企業が保有する有価証券（上場株式）の売買があった場合，①売買代金の入金・出金の状況，②売買から出てくる損失・利益の発生──の2つを分けて考えることが求められます。

売買に伴う入金・出金が載るのはCF計算書です。売却から生じた利益・損失は，損益計算書のほうに載ります。損益計算書では「投資有価証券売却益（あるいは売却損）」などとして載ります。

　この点は，投資家の一般常識でわかるはずだが，実際にはちゃんとわかっていない人が多いようです。

　しばしば混乱しがちなところは，**企業が保有している他社株式**（例，「持ち合い株」＝バランスシート上の「投資有価証券」に計上）で，**評価損が生じた場合**です。

　現在，適用されている時価会計のルールでは，株価変動で生じる評価損益が通常の範囲内であれば損益計算書に載せずに，バランスシート上で処理されるだけです（これを「直入方式」と言います）。この場合，損益計算書はもちろん，CF計算書にも数値は出てきません。

　しかし**株価が大幅に下落して評価損（含み損）が一定範囲を超えて大きくなった場合**には，損益計算書に「投資有価証券評価損」を計上します。これが現在，我が国で採用されているルールです。

　この場合，**CF計算書ではどうなるのでしょうか。計上は何もありません。**なぜなら評価損は，**株式を実際に売ったわけではない**（入金は起きていない）からです。ここもわかりにくいところですが，この際，きちんと頭に入れてください。

● 全体の枠組みを見ると ☆

　3区分された収支をまとめて見ると，次ページの図表3-23の姿になっていることがわかります。

　このうち[①＋②の合計収支]が，一般に「フリー・キャッシュフロー」と言われているものに該当します。

　しかしこの部分については，把握の方法，フリーという言葉の意味などについて，いろいろと誤解されている面があります。この点は後で詳しく検討します。

　以下では，まず東レのデータ（256〜257ページ）に基づいて分析例を示した上で，CF計算書の読み方（分析の仕方）を説明します。

図表 3-23 キャッシュフロー計算書の構造

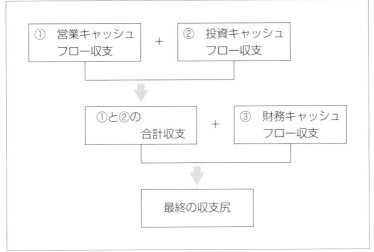

（注）通常の CF 計算書では，①と②の合計収支は示されない。
（出所）拙著『連結時代におけるキャッシュフロー計算書』中央経済社，14ページ。

ケース5　　東レのデータ検証

　東レの2020年3月期 CF 計算書では，営業 CF の収支尻は2257.7億円のプラス，前年の1762.4億円から28.1％増えた。一方，損益計算書の純利益は557.3億円（前期793.7億円）で，29.8％の "減益" だった。この点を考えると，少なくとも営業 CF は一応，健全な姿を維持したと言える。

　次に投資 CF を見ると，2020年3月期の収支尻はマイナス1423.6億円だった。前期は2602.5億円のマイナスだったから，マイナス幅が縮小した。

　2020年3月期は営業 CF が増加する一方，投資状況を示す投資 CF はマイナスが小さくなった。その結果，2つの収支尻の「差」を見ると，2020年3月期はプラス834.0億円となって，前年から大きく改善したことがわかる。前年は840.1億円のマイナスだった。

●CF 状況の改善を生んだ要因

　ここまでの話で，重要な点はなぜ営業 CF が改善したのか，ということである。もし改善をもたらした要因が構造的なものだったら，東レの営業 CF 収支の改善は今後も続くと期待できるかもしれない。また，どういう要因から投資 CF のマイナス金額が縮小したのか，この点もチェックする必要がある。

しかしこの「改善状況」の要因を探る作業は，なかなか難しい面がある。まず簡単なほうから説明すると，投資CFのマイナス金額が小さくなったのは「有形固定資産の購入額（設備投資額のこと）」が前年1658.1億円から1357.7億円に減ったことが効いている。さらに前期には「連結範囲の変更を伴う子会社株式の取得」による出金額が1145.6億円計上されたが，2020年3月期はゼロだった。これらの変化で，投資CF収支のマイナス額が縮小したことがだいたいわかる。

一方，営業CFの変化はわかりにくい。ここには様々な項目が並んでいるが，「改善をもたらした要因はこれだ」とはっきり言えそうな項目は見つからない。

しかしよく見てみると，「売上債権の増減額」が前期−335.8億円から＋371.9億円へ，年間で707.7億円分プラス側に動いた。この点が大きく影響したと見られる。

●「間接法」による把握

先にちょっと説明したが，営業CF収支の部分は「間接法」と呼ばれる方法で把握されている。営業CF収支については，内外の大半の企業は「間接法」を採用している。例外的にオーストラリアなどごく少数の国で「直接法による把握」が採用されている。

このような状況になった理由は——国の内外で事業展開する現代の企業では，「直接法」のとらえ方の前提となる入金・出金の状況を細かく把握することが，実際にはなかなか難しい面があるから。

「直接法」は入金があったらプラスに，出金の場合はマイナスに記帳していく方式。小学生でもわかる簡単な方式に思える。しかしそうではない。

コンピュータを駆使した経理データの把握・整備が進んではいるが，国ごとに通貨は違う。為替レートは日々動く。この点1つとってみても，「直接法」によって営業CF収支を把握するのは結構大変な作業になりがちである。

そこで大多数の上場企業は，営業CF収支については「間接法」で把握する方式を採用している。

しかし「間接法」による把握は，CF計算書を初めて勉強する人にはわかりにくい部分が多い。

営業CF収支を「間接法」で把握する場合，企業内でどんな計算をするのかと言うと——バランスシートと損益計算書の「資金移動を伴わない項目」を取り出して，プラス・マイナスの動きを"逆"にして利益に加減していく。東レのCF計算書では，減価償却費をプラスに足し戻していることから，この点がわかるだろう。

「間接法」による計算は，企業がまず手慣れた損益計算書とバランスシートを作成し，そのなかの該当項目の数値変動を使って逆算するように営業CF収支をはじき出す。このため「間接法」と呼ばれる。

● フリー・キャッシュフローの把握 ☆☆

　ここまでの説明で，CF 計算書の分析では「営業 CF 収支額（プラス数値）から投資 CF 収支額（マイナス数値）を差し引いて，その収支を把握する」という点が CF 計算書の分析では重要なカギを握ることがわかります。先の図表 3 −23で示した ［①＋②の計算］ がこれに該当します。

　この場合，仮に営業 CF 収支がマイナスだったら，営業 CF のマイナスから投資 CF のマイナスを引くことになるため，より大きなマイナス数値になります。

　こうなったら，たとえ一時的な現象としても，企業は基本的に資金不足の状態になったことを示しています。

　一方，営業 CF がプラスで同時に投資 CF もプラスであれば，収支はより大きなプラスになります。この場合は資金が余った姿を示します。

　このような把握は「フリー・キャッシュフロー（free cashflow）」を把握する際に幅広く使われています。しかし実は，大雑把な手法なのです。

　ここで私は，何やら奥歯にモノが挟まったような表現をしました。理由があるからです。

　上記のようなフリー・キャッシュフローの把握は，忙しい実務者や投資家がサッと計算して把握できる簡便法として使われているものです。

　ところが，CF 計算書が2000年に導入されてから20年が経過するなかで，この大雑把な把握法が "独り歩き" している面が見られます。

　読者は，フリー・キャッシュフローを把握する方法は「これしかない」と受け止めないようにしてください。本来の，もっと精緻な把握法があります。

　ここで指摘した点に関連して，**日立製作所**の2020年3月期連結CF計算書（国際会計基準を適用）を見ると——営業CF収支の後に投資CF収支を計上するのは当然だが，その下にくる財務CF収支の前のところで「フリー・キャッシュフロー」として，先の①＋②の方式で把握した数値を載せている。

　上場企業をすべてチェックしたわけではないが，こうした方式を採用している銘柄は，**日立製作所**だけではないか。

　この点に関して，私は少し"違和感"を感じる。なぜならこの項について「注」などで説明せず，こうしているからだ。

　このようにすると，「フリー・キャッシュフローとはこうして把握するもの」と受け取る個人投資家が多いだろう（ちなみに，同社は目下，経団連の会長企業である）。

　日立製作所は「決算短信」1ページ目で，損益計算書の項に営業利益の代わりに「調整後営業利益」を載せ，その後に，先のコラム（110ページ）で私が多少の皮肉を込めて説明した「EBIT」の数値を載せている（EBITの意味はすでに説明した）。

　この場合，2つとも「注」をつけているので許容できるとしても，CF計算書には何の「注」もつけていない。ここにも「注」をつけて，説明を加えるべきではないかと思われる。

● フリー・キャッシュフローの本当の意味 ☆☆☆

　以下で書く内容には私個人の意見もまじっていますが，フリー・キャッシュフローをより正確に（厳密に）とらえようとするのなら，営業CF収支の数値からその期に支出した投資CFのうち，「必要不可欠な投資部分のみ」を引いて把握することが望ましいと考えられます。

　しかし，企業の外から決算数値を見て分析する人（大半の投資家）は，投資項目のうちどの部分が必要不可欠なものなのか，この点が容易にわかりません。このため便宜的な手法として，営業CF（通常はプラス数値）から投資CF（マイナス数値）の全体を引いて，フリー・キャッシュフローとする方式が一般に使われているわけです。

　つまり，一般に「投資案件」と言われるものには，2つの種類があると

考えることが必要なのです。投資家もこうした視点から，CF計算書を分析することが求められます。

　こう考えますと，先のコラムで取り上げた日立製作所の場合は，私が簡略法に過ぎないと指摘した方式で，フリー・キャッシュフローを説明もなくCF計算書に載せていることがわかるでしょう。

● 必要不可欠な投資と戦略的な投資 ☆☆

　必要不可欠な投資とは，どんな投資を指すのでしょうか。わかりやすく書きますと，**会社が「単に生きていくだけで必要になる投資案件」という**ことです。

　これとは別に，**特別な目的で行われる投資，特に経営戦略上で重要な意味を持つ投資が考えられるという話です**。

　「ただ生き伸びていくだけで必要な投資案件」では，**それに該当する資金は不可避的に営業キャッシュフローから出ていくもの**です。これに該当する出費部分は，企業の時々の経営環境や戦略などにあまり左右されることなく，出金が発生します。私はこの部分だけを営業CF収支のプラス数値から引いてフリー・キャッシュフローを把握する手法のほうが望ましいと考えます。

　そこで「必要不可欠な投資」の具体的な姿はどういうものか。この点を小売りチェーン店を展開する企業を例に説明しましょう。

　最近はどんな町にも小売りチェーン店が見られますが，チェーン店では以前から営業している店舗（既存店）を対象に1〜2年に1回ぐらい，**店内改装のための投資**をします。

　チェーン店の運営会社にとって，この種の改装は設備投資の1つですが，**改装投資は店舗の売り上げを（横ばいでもいいから）維持するのに必要な**ものです。この場合，経営上の戦略性をどれだけ持っているのかとなると，戦略上の重要性は小さい場合が多いでしょう。

　一方，**将来の成長へ向けて新しい業態の店舗を開発する，そのための実**

験的な店舗を建設する。こんな投資は戦略上，重要性が高い投資です。「必要不可欠な投資」とは大きな違いがあります。

　こうした投資案件の性格の違いは，製造業でも見られます。例えば工場内に据え付けていた機械が古くなったため新しい機械に入れ替える場合，単に入れ替えるのと，より高い生産性を生む新鋭機械を導入するのでは意味が異なります。

　株式投資家は，こうした違いを意識して区分し，分析する視点が求められます。

● 「フリー」の言葉に込められた深い意味 ☆☆☆

　ここで説明している点に関して，投資家に特に考えてほしいのは「フリー」という言葉に込められた意味です。この点がわかっていない投資家が多いからです。

　「フリー」の意味は——経営者が「自分の意志で自由に使える資金」ということです。そして日々の経営活動の中で，この貴重なフリー・キャッシュフローをどこで，どのように使うのか，この点が経営上，非常に重要な課題になるという考え方があります。

　ここまでの説明でおわかりと思いますが，フリー・キャッシュフローのプラス金額は，少しオーバーに書くと，CF計算書の"ヘソ"である営業CFのプラス数値と並ぶ重要な数値なのです。

　ところがフリー・キャッシュフローを「余ったおカネ」，「余剰資金」などと受け止める人がいるようですが，誤解です。

　この点を具体的にイメージできるよう，図表3-24を描いてみました。読者は，図表の左側に載っているとらえ方を身につけてほしいと思います。

　ポイントは——経営者は，必要不可欠な投資分を除いた「本来のフリー・キャッシュフロー」に相当する資金を何らかの貴重な使途（戦略的な投資など）にうまく割り振って投入してこそ，意味があるのだと考えることです。経営者はこの課題を上手にこなして企業を中長期的な企業成長

にこにつなげてこそ，**高い報酬を受け取る資格**があるわけです。

　世界的な投資家として知られるW・バフェット氏は，自らが経営するバークシャー・ハサウェイ（NY上場）の傘下に抱える保険会社，いろいろな投資・持株会社などを通じて，数多くの企業買収や大口投資をしてきました。

　しかし毎年，彼がバークシャー株主に送る「会長からの手紙」のなかで，私がここで指摘している「経営者の課題」，つまり資金割り振りをじょうずにできる経営者は少ないと指摘しています。

図表3-24 フリー・キャッシュフロー～2つのとらえ方～

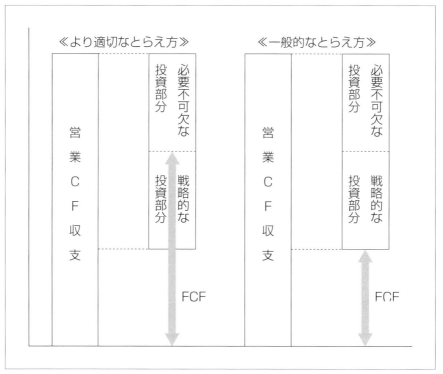

（注）「FCF」はフリー・キャッシュフローの略。

●フリー・キャッシュフローの使途 ☆☆☆

　フリー・キャッシュフローの本来の意味は，図表3-24左図が示すように通常，考えられているものより広い範囲をカバーします。**企業はフリー・キャッシュフローを戦略的な狙いを持った重要な投資案件などに使うことが前提になっているわけです。**

　そうした投資などを実行した結果，最後に残ったおカネが「余剰の資金」であると認識すべきです。

　下の図表3-25は，先の図表3-24左図のスタイルで把握したフリー・キャッシュフローを前提に，主要な使途を並べたものです。ここでは**一般的な投資案件に加えて，借入金の政策的な返済や配当金の増加，自己株式の買取なども使途に含まれることに注目してください。**

●キャッシュ使途の優先順位 ☆☆

　フリー・キャッシュフローに該当する資金の使途を考える場合，企業は戦略的な投資案件と配当の増加，自己株式の買取などを並べて，1つひとつの重要性，緊急性などに応じて資金使途の優先順位を決めます。CF計算書を見る投資家も，こうした視点を持つことが必要です。

　言い換えますと，**設備投資や企業買収などは，つねに配当金の増加，自己株式の買取などよりも優先するわけではないということです。**その企業

図表3-25 フリー・キャッシュフローの主な使途

＊戦略的な意味が大きい設備投資
＊新規事業への進出に向けた投資
＊企業や事業の買収（M&A）
＊借入金の政策的な返済（早期返済など）
＊配当金の増額
＊自己株式の取得

特有の経営環境の違い，時々の経営上の課題変化などによって，優先順位は変わってきます。

　投資家は，通常の把握法ではじき出したフリー・キャッシュフローのプラス数値を見て，その数値がたくさん出たら，それで「良し」とする。こんな単純な分析をしている限り，深い分析は難しいでしょう。

　経営者のほうも，気をつけていないと，大きな設備投資などを"先送り"して（俗っぽく書くと，投資をケチって），余剰資金を表面的に膨らませて「良し」とする。こんな安易な発想に陥る危険性があります。

● 3 区分の意味を改めて考える ☆

　CF 計算書では投資 CF 収支が 2 段目に，財務 CF 収支が 3 段目に載っています。そのせいか，**設備投資や企業買収などは配当金の支払いなどよりも"高位"にくるものと認識する人がいます。これは誤りです。**

　現在，使われている 3 区分方式の CF 計算書は，**入金と出金が帯びている性格の違いによって区分しています。重要性の違いで区分しているわけではありません。**

　この点は，読者が子供時代につけたことがある「小遣い帳」をちょっと思い出せばわかるでしょう。日付に沿って，入金・出金の金額を記入していく。これは，いわば"原始版" CF 計算書と言えます。

　小学生の小遣い帳は，簡単な出金・入金の記帳ですから日付に沿った記入で問題はありません。しかし家計簿のように記帳内容が複雑になれば，ちゃんとした常識を持つ大人なら，出金・入金の性格によって特別の項にまとめて記入したり，重要性の大小によって記載場所を変えたり，あるいは数値にマークをつけたりと工夫するでしょう。

　上場企業の CF 計算書を見る投資家も，こうした視点からデータを見ると良いのです。

● キャッシュの動きは同時並行で起きる ☆☆

　また個人投資家がよく間違っているのは，企業内ではCF計算書に載っている順番（営業CF，投資CF，財務CF）に沿って，入金と出金が起きるのだと受け止めることがあります。

　例えば企業はまず営業CF収支を把握し，そこで設備投資などに資金を使う。その後で財務CF収支の項に該当する行動（借入れなど）を行う――といったとらえ方をするわけです。

　こうした把握は，1年間の資金の動きをまとめたCF計算書全体を見て，全体的な収支を理解・把握する場合にはわかりやすい面があります。137ページの図表3-23はこの考え方に沿ったものです。

　注意してほしいのは，<u>企業グループ内や外部との取引を通じて生じる出金・入金は，実際には決算期の初めから同時並行で発生している</u>ということです。

　もちろん，配当金の支払いや長期借入金の金利支払い，大規模な設備投資計画などは，前々から実施日が決まっているものがあります。一方，細々とした投資案件の出金，短期資金の借入れによる入金などは，年間を通じてパラパラと生じることが多いでしょう。

　企業経営の日々の実務面では，3つに分かれたキャッシュの動きが同時並行で生じるということ，読者はこの点を忘れないようにしてください。

●「財務CF収支」の説明 ☆

　ここから3つ目の項目，「財務CF収支」について説明します。ここに計上される項目はだいたい決まっています。巻末の東レのデータを参考に整理すると――

　①　短期資金の借入れ・返済
　②　コマーシャル・ペーパー（略称CP）と呼ばれる短期有価証券の発行・償還

③　長期借入金の借入れ・返済
④　社債の発行・償還
⑤　配当金の支払い
⑥　自己株式の買取り・売却――の6つです。

　ただし東レのCF計算書には，自己株式の関連項目は載っていません。同社は「自己株式買取り」について，以前から慎重な姿勢を続けています。このためバランスシート（254〜255ページ）の自己資本のなかに出ている自己株式の残高は，2020年3月期末で203.1億円にとどまっています（バランスシートでは，自己株式の保有残高はマイナス数値で示される）。

　上記の6項目のうち③〜⑥については，企業の決算期がスタートした段階で，出金・入金の時期はだいたい決まっているものが多いはずです。

　長期借入金の借入れ，返済，あるいは社債の発行と償還は，（特に大きな金額となる場合には）事前に銀行や証券会社などと協議が必要です。その時々の局面変化に応じてパッと決める場合もないわけではないですが，たいてい，時期はかなり前に決まっています。

　ただし例外的なケースとして，大規模な企業買収案件が急に浮上してきて，買収側の企業が多額の資金を調達する必要に急に迫られたりすると，話は違います。しかしこのようなケースは例外的なものです。

　この点，短期借入金については，年間を通じて借入れによる入金，返済による出金が生じます。そこで企業は，以前から取引を通じて親しい関係を持っている銀行との間に「ローン・ファシリティ」と呼ばれる借入枠をあらかじめ決めておき，企業が運転資金が必要になると簡単な手続きで借入れを機動的にできる仕組みなどを使います。

　この意味で，短期資金の出金・入金の動きには，一種の"調整弁"となる役割があることがわかります。何を調整するのかと言えば，CF計算書の帳尻である「現金及び現金同等物」の大きさを調整して，ここが大きなマイナス数値にならないようにするわけです。

● CF 計算書の帳尻はどこへ行くのか ☆☆

　先に損益計算書の最終帳尻に出ている純利益（税引き後利益）は，バランスシートの決まった項目に繰り入れられると説明しました。

　それでは，CF 計算書の帳尻はどこへ繰り入れられる（行く）のでしょうか。答えは，**バランスシートの左側，資産項目の一番上にある「現金・預金の項」に繰り入れられます**（CF 計算書の最終帳尻に出ている「現金及び現金同等物」の残高は，そのまま「現金・預金の項」へ移行します）。結局，バランスシート，損益計算書，CF 計算書の３つは，互いに結合しているわけです。この点を示したのが図表３-26です。

　ここで重要な点は，**バランスシートの資産項目の一番上に載っている現金・預金の規模がどれほどの大きさになるのか——この点は CF 計算書の帳尻がどうなるかで決まってしまうことです。**

図表3-26 連結財務諸表３つの結びつき

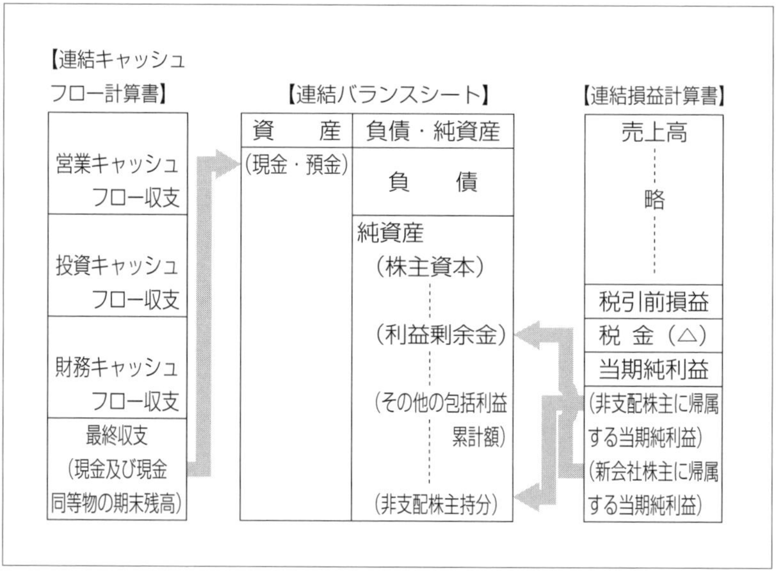

（注）国内基準によるデータを前提にした。

　ところが読者は，図表３-26が示す結合をちゃんと理解していない人が多いでしょう。それでも株式を買うと利益になったり，損したりする。だから面白くてやめられないのですが。

● 「結合」現象で見られる不思議 ☆☆

　何度も東レのデータを見ることになって恐縮ですが，もう１度，バランスシートとCF計算書を見てください。ここには，頭が混乱しかねない現象があります。

　2020年３月期CF計算書の帳尻の「現金及び現金同等物の期末残高」は1836.8億円。バランスシートの資産に出ている「現金及び預金」は1737.0億円。ここには99.8億円の差が生じています。

　どういうことなのか，答えは簡単です。バランスシート上の「預金」とCF計算書の「現金同等物」のカバー範囲が違うので，こんな差が生じているのです。

　そうすると，一部の読者からは，「なぜこんな奇妙な形にしているのか？」と疑問が出てくるでしょう。

　上場企業のうち国際会計基準と米国会計基準の適用企業を見ますと，バランスシートの数値とCF計算書の数値はピタッと合致しています。バランスシートとCF計算書はともに「現金及び現金同等物」となっているからです。

　結局，わかるのは，国内基準で作られているバランスシートとCF計算書の間で“食い違い”が生じているわけです。

　国内基準による財務諸表３つは，我が国の会社法とそれに沿って決められた会計規則に沿っているのですが，CF計算書は2000年になって導入された新しい財務諸表であるため，当時，海外先進諸国で採用されていたルール（世界標準の形）をそのまま反映させた形になりました。

　そうした姿が，20年間も続いてきました。そろそろ，自己資本と株主資本の混同を招く問題，ここで指摘しているバランスシート上の現金・預金

とCF計算書の現金同等物の食い違いなどといった問題を適正な形に修正する必要性があるでしょう。

● 株式投資で重視されるキャッシュフロー数値 ☆☆

CF計算書は，年間を通じて企業の手元に入ってきた資金（現金と現金同等物）と出て行った資金の状況・収支をまとめて示すデータなので，一般に「操作されにくい面がある」と言われます。それだけ，**数値の"信頼性"が高いデータ**という見方もできます。

このため最近では，企業経営だけでなく株式投資でも，CF計算書に載る数字を重視する人が増えています。

例えば，「営業CF収支」の数値（通常，プラス数値）を発行済み株式数で割って「1株当たり営業CF」を把握し，その数値と株価を比べて株価の割り高・割り安を判断するのに使ったりします。英語で**PCFR（プライス・キャッシュフロー比率）**と言われる比率です。

しゃれた名前がついていますが，腰が引けるようなものではありません。通常のPER（株価÷1株当たり利益）のCF版にすぎません。

それよりも，個人投資家が誤解しやすいのは「**フリー・キャッシュフロー**」の把握とその見方でしょう。

フリー・キャッシュフローがプラスになる現象については，1年間，経営したら結果としてそうなった面もあるでしょうが，経営陣が事前に資金計画を立てて資金繰りを管理し，意識的にプラスにしたと言える面もあるはずです。

つまり，**企業の長期資金の出金・入金は，事前に資金計画と投資計画をたて，かなりの程度，管理できる面があります。**その際に出てくる細かな**資金繰りの差異は，短期資金の借入れ・返済などで"調整"する**わけです。

このため，CF計算書の最終帳尻は，経営陣がコントロールできる面が多分にあります。だからこそ，上場企業が数年間，連続して帳尻が大きなマイナス数値になったりしたら，大きな問題になりかねないのです。

　これは，投資家にとって警戒信号が点滅している状態です。「何が起きているのか？」と背景を探らないといけません。特に構造的な問題から大きな資金不足になった場合には，企業は本当に困った状態（経営危機）に陥ってしまいかねませんから，投資家にとっても緊急事態と言えます。

　企業の経営破綻は，損益計算上の赤字が原因になる場合もありますが，多くの場合，破綻の引き金を引くのは資金繰りの短期的な悪化，資金管理の失敗などが多いのです。

　この点からもキャッシュフロー計算書の数値を分析することに，重要な意味があります。キャッシュフローの数値を軽視してはいけません。

Column 5

複利計算による「年率平均値」のとらえ方

　これまで何度も出てきた「複利計算に基づく成長率平均（年率平均）」について，その計算法，簡略な把握法などについて説明する。

＜単純平均と年率平均の違い＞
　普通，例えば5年間の利益の平均伸び率を計算するとき，4つある増減率を合計し，それを4で割って平均値をはじき出す。中学校で習った平均値の把握法である。これは「単純平均」とか「算術平均」と言われる。
　ところが，この方式で平均を把握すると，データが5年間の途中で大きく上下した場合，影響を強く受けてしまう。
　そこで株式市場の各種データのように上下動が大きなデータを見る場合には，ここで説明する「複利計算を前提とした平均伸び率」つまり「年率平均値」を計算することが多い。
　複利計算を前提に……と書くと腰が引けてしまう読者もいるかもしれないが，「年率平均値」の把握法では，仮に5年前のデータと足元のデータを直線で結んで，5年間で100の値が156に増加したなら1.56倍に増えたわけだから，そこから「複利計算による増加平均値」を把握する。
　重要な点は，複利計算が前提になっていること。もう1つは，スタート台（出発点）の数値と到着点の数値を直線で結んで計算することである。このスタイルで平均増加率を把握すると，俗な表現で書けば"巡航速度"ベースの伸び率

が感覚的にわかる。

　この方法は，例えば上場企業の業績（売上高や利益の額），株価の上昇・下落率，読者の運用対象の資産残高などのように，つねに上下に動く数値について増加スピードの足元の状況を把握するのに便利である。

　最近の事例で言えば，新型コロナ・ウイルスの感染者数の増加率を見るときも，こうすると今，足元ではだいたいこの程度のスピードで感染者が広がっているとわかる。

①　年率平均値の把握法

　最初に読者が「ドキッ」とするようなことを書くが，年率平均値の計算では，複利計算の"割り戻し"が必要になる。その計算式をここで示したら，読者はこの本を暖炉のなかに放り投げてしまいかねない。

　「年率平均値」の把握計算はややこしい。文科系人間である私も，当初，その計算式を見たときは，ため息が出た。

　そこで，計算式はここには載せない。しかし基本のキとして，複利計算の基本となる数式は一応，次に示しておこう。次の数式の「r」値が，知りたい「年率でとらえた成長率平均値」である（次の数式は対象期間5年，スタートの数値100，到達時点の数値230とした）。

$$[100 \times (1.0 + r)^4 = 230]$$

　「r」の値を知るには，どうすればいいのか。世の中には「r」値を知りたいニーズがあるため，そのための方法がいくつかある。

　1つは「関数」電卓を買い求め，それで対応する手がある。だが関数電卓も使い慣れていないと結構，手間がかかる。

　もう1つは，計算ソフト「エクセル」を使う方法がある。これもその都度，パソコンを立ち上げて，「エクセル君」を引っ張り出さないといけない。手間がかかる点は同じ。

　私はかなりの間，安モノの関数電卓を買って，それで対応していた。しかし計算が必要になるたびに，「エーッと，どうやって計算するんだったかな」となることが多く，小さな字が並んだ説明書を何度も読むハメになったものだ。

　もっと簡単に，お手軽に「r」値をはじき出す方法はないのか。その把握法を求めて三千里……と言うとオーバーだが，ネット上で探って，便利な計算サイトを見つけた。それが，ネット上の「7ak.org」というサイト（無料）である。

＜「CAGR計算機」サイトをのぞくと＞

　このサイト（無料）には，「CAGR計算機」という名がついている。CAGRとは英語の「compound annual growth rate」の頭文字をつなげたもの。コンパウンドは「複利計算」のことである。

　ところで，この「複利計算を前提とした増加平均値」を使う場合に，いちいち「複利計算を前提に……」と言っていたのでは，菅首相のように舌をかみそうになって面倒くさい。一方，「年率平均値」と言うと，誤解する人もいる。

　そこで最近では，この「CAGR」がそのまま使われるケースが増えてきた。例えば株式専門のTV番組，「日経CNBC」では新規上場銘柄を紹介するコーナーがあるが，「CAGR」の文字が業績データの右肩に載っていることがある。何も説明はなし。「視聴者の皆さん，もう，おわかりでしょうネ」という姿勢である。

　本書の読者も，この4文字が出てきたら「アア，あれのことだな」とピンとくるようになるといい。少しオーバーに書くと，CAGR，つまり年率平均を理解していないと，21世紀の個人投資家は生き延びられない時代になりつつある。

＜「CAGR計算機」サイトの使い方＞

　このサイトを見ると，2つ空欄がある。1つは「現在価値」，もう1つは「将来価値」。通常の株式投資に置き換えると，「現在価値」は出発点（スタート台）の数値，「将来価値」は5年先なり，10年後に到達する数値と見て計算すればいい。

　数値を空欄2つに入れて，年数を入れてカチッとクリックすると——あら，不思議！「複利計算で計算した年率の成長率平均」がパッと出てくる。この本に載せた年率平均値はすべて，このサイトで計算した。ここに記して，サイトの運営者（管理人）の方に感謝したい。

② 　10年間で，年率7.2％で成長すると

　ここで説明している年率の増加率に関して，1つ頭に入れておくと便利な数値がある。それは「7.2％」という数値である。

　この7.2の数字は——「10年間で年率7.2％のスピードで（一貫して）増加すると，スタートの数値（例えば読者の資産額）は10年後には2倍に増える」ことを意味する。

　この7.2％は，いろんな応用ができる。例えば7.2の2倍の14.4％で増えると，5年間で2倍になる。逆に7.2の半分，3.6％で増加すれば，2倍になるのに20年かかる。少し大ざっぱな把握法だが，こうした知恵は便利である。

　さらに先に複利の利回り（r値）がわかっているときには，7.2の10倍，72をその利回りで割ると「2倍になるのにどれだけの期間がかかるか」がわかる。利回りが5.5％なら，72を5.5で割って「13年間ちょっと」というように。

③ 　倍率がわかると，年率の成長値も推測できる

　もう1つ，私が工夫して活用している「簡便法」も紹介しておこう。

　これは，例えば『会社情報』などに載っている過去5年間の数値（例，営業

利益）を見て，５年間の「年率増加率」をさっと知りたい場合に使う。

そこらに転がっている普通の電卓（関数電卓ではない）で，まず５年間の倍率を計算する。そして次に示した図表３-27で，その倍率数値（左欄）に該当する数値を見て，「おおよその成長率を推測する」わけ。

ポイントは，おわかりだろう。年率平均について正確な数値を知ることよりも，サッと平均成長率（概数）を知りたいときに使う。株式投資では，限られた時間に個別銘柄の分析をすることが多いため，こんなことをする。

図表３-27 ５年間の倍率と「年率」で見た成長平均値

倍　率	年率でみた成長平均値（％）
1.25	4.56
1.50	8.45
1.75	11.84
2.00	14.87
2.25	17.61
2.50	20.11
2.75	22.42
3.00	24.57
3.25	26.58
3.50	28.47
3.75	30.26

この図表をコピーするなり，書き写すなりして，それを自分の手帳，『会社四季報』などに貼りつけておくと，便利ですよ。

成長企業を求めて三千里

株式分割を意識した3段階の銘柄探し

　この章では，近い将来に株式分割の実施が期待できそうな成長企業を見つける方法を考えましょう。ターゲットとなる企業は**成長企業であること**に加え，**株式分割をできれば複数回，繰り返してくれる銘柄**です。

　当然のことですが，探索対象の中心は発行済み株式数がまだ小さく，若くて元気のある小型企業，なかでも利益の成長力が大きな会社になります。

　本章では，**銘柄探索を「3段階」で探していく手法を紹介します**。3段階とは──①まず株価チャートを使った候補銘柄の絞り込み，②次に財務データを活用した成長力の見極め，③最後に「仕上げ」と言うべきものとして，候補銘柄の業種や事業内容，経営内容などに踏み込んだ分析の仕方を説明します。

Step 1　株価チャートによる絞り込み

　早速，各社の株価チャートを見ることにしましょう。とは言っても，見るべき株価チャートは小型株だけでも1000社を超す銘柄がありますから，どうやって絞り込みを行えばいいのか，効率的な方法を考えたうえで探さないといけません。

　読者はネット証券会社で取引口座を持って運用している人が多いでしょうから，すぐ思いつくのは，あなたが日ごろから見ているネット上のサイトで1つひとつチャートを見ていくことが考えられます。しかしこの方式

には案外，大きな障害があります。

● 株価チャートをさっと見ていくには ☆

　ネット上で個別銘柄のチャートを見る場合，コード番号，企業名を記入して見るわけですが，１つの画面に表示されるチャートはその会社のみ。数社の株価チャートを並べて，一覧で比べられないことが多いようです。

　チャートの比較欄もありますが，そこで見られるのはたいてい個別銘柄と日経平均株価，「トピックス（東証１部総合株価指数)」などを比べたチャートです。

　つまりネット上で株価チャートを確認する場合，上場銘柄のチャートを１つひとつ見ていくしかないようです。

　ここで私がお勧めする絞り込みの手法は，特定の銘柄と他の銘柄を比べながらチャートを見ていく方式が前提です。しかし現実には，なかなか難しい面があります。

　この点，『会社四季報』などで株価チャートを見ていく手法は，ページをめくる手間はかかりますが，１つひとつのチャートをパッパッと見ていくわけですから比較は簡単にできます。21世紀の今になっても，紙に印刷されたチャート集などが使われている背景には，こうした便利さがあるからでしょう。

　『会社四季報』は，各ページを上下２つに分けて，２つの銘柄ごとに細かな説明，決算データなどを載せています。各ページの最上段に株価チャートが並んでいます。これを見ていくわけです。

● 『会社四季報』の活用

　話が少し脇道にそれますが，『会社四季報　夏号（第３集)』が毎年６月末に出ます。この情報誌は年々重さが増して，私のようなシニア投資家にとっては持つだけで疲れます。私は時折，TVを見ながら「四季報」を手でもって上げ下げしています。腕力維持のための"紙"アレイというわけ

です。

　『会社四季報』は名前の通り，年に4回，出されます。上場各社の決算期はバラバラです。決算ごとに順次データが変わっていきますから，出版社は年4回，内容を順次，更新した版を出版します。

　そうすると，個人投資家のなかには年に4回，この情報誌を買わなければいけないのかと思う人がいるようです。

　そんなことはありません。私がしているように，買うのは1年に1冊で十分です。

　上場企業の3分の2超は3月期決算です。そこで3月期決算が5月になって発表された後，新しい決算データを組み入れた「夏号」が出たら，それを買えばいいのです。

　そして，3月期以外の12月期決算などの決算が発表されたら，その都度，貼り付け式の付箋（フセン）に，決算数値やメモを書いて貼っておく。こんなことをしながら，怒涛の1年間を過ごすわけです。

●夏号を手にして，すぐにすること☆

　『会社四季報』夏号を手にしたら，まず，自分が目下持っている銘柄をチェックしましょう。「エッ」となりそうなことが何か出ていないのか確かめるためです。

　しかしこれで終わりにしたのでは，せっかく重たい情報誌を買う意味がありません。紙アレイに使ったり，朝顔の押し花作りに活用するだけでは，もったいないでしょう。

　私は2020年の夏，この本を書いている最中でもあり，1つの作業をしてみました。**それは——各ページをパッパッとめくりながら，そこに載っている株価チャートをサッと見て成長企業探しをしました。**

　私は，時々こんな作業をします。例えば大相撲のTV中継を見る場合も，特定の業種や何か特定のテーマを決めて（例，PERの高さ，各社が保有する自己株式の大きさ），1ページずつめくりながら相撲中継を見ます。

相撲の仕切り時間を使った活用策です。

『会社四季報』では各ページの上段に，２銘柄の株価チャートが載っていますから，それをパッパッと見ていきます。チャート図は小さいので見にくいですが，銘柄名や細かな内容はとりあえず無視してチャートだけを見ます。

ちなみに，夏号の場合，チャートは毎年５月末までの過去３年間余り（41カ月分）をカバーする月足チャートです。

こうした作業をしたのは，チャート上で株価が左側から右側へ上昇基調にある銘柄をサッと見つけるためです。株価は途中で多少の上下動があっても，その点は無視して，とにかく「右肩上がり」のトレンドになっている銘柄を探します。そして，当てはまる銘柄があったら，マークペンで印をつけたり付箋を付けておきます。

仕事があって，土日や休日しかこうした作業ができない投資家は，特定業種に絞ったり，大手企業は除外するといった工夫をして，同じような作業をすればいいでしょう。

こうした作業をしますと，**改めて感じるのは，我が国の上場企業には株価が右肩上がりのトレンドになっている会社が少ないことです。**

● 「百聞は一見にしかず」の精神で ☆☆

次に，我が国の大手企業（2021年２月末終値の時価総額で見たトップ50位内）の株価がどんな姿になっているのか，株価チャートで確認してみましょう。以下に載せたチャートは，すべて2021年２月末までの過去10年間の月足です。

次ページ以降に時価総額の順位に沿ってチャートを載せました（時価総額の順位は2021年２月末のランキング）。

検証対象はトヨタ自動車など10社。チャートの評価には私の個人的な見方がかなり反映されていますが，**はっきり「合格組」と言えそうなのは３社だけ。残りは「悩ましいな組」が５社，「こりゃイカンな組」が２社と**

いう構成です。この点は後で詳しく見ます。

図表4-1 大手10社の株価チャート

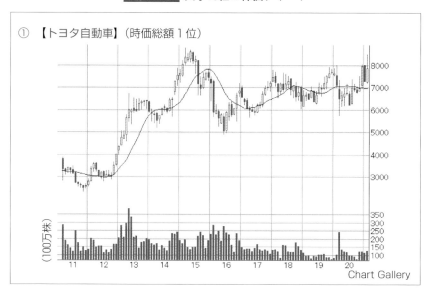

① 【トヨタ自動車】（時価総額1位）

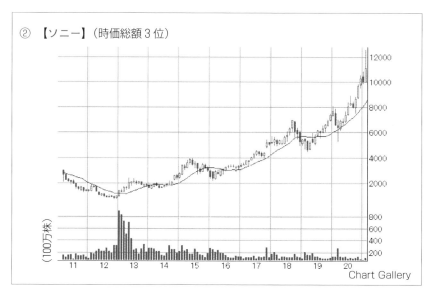

② 【ソニー】（時価総額3位）

③ 【ファーストリテイリング】（時価総額5位）

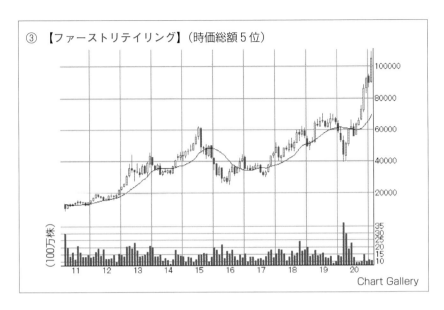

④ 【任天堂】（時価総額8位）

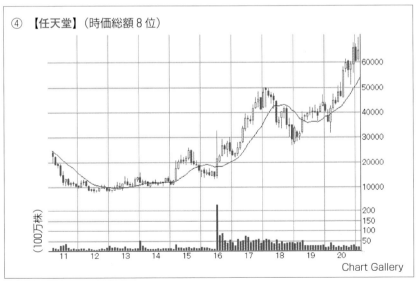

⑤ 【信越化学工業】（時価総額13位）

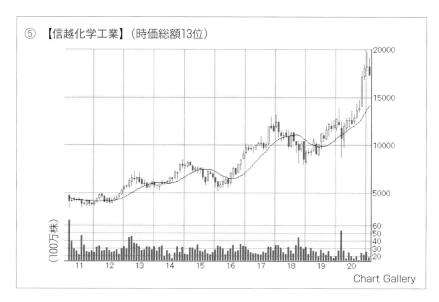

⑥ 【オリエンタルランド】（時価総額16位）

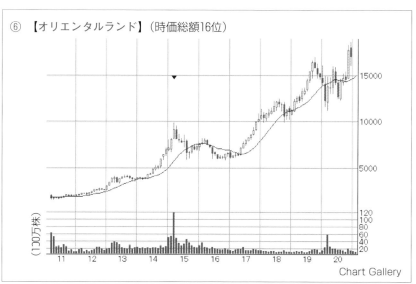

⑦ 【武田薬品工業】（時価総額21位）

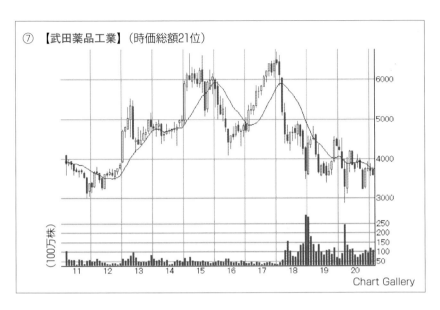

⑧ 【ファナック】（時価総額22位）

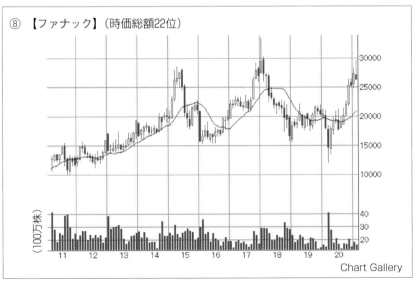

⑨【日本たばこ産業】（時価総額35位）

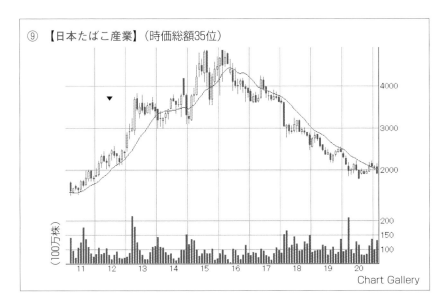

⑩【パナソニック】（時価総額42位）

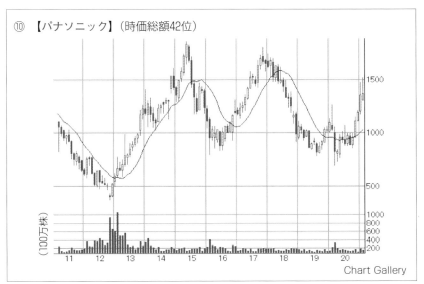

ここの狙いは，読者が過去10年間の株価チャートを左から右へざっと見て，株価の長期的なトレンドがどうなっているのか。この点を感覚的に把握できる目を養うことにあります。大企業をここで取り上げたからと言って，探索対象を大きな企業にすべきだと言うわけではありません。

● 「ローソク足」チャートの見方 ☆

どの銘柄が成長銘柄と言えるのでしょうか。ここでは，企業名を（しばらくの間）伏せて先に進みましょう。

読者はここに並んだ株価チャートを見て，どれが「合格組」なのか，「こりゃイカンな組」なのか判断してみてください。これら2グループは比較的わかりやすいはずです。

もうおわかりの読者も多いでしょうが，ここで「ローソク足」チャートの見方をちょっと説明しておきます——**白抜きや青塗りのタテ軸は1カ月間で生じた株価の動きを示します。白抜きの場合は「月初の株価から見て月末終値が高い場合」，青塗りは「月の始値より終値が下がった状態」を意味**します。

上下に細い線（ヒゲ）が伸びているものがありますが，上と下の線の先端はその1カ月間で記録された最高値と最安値を示します。

このように「ローソク足」チャートは，縦の線1つで「**4本値**」＝始値，高値，安値，終値を示す便利な株価表示法です。ちなみに「ローソク」と呼ばれるのは，白抜きの図がローソクのように見えることからきています。

Point ローソク足の話

ローソク足は，江戸時代に北浜（大阪）にあったコメ相場の取引業者が使い始めたと言われる。もちろん，当時は墨筆で描いていた。下げの場合は，朱墨で書いたとも言われる。

ローソク足は英語で candle stick と言う。ということは今日，欧米の投資家たち

もこの便利なローソク足を気に入って盛んに使っていることを示す。米国などで以前から使われてきたチャートは，単純なものが多い。タテの 1 本で始値，高値，安値，終値をひと目でわかるように示すローソクの威力は大きい。

　かなり前，NYに行ったとき大きな本屋へ行って，投資関連の本を探したことがあった。このとき，"How to Read Candle Stick"（ローソク足の読み方）といった本を見つけてパラパラとめくってみた。「包み足」など，どう説明しているのかと見たら，Tsutsumi-ashiと書かれていた。

●「移動平均線」の意味 ☆

　株価に沿って細い曲線が描かれていますが，これが「移動平均線」です。**移動平均線を見ることによって，投資家は株価の基本トレンドを知ることができます**。

　株価の動きは，足元の細かな上下動を見ているとトレンドがわかりにくい場合もありますが，移動平均線が左から右に動いている方向を見れば，右肩上がりかどうかがわかります。

　しかし，すべての銘柄でこうなるわけではありません。上がっているのか，下がっているのかはっきりしない，どちらかよくわからない銘柄もつねにあります。

　図表 4 - 1 で比較的きれいな右肩上がりのパターンを示しているのはソニー，信越化学工業，オリエンタルランドの 3 社です。ただしオリエンタルランドはコロナ禍の下で，足元の業績は赤字になっていますが。

　なかでも移動平均線が継続して右肩上がりとなっているのはソニーです。過去10年間で（コロナ禍での下落を含め） 3 回ほど大きな下げがありますが，ソニーや**信越化学工業**などの循環株では，この程度の下落はある程度，仕方ない面があります。

　このほか，見方によっては**ファーストリテイリング，任天堂**なども合格組に入れてもよいかもしれません。

　一方，私が「**こりゃイカンな**」と判定した**銘柄は，武田薬品工業，日本**

たばこ産業です。移動平均線を見ると，右肩下がりの線になっています。特に日本たばこは過去5年間，ほぼ一直線で下がっています。右端の株価は，2012年初の株価とほぼ同水準ですから，投資家全般から厳しい評価を受けているようです。月足のチャートは，1年間12本のローソク足で構成されるため，1年の左端から1，2，3と数えていけばどの月かわかります。

● 日本たばこ産業の悩ましい構造

日本たばこの株価下落は，コロナウイルスの問題とは関係のない要因が強く効いているようです。

そこで，直近の決算（2020年12月期，国際会計基準）のセグメント（部門別）情報を見ますと，同社の売上高は3部門に分かれています。国内たばこ事業，海外たばこ事業，その他部門（医薬品，食品）です。

売上比率で見ると海外たばこ部門（1兆3062.3億円）が62.4%を占め，国内たばこ部門（5555.7億円）の2.3倍の規模です。その他部門は小粒です。

一方，海外たばこ部門の営業利益（調整後の数値）は全体の64.9%を占め，今や利益面で同社の主柱になっています。しかし営業利益率は，海外事業のほうが国内事業よりも低くなっています。

日本たばこの売り上げのうち，62%余りを占める海外部門は国内たばこ部門より成長余力がありますが，ここが拡大すればするほど会社全体の営業利益率が下がってしまう。こんな悩ましい構造になっています。

同社は，国内市場の成熟化，さらには市場縮小（健康志向の広がり，嫌煙の動きなど）という大きな問題を乗り越えるため，1999年に米国RJRナビスコから海外事業部門を78億ドル（約9400億円）で買収，続いて2007年に英国の大手たばこ企業ギャラハーを約75億英ポンド（およそ1兆7800億円）で買い取るなど，積極的に海外事業の展開を図ってきました。

こうしたM&Aを相次いで実施したものの，海外部門の収益向上に問題があるようです。それがさえない株価に反映されていると見られます。

●武田薬品工業の場合は

　武田薬品は2018年 5 月，アイルランドの大手製薬会社シャイアーを約
460億英ポンド（約 6 兆8000億円）で買収すると発表しました。諸手続き
を経て，買収が完了したのは2019年 1 月でした。

　このM&Aは，当時も今も，日本企業による企業買収としては最大のも
のです。同社は，言うまでもなく国内ではトップクラスの医薬品メーカー
ですが（最近の時価総額は中外製薬のほうが大きい），世界的に見ると欧
米の巨大医薬品メーカーと正面から戦うにはちょっと大きさが足りないよ
うに見える位置にありました。

　武田薬品のトップ経営陣に英国人が座った背景には，こうした長年の経
営課題を実現する「対応策」を，投資家たちから強く求められていたとい
う事情がありました。この意味で， 7 兆円近いM&Aは，規模の大きさ自
体は大きな驚きでしたが，このような動きがいずれ出てきそうな気配があ
りました。

　しかしM&A以後の業績推移を見ますと，経営は必ずしも順調に進んで
いるとは言えないようです。

　特に大きな買収によってバランスシート上に抱えた「のれん代」の存在
（2020年 3 月期末で 4 兆125.3億円＝総資産の31.3％を占める），また買収を
行うために抱え込んだ長短借入金・社債が合計で 5 兆933.0億円，総資産
の39.7％もあることが大きな重荷です（同社は国際会計基準を適用）。

　武田薬品といえば，以前は豊富な手元資金を保有していて，私は大学の
講義でよく「この会社はキャッシュ・リッチ・カンパニーの典型だ」と
言ったものですが，そうした姿はもう過去のものになっています。

　近い将来，「のれん代」の大きな償却費が損益計算上に出てくることが
想定されます。また巨額の負債（の削減）も，同社にとって引き続き大き
な課題です。

　こうした状況を反映して，2018年 3 月以降の株価は，最近まで，それま

での株価とはまったく違う形の下降トレンドを続けました。

2020年3月期決算は，シャイアーを合併してから事実上初めての年間決算でした。この意味でも注目を集めたのですが，**結果は税引前段階で“赤字”となって，市場に失望感が広がったようです。**

日本たばこ，武田薬品いずれも大規模M&Aで局面打開を図ったわけですが，その後の展開ではともに苦戦しています。特に武田薬品の場合は，**近い将来に大きな「のれん代」の減損償却費が損益計算書に出てくる可能性があります。**同社の株主である投資家は，「Xデー」に備えた対応を取るべき局面にさしかかっているのかもしれません。

●株価チャートの種類と活用法 ☆

この項の最後に，株価チャート学とでも言うべき話をちょっと書いておきましょう。

読者は，チャート分析にはかなりおなじみの人が多いでしょう。なかには，チャート読みにはまって，友人や知り合いなどにいっぱしの講釈をするようになった人もいるでしょう。

私は以前に出した投資関連の本で，「**株価チャート分析に過度に入るのは避けたほうが良い。“適度”に利用することが望ましい**」と書きました。今も，この考えは変わっていません。

その「適度に活用」する事例の1つが，中長期的にとらえたチャートを見て，中期的な株価トレンドを確認することです。

Point チャートを適度に活用すること

ここで書いた「適度に活用する」とはどういうことか。この点を細かく書き出すと，まさに泥沼にはまってしまいそうだが，ここで私の見方を書いておこう。

株価チャートを見ること，移動平均線や出来高の棒グラフを見ることは基本のキだから，多くの投資家はしているはずだ。そこから，どこまで深くチャート読みの世界に入るのか，ここが話のポイントになる。

　許容される範囲について，はっきり線を引くことは難しい。チャートで時折出てくる「三角もちあい」なら，これ自体は意味のある動きであるし，この現象を見つけて，株価の先行きを考えることぐらいはしても良い。ただしこの場合も，足元の出来高の増減が見せる意味合いとあわせてみないと意味はない。

　しかしこの辺から一歩踏み込んで，例えば天井圏で出てくるダブルトップ，逆に底値圏で見られるダブルボトム，さらには最高値圏を示す形とされる「三尊（天井）」などにこだわり出すと，私は "ピッ" とホイッスルを吹きたくなる。

　私の率直な気持ちを書くと，「それ以上はやめて，もっと他にやることがあるはず」と言いたい。例えば第3章で焦点を当てた財務諸表の学習，財務分析の勉強をすべきだろう。

　チャート分析は，目の前にある具体的な形（チャート）を相手にするのでわかりやすい。初心者にも取り組みやすい。そこで多くの個人投資家は，苦手に感じる財務分析はパスして，チャートのほうを優先する。チャート分析をしていると，自分は「知的な香り」のする分析をしているという心地よさを感じられるからかもしれない。

　ここで改めて書くとシラケる読者もいるだろうが，株価チャートは株価の過去の動きを示しているだけである。それを深く分析しても，そこから将来の姿が見えてくるわけではない。

　ただ，株価の動きには物理学で言う「慣性」のようなものが働く面がある。ここに過去の株価チャートを見て，中期的なトレンドが右肩上がりかどうかを確かめる意味がある。

● 見るべき株価チャートの期間 ☆

　株価チャートには，超短期（例えば1日の動きを示すもの，分足など）から長期間（30年間，年足）にわたるものまで，いろいろな種類があります。それぞれの期間のチャートには，強いこだわりと愛着を持つファンがいます。

　ここで焦点を当てている「中長期的な株価トレンドを見る」場合には，1年間や6カ月間のチャート（日足）を見ても，あまり意味はないでしょう。

　中長期的な株価トレンドを判断するのなら，最低でも5年間，できれば

<u>10年間のチャート（週足か月足）を見るべきです。</u>ちなみに図表4-1は，期間10年の月足チャートです。

当然のことですが，株価チャートの長さ（期間）に応じて，見るべき移動平均線の長さも異なります。<u>**チャートがカバーする期間の長さに応じて，投資家が見る「移動平均線の期間」もほぼ決まってきます。**</u>

> ＊　なお，本書に掲載した株価チャートに書かれた移動平均線はすべて「単純移動平均線」と言われるタイプである。このほかに「平滑型移動平均線」というものも使われるが，本書では扱っていない。また本書のチャートに載せた移動平均線は，編集作業上の手違いで短い期間となっている。10年間などの長期チャートでは，移動平均線は150日，100日といった長い期間にすることが望ましい。

私がお勧めする移動平均線の長さは，5年間の株価チャートなら90日（3カ月間）ぐらいから150日ぐらいまで。移動平均線の長さは「日数」ではなく，「週の数」で示される場合もあります。

また，以下で書くことは，「必ずすべきだ」と言うわけではありませんが，まず5年間や10年間のチャートで長めの株価トレンドを確かめて，特定の銘柄が投資候補に浮かんできたら，次に期間6カ月か1年間の短いチャートを見て足元の状況を確かめる。こうした2段階方式がよいと思います。ちなみに，1年間までの短期チャートでは，移動平均線は25日間がよく使われます。

ただし，**期間1年以下の短いチャートを見ることについては，投資家の性格やその人の投資スタイルの違いにもよる面がありますが，往々にして「もう少し様子を見よう」と先送りする誘因になりやすい面があります。逆に「こりゃ，すごい上げだ。大急ぎで買わないと」と，短期のチャートを見ることが買いを強く促す場合もあります。ここには投資家特有の心理が作用してきますから，注意してください。**

最後に再確認ですが，ここで説明している株価チャートの分析は成長企業探しの第1ステップとして「株価推移の基本的な傾向」を見極めるために行うものです。チャートを見ただけで，すぐに資金投入へ進むのは慎重

にすべきです。その前に，しなければならない財務分析，経営分析があります。

● 米国企業のチャートを見ると

　読者はここまでに10社あまりの日本企業の株価チャートを見てきました。成長企業らしい株価チャートと，そうではない会社のチャートの見分けは一応，できるようになったと思います。

　そこで参考として，「これぞ，安心して投資できる成長企業のお手本」と言えそうな米国企業のチャートを1つ，次に載せておきます。非常に安定した上昇軌道を続けているケースです。

　見るのは，米国の大手カード会社，ビザ（Visa）の株価チャートです。この会社の時価総額は世界の「トップ10」前後に位置しています。トヨタ自動車よりもはるかに大きい会社です。

　あなたの財布のなかに，あまり意識しないままビザマークのついたカードが入っているでしょう。この会社は，世界全体で見たクレジットカード市場で50％前後のシェアを持っています。2位の米マスターカード（Mastercard）と合わせて，2社が事実上，世界市場をほぼ支配しています。

　私は個人的にかなり前からこのビザに興味を持って，投資のチャンスを探ってきました。しかし株価を見ると上昇軌道を続けるばかり，なかなか飛び込むチャンスが見つからず困っていました。その「とりつきにくくて困っていた」チャートが次ページの図表4－2です。

　私が買いに入ったのは2回。勘の良い読者ならおわかりでしょうが，1回目は2018年末の「ちょっとした下げ」のときでした。

　2018年の秋から年末にかけて，米中の貿易摩擦の激化を機に世界的な株安現象が続き，NY市場で大きな暴落が起きました。「クリスマス暴落」と言われるものです。このとき私はビザ株に文字通り飛びついたのです。

　続いて私が資金投入したのは，言うまでもなく2020年3月の末，新型コロナウイルスの蔓延で株価が世界的に大きく下がったときです。

図表4-2 米ビザの株価チャート

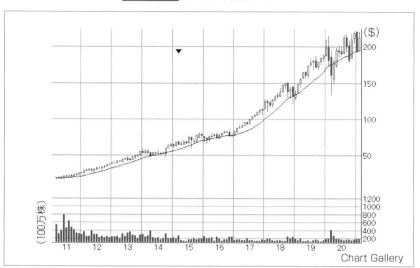

このように，**大きな暴落が起きたときは，成長性の豊かな，かつ良好な
内容の優良銘柄を買うのに絶好のチャンスとなります。特にビザのような
優良銘柄として定評のある企業では，通常の局面では，カイの機会がなか
なか見つかりません。暴落局面は，投資家が安心して買える数少ない場面
をプレゼントしてくれます。**

　ただしこうした投資は，前々から経験を積んで株式投資に慣れていない
と，なかなかできないことも事実です。やはり，投資家が何度か，相場全
体が真っ暗ななかで買いに入る経験をすることによって，投資法を身につ
けられるのでしょう。

　数年に1回あるかないかの大きな株価下落局面をじっと待つ──株式投
資では，こんなスタイルも十分成り立ちます。

Step 2　財務データによる絞り込み

　株価チャートの分析に続く２つ目の銘柄絞り込みは，決算内容などの財務データを使った「成長力の分析」が中心です。**どんな項目の数値を見ればいいのか，その選択と評価ポイントがカギになります。**

　本書では，第３章でこの点についてかなり触れました。そこでまず，ざっと復習したうえで，３つの銘柄（キヤノン，ラクス，セリア）を対象に財務分析の事例を紹介します。

●成長力を「５つの数値」で見る ☆

　もう一度，再確認になりますが，次の図表４－３で示した５つの項目が，成長力を探るための分析項目です。５項目は，優先順位が高いと思われるものから並べました。

　注意してほしいのは，この５項目の順番はあくまでも企業の成長力，成長の大きさを見るためのものだということです。特に，①の営業利益と③の純利益については，「順番が逆じゃないのか？」と言いたい読者もいるはずです。

図表４－３　５つの分析項目

①営業利益
②売上高
③純利益
④営業 CF 収支額
⑤自己資本

　しかしこれでいいのです。今，あなたが買おうかと考えている特定の銘柄がどれだけの成長スピードで進んでいるのか――この点を知るには「本

業の収益状況」を示す営業利益の動向（年率平均値でとらえた増加率）を見ることが優先されます。

　また営業利益以外の4項目について，順番がもっと高い，いや低くても良いといった議論をしてもあまり意味はないかもしれません。ここは投資家各自で順番を入れ替える，あるいは他の項目も加えるといった工夫をしても良いでしょう。

　また，こうした財務分析に加えて，対象銘柄の事業内容の確認，特にその会社が展開している事業の成長余地などを把握することも重要なポイントです。

　そうした場合に**役立つのは，上場企業が決算発表とともに公開する「決算説明資料」**です。

　この資料は普通，A4判で30〜40ページぐらいの分量があります。銘柄によっては，事業内容，事業を取り巻く環境，その将来性などを詳しく説明しています。読者も銘柄探しの際には，決算説明資料を忘れずに見るようにすると良いでしょう。

　決算説明資料は，通常，上場各社のホームページに載っている決算関連データ（IR関連資料）のなかで，「決算短信」などと並んで開示されています。ただし，こうしたIR（財務広報）資料は，ある意味，自社の宣伝資料という性格を持っています。内容は自社に有利な面を強く訴えるものになっていることがあります。

　このため資料の行間に込められたメッセージをストレートに受け止めるだけでなく，批判的に見ることも必要な場合もあります。こうしたセンスと言うか，つねに批判の目でデータを見ることも，投資家に求められる課題です。

　また財務データに加えて見るべき様々な経営上の要素は，多分に経営分析の性格を持ったものになります。そこでこれらの点は，194ページ以降で説明するStep 3で扱うことにします。

| ケース7 | ラクスの成長力を考える |

　ここから上場銘柄を3社取りあげて，決算で出された数値を使って成長力の見極め方を説明する。

　最初に取りあげるのは，28ページに登場したラクスである。ラクスは国内基準で連結決算を作成している。

　同社は2019年3月期までは，順調に成長軌道をたどってきた。しかし2020年3月期に減益となって，投資家を驚かせた。この点については後で説明する。まず次のデータを見てほしい。

図表4-4 ラクスの業績推移（2020年3月期までの過去5年間）

単位：億円	売上高	営業利益	純利益	営業CF	自己資本
2016年3月期	40.77	7.84	5.26	7.36	22.47
2017年	49.32	9.75	7.31	5.79	29.23
2018年	64.08	12.41	8.74	10.42	37.06
2019年	87.43	14.68	10.18	11.20	45.93
2020年	116.08	11.74	7.99	9.39	51.92
年率平均（%）	23.28	8.41	8.72	4.99	18.24
	(21.01)	(16.98)	(17.95)	(11.07)	(19.57)

（注）　1．年率平均の下のカッコ内％は，2016年3月期～2019年3月期の4年間で見た年率平均値。ちなみに，同社の上場は2015年12月。
　　　　2．純利益は「親会社株主に帰属する利益」，以下も同じ。

　ご覧の通り，過去5年分のデータは見事な右肩上がり……と言いたいところだが，2019年3月期までは，そう言えた。図表の一番下に載せたカッコ内の％数値がそれを示している。

　しかし2020年3月期で減益となったため，営業利益，純利益の年率成長率は10％足らずに下がった（下から2段目の数値を参照）。これでは平凡な上場企業の姿である。

　自己資本はバランスシート上の数値で，毎年積み上がっていく残高数字だから，まあまあの水準を保っている。売上高については問題ない。

　図表4-4の成長率平均について，20％を超える伸び率であれば，成長企業としてはまずは合格と言える。25％を超えれば，相当に高い成長スピードとなる。30％を超すと文句なしの高成長と言えるが，逆にちょっと高過ぎるという警戒感が出てくる。

　こうした点を含め，どの程度の成長率であれば高いのか，それとも低いのか。成長スピードの評価については，後で詳しく解説する。

●2020年3月期の減益

　2020年3月期は減益決算だった。高成長を続けてきたラクスだが，ここで減益になったのはコロナウイルス拡大による外出自粛などが効いた面も多少はあるが，同社の事業はネットを活用した中小企業向け経費精算システムなどの開発と販売，システム開発の人材派遣などで，コロナ禍に対する"抵抗力"はかなり高いはず。

　にもかかわらず減益となったのは，（会社側の説明をそのまま書くと）今後のさらなる飛躍を目指して，2020年3月期で利益成長をある程度犠牲にして，管理体制の強化や宣伝広告費の投入など図ったためだ。その効果は2021年3月期に出てくると，社長は強気の姿勢を示した。

　このためか，この決算が5月中旬に発表されたとき，ラクスの株価はあまり下がらなかった。

　2020年の7月中旬，ラクスは2021年3月期の予想数値を事前発表したが，内容はこれまた驚きの大きな増収増益見通しとなって，株価は発表直後にストップ高を演じた。この会社は，株主や投資家を驚かせるのが好きらしい。

　11月に発表された9月中間期決算は，売上高が前年比31.2%増，営業利益は2.5倍，純利益（親会社株主に帰属する利益）は3倍だった。経営陣のグリップはしっかり効いているようだ。

　なお，ラクスについては，すでにある程度分析を書いているので，これ以上の分析は割愛する。同社の過去5年間の株価チャートは先の図表2-3（29ページ）に載っている。このチャートには株式分割の実施日を示す▼印が5年間で4件示されている。この会社は目下，株式分割の「旬の時期」にある。

ケース 8　かつての成長銘柄，キヤノンの苦しみ

　キヤノンと言えば，かつては高成長の優良企業として定評のあった会社だが，近年は事業内容が成熟化し新規事業の育成にも手間取っている。むしろ "マイナス" 成長からの脱却を迫られている状態と言えるかもしれない。

　キヤノンは，配当金の利回りが比較的高い銘柄として知られる。読者のなかにも，配当金を受け取る目的でキヤノン株を持っている人がいるだろう。

　ここでも過去 5 年間の業績データを見てみよう。ちなみに同社は1969年に米国市場に株式を上場以来，50年余り米国基準で連結決算を作成してきた。

図表 4 - 5　キヤノンの業績推移（2019年12月期まで過去 5 年間）

単位：億円，%	売上高	営業利益	純利益	営業 CF	株主資本
2015年12月期	3 兆8002.7	3552.1	2202.1	4747.2	2 兆9664.2
2016年	3 兆4014.9	2288.7	1506.5	5002.8	2 兆7831.3
2017年	4 兆0800.2	3314.8	2419.2	5905.6	2 兆8706.3
2018年	3 兆9519.4	3429.5	2527.6	3652.9	2 兆8276.0
2019年	3 兆5933.0	1746.7	1251.1	3584.6	2 兆6926.0
年率平均（%）	▲1.11	▲13.23	▲10.69	▲5.46	▲1.92

（注）米国基準で使われる株主資本は，国内基準の自己資本に該当する。

　思わず，ため息が出てきそうな状態ではないか。5 年間の成長率の数値は，マイナス成長を示す▲印のオンパレードである。

　売上高は，伸び率が低くても，少しずつ増加するのが最低限の姿だろう。しかし過去 5 年間，年率平均は減少した。株主資本（国内基準の自己資本）も，バランスシート上の数値なので増加することが多いが，マイナス成長である。

　売上高は2017年12月期だけ増加した。これは東芝から，メディカル事業（東芝メディカル）を買い取ったことによる現象。この M&A 分を除いて計算すると，売上高やその他項目の単純平均はマイナス幅がさらに大きくなる。ちなみに，キヤノンは 1 月末に2020年12月期決算を発表したが，営業利益は12.1%の減益，純利益も33.3%の減益となった。配当金は従来の年160円から80円に減配した。こんな状態では，株価は上がらないのは当然だろう。

●株価はさえない推移

　参考までに，キヤノンの株価チャートをここで見ておこう。2 月末までの過去10年間の動きを見ると，株価は基本的に往復相場で横ばいを続けていたが，2020年に入って一段，下のレベルに下がった。

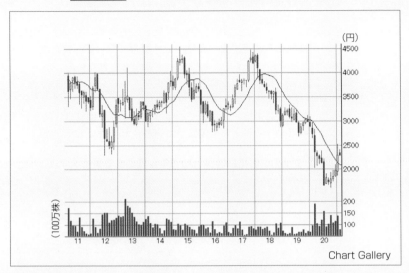

図表4-6 キヤノンの株価推移（過去10年間，月足）

　キヤノンの株価チャートを図表4-1に並べた10社と比べると，「こりゃイカンな組」に入る。

　次にキヤノンの時価総額を見ると，2020年に入ってズルズルと下がった。2020年12月末（12月30日終値ベース）の時価総額は56位の2兆6381億円，1年前の2019年末（12月27日終値ベース）は34位の4兆0052億円だった（時価総額は『日経ヴェリタス』による）。

　同社はこの間，株式分割を行っていない。時価総額が1年間で34％余りも小さくなったが，これは株価の低迷によるものである。

●総花的な研究開発を見直すべき

　キヤノンは前から技術力に定評があり，毎年，多額の研究開発費を各部門に投入している。しかし次の成長につながる太い新事業がなかなか育ってこない。

　大企業ではよく見られることだが，各事業部門に資金を配分していくため，こんな姿になっているのではないか。

　もっとメリハリの効いた，スピード感のある対応が求められる。米国のGE（ゼネラル・エレクトリック）ほどひどい状態ではないが，思い切った路線転換，あるいは大胆な事業の入れ替え，経営陣の刷新が必要かもしれない。

ケース9　100円ショップ セリアの悩ましい成長力

　読者の皆さんは，コロナウイルスの拡大で外出を自粛しているとき，どんな日々を過ごしていただろうか。私は運動不足を解消する意味もあって，週に1回か2回，自宅からテクテクと30分ばかり歩いて近くのショッピング・センターへ出かけた。

　これには，世の中がどうなっているのかを見る意味もあった。投資家は街の観察，タウン・ウオッチングを意識してキョロキョロと街を見回すことを忘れてはいけない。

　そこでわかるのは，異常事態の下でどんな種類の店が強いのかということ。食品スーパーを筆頭にドラッグストア，それに100円ショップの健闘が目立っていた。逆に打撃を受けていたのは高級路線のレストラン，ブランド商品の小売店である。

　そこで100円コイン1つで買える商品群を並べて頑張っている100円ショップの大手（業界2位），セリアの状況を見てみよう。セリアの年率平均で見た成長スピードは先のラクスとキヤノンの中間にある（同社のデータは，連結対象子会社がないため個別決算。国内基準の適用）。

図表4-7 セリアの業績推移（2020年3月期までの過去5年間）

単位：億円	売上高	営業利益	純利益	営業CF	自己資本
2016年3月期	1309.8	120.2	79.5	103.8	402.3
2017年	1453.3	151.7	105.3	141.1	496.4
2018年	1591.1	164.8	113.2	138.4	594.4
2019年	1704.8	167.9	115.2	137.1	671.4
2020年	1814.8	176.0	120.7	162.0	750.2
年率平均	6.74%	7.92	8.71	9.31	13.27

　売上高と2つの利益はそろって5年間，増収・増益を続けている。営業CF，自己資本も順調に拡大している。しかし成長力がだんだんと鈍化していることが悩ましい点である。

　次ページの株価チャート（過去10年間，月足）を見ると，2017年12月に7150円（12月4日終値）のピークをつけてから，2019年6月のボトム2381円（18日）まで66.7%の大幅下落となった。目下はそこから反発してきた段階だが，勢いが弱い。

　財務データの堅実な伸びと比べ，株価回復の弱さが目立つ。背景には何があるのか，この点がポイントである。

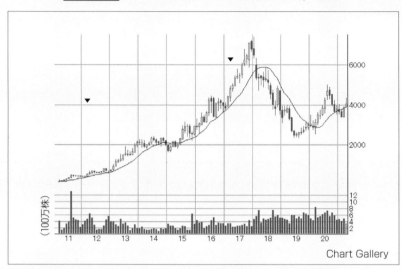

図表4-8 セリアの株価チャート（過去10年間，月足）

Chart Gallery

●足元では成長鈍化が目立つ

　先の図表4-7で各年の売上高伸び率を確認すると，過去5年間の成長スピードが明らかに落ちている。

　売上高の対前年比の成長率は2016年3月期から2020年3月期までの5年間で10.96％→9.48％→7.15％→6.45％と下がってきた。営業利益も26.21％→8.64％→1.88％→4.82％と右肩下がりである。

　100円ショップ各社は，全国にチェーン展開で店舗網を配置・運営している。最近はこの種の事業スタイルがスーパーからコンビニ，家電量販店，ドラッグストア，さらには旅行代理店，アミューズメント・センターなどのサービス業，外食・レストラン，さらには仏壇の小売店，葬儀店へと広がっている。ちょっとしたショッピング・センターや商店街には，必ず大手チェーンの店がある。

　これらのチェーン店を分析する場合，欠かせないのは店舗網の展開状況を確認すること，もう1つは「既存店ベース」で見た売上高，利益の伸びを見ることである。

●既存店の状況は？

　既存店の伸び率を確認するのは，チェーン展開で新規開店する店がある一方で，以前からある店（既存店）の増収・増益の状態を確かめないと，会社全体の成長状況が見えないからである。

　新店の増加で全体の売上高や利益が増加しても，それは単に売上高と利益が

前年比で増えただけかもしれない。その裏で，以前から運営している既存店が傷んでいるかもしれない。だから既存店の状況は必ず見ないといけない。

次の図表４-９は，セリアの既存店ベースで見た売上高の増減状況，店舗網の増減をまとめたデータである。

図表４-９　セリアの既存店伸び率と店舗網

決算期	売上高伸び率		新規開店数	閉鎖店数	期中の増加数
	全　体	直営既存店			
2016年３月期	+10.7	+2.8	124	49	75
2017年	+11.0	+3.1	140	39	101
2018年	+9.5	+1.2	151	69	82
2019年	+7.1	−0.1	147	61	86
2020年	+6.4	−0.6	152	65	87

（注）2020年３月期末の店舗数は1679店，このうち大半は直営店，FC店は46店。
（出所）各年次の決算短信と決算資料。

やや細かい分析になるが，上のデータで見るように2017年３月期までは出店数を拡大しながら，既存店の売上も伸びを維持していた。しかし2018年３月期以降は，既存店の売上げ伸び率が悪化している。新規開店数は拡大傾向にあるが，閉鎖店数が60超に膨らんでいる。出店攻勢による成長戦略が，曲がり角にさしかかっていることがわかる。

セリアは借金ゼロで，財務内容は良好である。営業利益は過去10年間，きれいに増益を続けてきた。また店舗網は直営店が中心で，店舗拡大が過大にならないよう慎重に経営しているフシも感じられる。

これらの点から，優良企業としての基本的な要素は維持されているようだが，成長鈍化の壁にぶち当たっている。このように表面的な数値分析から一歩，踏み込んでみると，いくつかの問題点が浮かんでくる。

この意味で，セリアの最近の株価が低迷気味なのはわかりやすい。これからの経営課題は，利益の成長テンポをどうやって回復するかだろう。だが100円ショップは100円玉１個で買える商品を扱っており，独自商品の開発などで商品開発を図ると言っても，どれだけ利益につなげられるのか疑問がある。

一般にチェーン店ビジネスの成長過程を見ると，店舗の急速な展開が終わった段階で，成長力を失う会社が多い。この意味で，チェーン店ビジネスは個人投資家にとってわかりやすい面があるが，成長トレンドの限界を見極めることが必要である。

こうした個別銘柄の分析はいくらでもできますが，事例分析は 3 社で止めにして，次に平均成長率の相対的な水準，つまり成長率がだいたいどの程度の水準なら成長企業と言えるのかについて，まとめの話に入りましょう。

● 「年率平均」で見た営業利益の成長率 ☆☆

繰り返しになりますが，**利益成長を見る場合，先に説明した「年率」ベースでとらえた成長率平均値を把握して評価すべきです。「年率平均」で見た成長率は，「対象の会社がどれほどの巡航速度で飛行をしてきたのか」を示す数値**です。

先のケースで分析したラクス，キヤノン，セリアの成長率をもう一度，ここに並べますと――

図表 4 -10 3 つの平均成長率（過去 5 年間の年率平均）

社 名	営業利益	純利益	営業 CF
ラクス	+8.41% （+16.98%）	+8.72% （+17.95%）	+4.99% （+11.07%）
キヤノン	▲13.23	▲10.69	▲5.46
セリア	+9.8	11.4	+9.5

（注）ラクスのカッコ内は 1 年前（2019年 3 月期）までの 4 年間平均。

こうして各社のデータを横に並べますと，各社の成長力の違いがはっきりわかります。課題はこれらの数値を見て，各社の成長力をどう評価すればいいのかということです。

そのための比較軸として，上場企業の成長力について 3 つに分けて把握する手があります。3 つとは――**①高成長，②安定成長，③低成長**です。ちなみに安定成長は中成長とは言いません。

上の 3 社のうち，キヤノンの劣悪さは明らかです。評価が難しいのはセ

リアです。年率成長率は10％前後で，高いとも低いとも簡単には言えない水準です。ここは，投資家によって評価が微妙に違うところでしょう。

ラクスは先のケース分析で説明したように，2021年3月期の利益回復ぶりがどの程度になるのかが焦点ですが，3Q決算までの推移を見ると大幅増益を続けています。

鋭い読者はもう感じ取っているでしょうが，**こうした評価は，"感覚的"な側面が多分にあります。**このため個々の投資家間で，評価が一致しない部分がどうしてもあります。

またラクスで見たように，特定の決算期が悪化したケースでは年率平均の成長率が影響を受けてしまいます。そのような場合には，視点をずらして，悪化した決算期を外して見るとどうなるのか，といった柔軟な対応も必要でしょう。

● 「3つの成長」の標準的レベル ☆☆☆

上記の**3区分については，それぞれ標準的なレベルが想定できます。**それらを次の図表4-11にまとめました。

図表4-11 「3つの区分」の標準的な成長率（年率）

低成長株	安定成長株	高成長株
5〜10％	13〜18％	20〜25％

ここに並べた数値についても，細かく議論し出すといろいろと異論が出てきかねませんが，**経験を積んだ投資家なら，だいたいこの程度の水準が当たっているのではないかと思うでしょう。**

3区分の境界域には，それぞれ"スキ間"があります。例えば高成長の最低ライン20％と安定成長の最高ライン18％の間に，2％分の空きがあります。

これは，投資家の見方の違いによって，高成長とも，安定成長とも評価

できる余地があるからです。この種のデータは，つねにきれいに区切れるものではありません。

　また時間の推移によって，平均的水準の数値も上下に動きます。ただ今後しばらくの間は，図表4-11で示した数値が当てはまると考えて問題はないでしょう。

　さらに，ここで示した水準は，あくまでも直近の年間決算までの数値を使った，過去のデータによる平均値です。

　企業の業績は，3〜5年ぐらいのサイクルで上下に変動する面がありますが，過去5年間の基本的なトレンドを把握したうえで，近い将来についてもほぼ同じぐらいの成長スピードが続くとどうなるか——投資家はこうした想定の下で，将来の成長スピードを見ようとするわけです。

　しかし半導体に代表される電子部品，機械部品などのように，その時々の市況変動や景気動向などによって利益が大きく上下に動く銘柄（循環株）もあります。こうした銘柄では，将来展望をする際には，「安全余裕率」に相当する部分を加味して成長力を低めに見ておく，といった工夫も必要になります。

● 年率20％以上を続ける銘柄は少ない ☆☆

　ここで示した3種類の成長レベルに関して，安定成長とされる成長率10〜15％ぐらいにある企業は，多くの投資家が安心して投資できる対象になります。

　特に優良企業という定評のある銘柄で，この程度の成長スピードを続けている企業があれば，（株式分割の可能性はちょっと横に置いて）個人投資家の多くにとって比較的投資しやすい対象になります。

　一方，10％未満の銘柄は，有利な配当利回りを確保したい投資家にとって見逃せない対象になります。事業内容の成熟化が進んだ企業は，往々にして新規の設備投資も限られ，フリー・キャッシュフローがたくさん出てくることから，配当支払いが高めになることが期待できるからです。

　しかしこの種の銘柄は，利益成長が乏しいため将来の株価上昇はあまり期待できません。また近い将来にあるかもしれない株式分割を念頭に投資する場合には，魅力的な投資対象にはならないでしょう。

　<u>将来の株式分割の可能性を意識すると，利益成長率が年率で20％を超える成長企業，特に規模の小さな企業が投資対象</u>となります。

　しかし，投資家が成長企業に過大な期待を抱くのは危ない面があります。理由はいろいろありますが，<u>年率20％を超える成長率は長続きしないことが多いからです。</u>

● 中長期の投資になる以上は ☆☆

　長くても１年間ぐらいの投資期間を前提とした投資であれば，成長率が年率20％超の成長企業を見つけて，そこに集中的に投資する。そしてサッと売り払って成果をゲットする……といった投資スタイル（モーメンタム投資）が成り立つ余地もあるでしょう。

　しかし<u>株式分割，特にその繰り返しを狙う投資では，どうしても株式の保有期間が３年，５年と長くなります。このため投資家は，（過去５年間で見た）足元の成長率の高さが今後も維持されるのか，途中で失速しないのか，日ごろからそうした銘柄の事業内容の点検，分析をすることが求められます。</u>

　この点を軽視すると将来，大きな問題につながりかねません。**ある程度の期間，<u>高い成長を続けてきた企業が勢いを失うと，株式市場は往々にして株価を激しくタタキ落とす面があります。</u>**それまで利益成長に対する投資家の期待が大きかった分，反動がきつい形で出てくるからです。こうした現象は，特に小粒銘柄で顕著に見られます。190ページのコラムで，投資家はこうした局面でどう対応したらいいのかを解説します。

● PER の高さが邪魔をして ☆☆

　株式投資をしていると，適切な対処法がなかなか見つからない。こんなことが日常的に出てきます。

　その1つとして，成長株投資で投資家がしばしば直面するのは，投資候補として浮かんできた銘柄のPER倍率が割り高に見える，ときにはバカ高く感じるという問題があります。

　特に小型の成長企業では，こうしたケースが珍しくありません。投資家は割り高に見えるPER倍率を前に，投資すべきどうか大いに悩むことになります。

　日経新聞が毎日，相場欄に載せているPERの倍率平均（予想利益ベース）を見ますと，有力銘柄225社で構成される日経平均株価の場合，最近の平均レベルはかなり下がって，20倍を割れています。東証第1部全銘柄の平均レベルはもう少し高いレベルです。

　過去の平均レベルに比べ，PERの倍率で見る限り，最近の株価水準は全般的にかなり高めと言えます。

　そうしたなか，2020年に入って株価がコロナ禍で大きく下げた後，4月あたりから始まった急反発の過程で，株価が大きく上昇する小型成長株がいくつも見られました。それらの銘柄のPER倍率を見ますと30倍台，40倍台は平凡な水準，60倍台，80倍台，企業によっては100倍を大きく超える水準になっていました。

　投資家はこんな高PER倍率を見て，リスクが大きいと感じるのは当然でしょう。

　例えば『日経ヴェリタス』（2021年2月28日付）で2月末終値で計算された PER を見ると，サイバーセキュリティクラウド176倍，ラクス123倍，すららネット113倍，Jストリーム47倍など。いずれも昨年から投資家の間で注目されてきた成長株である。

　注意してほしいのは，高 PER 銘柄は人気集中や将来の成長期待などで高くなっているものばかりではないということ。PER 計算の分母に来る「1株当たり利益」がコロナ禍で大幅に減って（1株当たり利益が小さくなって），PER が高くなっているものもある。この点，注意してほしい。

　しかし PER などで見た株価指標が異常な高さに見えるので，眺めているだけでは投資が前に進みません。どうしたらいいのか，ここは投資家が成長株投資を続けていると悩まされるところです。

● **成長企業は割り高に見えるのが普通** ☆☆

　PER について言えるのは，**投資家が心理的に高い PER 倍率にこだわり出すと，身動きできなくなりがちなことです。**

　ここは個々の投資家の性格，局面ごとの心理状態などがからむため，「こうしたら，いつでも，誰でも解決できる」という答えは見つかりません。

　この点を踏まえて書くのですが，私は個人的に「教訓めいた原則」を2つ，つねに念頭に置いて成長銘柄探しをしています。その原則とは──

図表4-12 成長企業投資の基礎となる2つの考え方

　① 成長力が高い会社の株価は，そもそも高いのが当たり前である。成長企業への投資は，割り高に見えるスタート台から前に飛び出さないと前に進めない。

　② 株価が高い会社は，株価が「さらに上がる」ことが多い。

これら2点は，多くの個人投資家が日ごろ「これが正しい」と考えている原則から見て，意外な感じがする部分があるでしょう。**成長株に焦点を当てた投資を完遂するには，投資家は"発想の転換"をしないといけないようです。**

●ミネルヴィニ氏の教え

突然，聞きなれない人名が登場してきましたが，マーク・ミネルヴィニ氏は米国の著名な投資家で，「モーメンタム投資」と言われる分野で大きな成果をあげた人です。

モーメンタム投資は，基本的に1～2週間から長い場合でも数カ月ぐらいの投資期間を前提に，株価が急上昇に転じる，その端緒をつかんで大きな利益を獲得する手法です。英語のモーメンタム（momentum）という言葉には「勢い」，「騰勢」といった意味があります。

彼の著書『ミネルヴィニの成長株投資法』（訳書はパンローリング刊，2014年）は，興味深い内容でいっぱいの本です。訳書は増刷を重ね，国内でもかなり売れているようです。

この本で彼が強調している投資法は，**私が本書でお勧めしている投資法とは異なる面があります。投資の対象期間が大きく違います。**何度も繰り返しますが，株式分割を期待した投資では投資期間が長くなります。

しかし**成長性の豊かな，将来性のある中小銘柄に的を絞って投資するという点では同じです。**この意味で，上記の本は参考になる面が多くあります。

そこで，ミネルヴィニ氏の本から「PERに関するコメント」をいくつか引用しておきます。（引用文の一部で文章のつながりなどから，私のほうで修正した部分がある。）

～『ミネルヴィニの成長株投資法』第4章からの引用～

* 　PERについて，大量の誤った情報が発信されてきた。多くの投資家は誤解か知識不足のために，このよく知られた指標に頼りすぎている。驚くかもしれないが，過去の急成長株を分析すると，PERを単独で見ることはウォール街で最も役に立たない統計のひとつであることがわかる。

* 　多くの場合，急成長が見込まれる株は，不当に高いPERで取引されているように見えるだろう。そのため，多くの一般投資家はそれらに手を出そうとはしない。会社の成長率がとても高いときにPERに基づく伝統的な評価をしても，割り高かどうかの判断にはほとんど役に立たない。それでも，高PERの銘柄を調べて，将来の買い候補になるかどうか検討したほうがよい。

* 　代表的な成長株のほとんどは，めったに低PERにはならない。…成長の早い会社のPERが成長の遅い会社のPERよりも高いのは，理にかなっている。PERや株価が高すぎるように見えるというだけで，その銘柄を避けていたら，最大級の上昇をするものの多くを取り逃がすだろう。

* 　ここまで見てきたように，PERが高い理由や低い理由は，おそらく読者が考えているよりもはるかに不明確か，重要性が低い。…選り抜きの急成長株を見つけるとき，PERにそれほどの予測力はない。

●PERにこだわると

どうでしょうか。なかなか刺激的なコメントが並んでいますね。私自身は成長銘柄を探す場合，PERの高さにあまりこだわらないようにしています。

以前はネット上のヤフー・ファイナンスに載っている「低PER企業ランキング」などを見て，試し買いのつもりで"超"低PERの銘柄を買ってみたり，最近なら典型的な低PER，低PBR業種となっている地方銀行

のいくつかを詳しく調べてみたり……と「割り安株」に焦点を当てた銘柄探しをしたこともありました。しかしイザ買っても，なかなか上昇しない株価にしびれを切らして売ってしまう。こんなことがありました。

　株式投資では「適切な銘柄を安い株価で買って，高い値段で売る」というのが大原則です。この点について疑問はありません。

　しかし，「すでに高くなっている銘柄を買って，さらに高くなったところで売る（私個人の手法では，売らずに持ち続ける）」のが正しいのではないか，と感じるようになりました。急成長株投資のグルである，ミネルヴィニ氏のコメントは，こうした考え方の強い支えとなりました。

Column 6

機動的なカット（売却）と長期保有の両立を考える

　株式投資で投資家の身を守る，財産を守る最後のトリデとなるのは，機動的な「ロスカット（損切り）」である。投資家にとって，このテーマは非常に重たいものだが，個人投資家は深く考えていないようだ。自分の常識とやらで，適当な対応でお茶を濁している人が多いのではないか。

　またロスカットの必要性を強調すると，その裏にある問題として，含み益のまま持ち続けることに疑問を持ち始めて売却益の確保，つまり利益確保（いわゆるリカク）を急ぐことになりがちである。

　一方，投資家が株式分割（繰り返し）を期待して投資する場合には，買ってからかなりの期間，持ち続けることが前提となる。

　機動的なロスカットと保有の継続には基本的な矛盾がある。この点をどうやって乗り越えればいいのか考えてみよう。

●ロスカットのメリット

　ロスカットについては，いろんなスタイルがある。この点を本格的に説明し出すと1つの章になってしまうので以下，簡潔に説明したい。

　ロスカットの1つの方法として，事前に一定の損失率（例えば，購入価格の10%下に近づいたらカットする）を決めておいて，そのルールの下で投資する手法がある。私自身もこうしたスタイルで対処している。

　この方式に対しては批判もあるが，一方でメリットも多い。その1つは，例えばカット率10%以内にしておくと，投資家がこうむる損失は最大10%内にと

どまる。こうすることで投資家は，この方針を厳格に守る限り，損失範囲が10％を超えない形で投資を続けられる。

　利益のほうは，可能性としては青天井である。うまく行けば投入金額の2倍，3倍の利益，あるいはそれ以上の利益になる。

　こうすることで，利益と損失の比重を利益側に傾けた形で投資を続けられる。

　もう1つ，カット率を事前に決めておくことのメリットとして，含み損状態に陥った銘柄が出てきたときに売るかどうか，その時になって迷ってしまうことがない点があげられる。

　ネット取引に沿って説明すると，事前に特定の株価に「ここまで株価が下がってきたら売るという『逆指値方式』のウリ注文」を出して投資する。この場合，コンピュータが機械的に処理するだけ。ここには，人間の心理（迷い）が入ってくることはない。この"非"人間的な側面が良い。

　一方，含み損になったら，その時に対処すればいいではないかと言う人もいるが，私はお勧めしない。投資家がいくら強い意志で，ここまで下げてきたら売ると決めていても，いざ，その時になると，なかなか売れないものだ。それぐらい，投資家の心の問題はやっかいなのである。

●3段階に分けた対処法

　以下では，私がこれまでの試行錯誤をへて身につけた投資法を紹介する。この方式が誰にも適しているとは言わないが，参考になる点が多いはず。

　ここでは投資スタートから含み益の形成へ，その先に続く長期保有の段階を「3つの段階」に分けて対応する。以下で段階別に，ロスカットのあり方，利食いウリの考え方，管理の仕方などについて順番に説明する。

【その①　購入から6カ月ぐらいまでの間】

　個別銘柄を買ってから6カ月ぐらいまでの間は，投資家にとって「特別監視期間」になる。緊張する日々が続くと思わなくてはいけない。

　この期間では，買値と時々の株価がまだ近いレベルにある。このため「損切りが必要になる局面」がいつ起きても不思議ではない。ロスカットにつながる株価の下げを生む要因はいろいろあるが，カットラインが近づいたら，サッと損切りしないといけない。

　以下で書く内容はこれまでに出した拙著のいくつかで繰り返し指摘したのだが，投資家は買いを10件すると，はっきり成功と言えるのは2件か3件程度に過ぎない。これが株式取引の厳しい現実である。残り7〜8割は，「明らかな失敗」になるか，モヤモヤとした状況が続いて，結局さえない結末になることが多い。

　大学教授をしていたころ，私は投資関連の講演会などで「投資の成功率は，だいたいプロ野球の野手の平均打率ぐらいと思えばいい」と言ったものだ。

この成功率は，読者が日ごろ漠然とイメージしている勝率より低いだろう。ここには，株式投資で成果の大きさを決める要素として「運の良し悪し」が効いてくる面もある。

「運」に左右される点は，プロもアマも基本的に同じ。プロだからと言って，当初段階の成功率が高いわけではない。

プロがアマと違うのは，リスク管理の手腕，購入後の銘柄管理だろう。この部分については，「運の問題」が介入してくる面は限られる。投資家サイドの知恵と経験に加えて，「規律（自分で決めた投資ルールを守ること）」がモノを言うから，この部分の水準を高くしようと思えば可能である。

だからこそ，個別銘柄を購入した後，半年ぐらいまでの間に生じる「ロスカットの機動的発動」は欠かせないのである。小口のロスカットは自分の財産を守る拠り所なのである。

しかし特別監視期間でロスカットが度重なると，累積損失が大きく膨らんでくる場合もある。

この場合，私は事前に決めておいた「ロス許容額の上限」を意識して，上限を越えそうになったらスパッと全面的な手じまい売りをすることが多い。だがその銘柄は，ネット口座の「ウオッチ銘柄」欄に入れたまま見守りを続ける。半年か1年ぐらいたって，ふたたび投資を再開することもあるからだ。

【その②　6カ月ぐらいから1年～2年後までの間】
幸いにして，特別監視期間とその後の期間に，含み益がある程度の大きさになった銘柄を確保できたら，あなたの成長株投資は「成功」への道が見えてきたことになる。

この局面で，知恵の乏しい投資家は，すぐに利食いのウリに動いてしまう。株価が30％も上がれば上出来といった判断がなせることだろう。

こうした発想で対処している限り，成長力の高い銘柄に狙いを定めて銘柄を買い込んだ意味は小さくなる。先行きを展望するのは非常に難しいが，気持ちを大きく持って，成果を大きく育てていくという姿勢が求められる。

また30％程度の利益で売ってしまうと，その時は利益確定の達成感で気持ちが良いが，現金化した資金で新しい買いをするという，次なる課題に直面する。そこを乗り越えないと前に進めないが，こうした形の投資法はバタバタと売り買いするだけで，結局，成果は限られたものになりやすい。

こうした管理法は，果樹園を運営する農家が毎年，定期的に行う「摘果」と似ている。柿の実がいくつもなってくると，それを取ってしまうのは惜しいと感じる。しかし農家は形の悪い実や日陰にある実などをカットしてしまう。こうして立派な柿の実になりそうなものだけ残す。これが摘果作業だが，株式銘柄でも同じである。

株価が購入価格（手数料を含む）よりもかなり上がって，「含み益」が大き

くなってきたら，もう売りを行う必要は小さい。あとは「株式分割」が浮上してくるかどうかが勝負である。

【その③　３年～５年が経ってから】

　この間に１→２の分割が１回でもあったら，投資家の含み益は大きく膨らむ可能性がある。投資家はハラを決めて長期保有に入る段階だろう。

　私自身の経験では，もちろん，どれほどの金額を１つの銘柄に投入するのかにもよるが，仮に１銘柄当たり投入総額を100万円とすると，分割１→２の分割が１回あるだけで，株価が２倍株になるのはそう難しいことではない。

　モノを言うのは，当該銘柄の利益成長性が維持されているかどうかである。だから投資家は，定期的に（決算期ごとに）利益成長の状況を再確認しないといけない。

　私が目下，手元で保有している「お宝銘柄（含み益７ケタ超）」は国内株，Ｊリート，海外株を合わせて20銘柄ほど。このうち国内株はエムスリーやラクスなど10銘柄あまり。

　それらの銘柄について「何倍株」になっているのかを確認すると，最大は60倍から低いほうでは２倍まで散らばっている。

　倍率が上位にくる銘柄は，例外なく複数回の分割をしている。

　もう一度，復習になるが，１→２の株式分割を２回か３回受けると，保有株式数が100→200→400（２回）→800（３回）と増え，株価はそのつど，半分に下がっていく（調整される）が，成長力のある銘柄はそのたびに再浮上することになる。

　「株式分割の威力」はたいへん大きい。１→２の分割を１回だけ行って，後は知らんふりという「つれない銘柄」でも，含み益は数百万円にはなるだろう。

　こうした成果を手にするには，極力，バタバタと売り買いしないことが肝心である。♪シトシト，ピッチャン，シト，ピッチャン♪の歌にあるように，大五郎の「じっと我慢」の精神で，将来の展開を信じて保持する。

　エムスリーのような優良な定評のある成長銘柄なら，売りの時期は当面，来ないかもしれない。そうして持ち続けていると，優良な成長企業１つで，含み益が億ションを買える規模になる（かもしれない）。オッと，書き忘れそうだったが，この場合，億ションは中古価格です。

Step 3　中小型の若い銘柄に焦点を当てる

　株式分割を繰り返し行う可能性のある銘柄は，当然のことですが，発行済み株式数が小さい中小型企業であることが欠かせない条件です。加えて，もう１つ重要な条件があります。

　それは「若い会社である」ということです。当たり前のことのようですが，案外，「若い会社」という側面には誤解しやすい点があります。

●新規上場銘柄は若い会社とは限らない ☆

　上場して１年余り，こうした企業を「新興企業」と言います。この言い方が教えるように，新しく上場した企業は常識的には若い会社であると認識されます。しかし**上場したばかりの会社は100％若い会社なのかというと，必ずしもそうではありません。**この点を誤解する投資家がたくさんいるようです。

　ここでは"新興"という言い方が影響しているのでしょうが，新規上場の企業は設立してから５年目，７年目といった会社だけではありません。会社を設立して長い間，苦しみながら事業を続けて，設立後30年目にやっと上場にこぎつけた。こんな会社もあります。

　最近の日経新聞のまとめによると，2020年に新規上場した企業（93社）を調べると，設立から上場までの平均期間は17年８カ月とかなり長めになっています。2000年のデータと比べ６年ほど短くなっていますが，その背景にはIT関連企業の新規上場が大幅に増えていることがあるようです（日本経済新聞2020年12月18日付）。

　このため株式分割の可能性を念頭に成長企業を探す場合，**投資家はその会社が「本当に新しい会社なのか」ということを確認することが必要です。まずは『会社四季報』などで，各社の設立時期と上場時期を調べることが必要になります。**

●旧い企業が新規上場すると

　例えば設立後30年もたって上場した企業の場合，創業者（経営トップ）はかなりの年齢でしょう。上場した後も，口を開くと後継者の子息に対する不安を漏らして……こんな状態では，その会社は新興企業というレッテルをはがさないといけないかもしれません。

　株式分割を行う会社の条件（の１つ）として，**経営トップが株主と同じ立場に立っていること，一般株主の気持ちを経営者が共有できる点が重要**です。そうした企業は経営者の持ち株比率が高く，『会社四季報』に載っている大口株主リストの上位に名前が出ているような会社です。

　一方，イチから会社を育ててきた創業経営者が高齢の場合，**株式分割を経営上の優先順位の高い案件として考えるのか，疑問のあるケースになる**かもしれません。**自分が握る経営権を強く意識して，息子なり他の一族に引き継ぎたいと願っている場合，株式分割に対して警戒するでしょう。**

　株式分割を行いますと，発行済み株式数が２倍，３倍と増えます。これは市場で流通する株式数が増えることです。ここには，「第三者による買い占め」などといったリスクが浮上してきかねない面があります。

●「ライフサイクル」のどこにいるのか☆☆

　企業全般について，人間の一生と似た「ライフサイクルを想定できる」という見方があります。

　そこで次に「企業のライフサイクル」について説明しておきましょう。次ページの図表４-13を見てください。

　この図は「企業のライフサイクル」を示すものとして広く使われています。多くの会社は，時間経過に沿ってＳ字軌道をたどるように成長していき，やがて成熟段階に入る過程を示したものです。

　企業のライフサイクルは，多くの場合，３つの段階に分けられます。１つ目は創業期（あるいは草創期）です。次にやって来るのが，我々が注目

図表 4 -13 企業の「ライフサイクル」

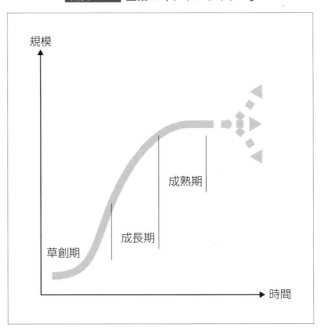

すべき成長期です。成長期については急成長期と安定成長期に分ける場合もあります。やがて成熟期に至ります。

　上の図は，創業期，成長期，成熟期の期間を「同じ長さ」で描きましたが，それぞれの期間は企業ごとに大きく違います。

　あなたが見つけた投資候補の企業は，「企業のライフサイクル」のうち，現在の位置はどの辺なのか——この点をざっとでもいいですから，自分でイメージしてみる。銘柄ごとに，そうした作業を繰り返してみる。

　こうした作業は，個々の企業がサイクルのどの段階にいるのかを感じとるのに良い訓練になるでしょう。

● 企業の成長期は案外短い ☆☆☆

　我々投資家が探す成長企業について，上場後の成長期は案外，短い会社

が多いものです。これが企業社会の現実です。

　短いケースでは，上場後，数年もたつとローソクの火が消えるように成長力を失って，平凡な企業になってしまう。こんな会社も結構あります。

　こうなる理由はいくつかあります。1つは上場"前"に，企業が株式上場に向けた体制を整えようと，無理をして経営実績を引き上げようとするからです。

　そして上場を果たすと，そうした無理がマイナスに効いてきて，上場後すぐに業績が悪化したり，成長力の大幅鈍化が表面化するわけです。

　また，これもよく見られるケースですが，上場を機にリッチマンになった創業経営者が自信過剰になって，過剰な事業多角化や大きな規模のM&Aを行うこともあります。

　以下で書く内容は私個人が持っているイメージですが，**これぞ高成長と言える状況，例えば利益成長率が年率平均で見て20％台の水準が5年以上続けば，堂々たる合格点がつくのかもしれません。**

　我々投資家から見れば，誰の目にもはっきりわかる成長状況が20年間，30年間と続く銘柄こそが理想ですが，実際にはそんな銘柄はほとんどありません。エムスリーは，この意味で例外的な存在と言えるでしょう。

● 狙いとなるのは成長期のどの辺りか ☆☆☆

　企業の成長過程を描いた「企業のライフサイクル」のなかで，我々投資家が目をつけるべき会社は，グラフのどの辺にいる企業なのでしょうか。

　グラフで言えば左の方，成長期の"初期段階"が答えです。近い将来に株式分割を2度，3度と繰り返し行う可能性のある会社の姿を想定すると，成長期の初期段階が持つ重要性がわかるでしょう。

　しかし，この段階にある企業は，上場しているとはいえ「ベンチャー」という言い方があるように，投資上のリスクがまだ大きな段階です。投資家は，こうしたリスクがあることを認識したうえで，投資することが求められます。

リスクの１つは，小型株，新規上場後の間もない銘柄の場合，株価の上下動がどうしても大きくなることです。

このため投資家は，この段階にある銘柄を買う場合には，必ず「ロスカット（損切り）の備え」を事前に考えた上で投資することが欠かせません。ロスカットの備えとワンセットで投資するという姿勢が必要です。

また，資産規模もまだ大きくなく，借入金の比率が高い会社であれば，デフォルト（経営破綻）の可能性もゼロとは言えないでしょう。事業内容の把握，利益状況の推移などについて分析を続けながら，株式購入後もしっかり見守りを続けないといけません。

● 小型株投資のメリット ☆☆

このように小型株，特に成長段階の初期にある銘柄には，特有の警戒要素があります。しかしその一方で，**小型株投資にはそれなりの利点があります**。

その１つは，第３章で説明した**会計基準の違い，移行に伴う決算スタイルの変化などといった問題があまり関係しない**ことです。上場してまだ数年程度の会社は，まず間違いなく，連結決算は国内基準を適用しています。投資家は「会計基準の違いや移行に伴って，決算数値の見方を変える」といった対応は不要でしょう。

成長期の初期にある小型株の大半は，事業内容が１つか２つに限られ，**単純な構成であること**も個人投資家にとってはありがたい要素です。決算上のデータの分析が簡単にできますから。

ちょっと専門的な内容になりますが，小型株投資には「ハイリスクなものはハイリターンである」という基本原則が効く面があって，**小型株投資は他の成熟化した大型株などよりも投資の総利回りが高めになる傾向があります。** この現象のことを投資の世界では，「小型株効果」などと言います。

Step 4　上場企業の "類型" と成長企業の関係

　成長株を絞り込む作業の最後に，上場企業を事業の性格や特徴などによっていくつかの類型に分けて，そうした区分と企業の成長力がどんな関係にあるのか，この点を考えてみましょう。

　この本では，これまで小型株，中型株，大型株という「企業規模による区分」，高成長企業，安定成長企業，低成長企業という「成長性による区分」の2つを検討しました。上場銘柄の分類には，このほかにもいろいろな分け方があります。

● 個々の銘柄の "性格" による区分 ☆☆

　株式市場では，個々の銘柄が色濃く持つ性格（事業内容の性格），あるいは収益変動の特徴などによって分類することが多くあります。具体的に言いますと，循環株，業績回復株，資産株などといった分け方です。

　しかしこの種の区分は，漠然としてわかりにくい面があります。このため個人投資家は，銘柄ごとに違う類型の特徴などを考えながら投資上で対応を細かく変えるといったことをほとんどしていない人が多いでしょう。しかし以下で書く内容は，成長株投資に大きく影響する面があります。

　読者はまず以下で説明する類型化に基づいて，自分が所有している銘柄1つひとつについて，銘柄がどういった分類になるのか，自分で評価してみることをお勧めします。その上で，銘柄の類型別に成長力や将来の事業展開などを考えながら「自分の株式ポートフォリオ」を管理することが望ましいのです。

　例えば，投資家がバイ・アンド・ホールドの方針で長期保有を目指す場合も，3〜5年といったサイクルで利益が大きく変動する循環株と，そうではない銘柄では保有期間が違ってきます。こうした意識もなく，ただ単に売買するだけでは，メリハリの効いた投資になりません。

● 類型を見る場合の注意点 ☆

「性格に基づく分類」に関して，投資家が注意すべき点が１つあります。それは——企業の大きさ（時価総額）による区分，あるいは成長力の高さで分ける区分に加えて，以下で説明する循環株，業績回復株などの「性格による区分」を "並列" 的に考えないようにすることです。

どういうことでしょうか。企業規模の違いによる分類，成長力による区分はもうおわかりでしょうから，まず，それらの組み合わせを考えてみましょう。

大型株には急成長株はほとんどありませんが，安定成長株や低成長株はすぐに見つかります。一方，小型株には成長株が多いのは当然です。しかし細かく見ると，安定成長株，低成長株と言えそうな銘柄も見つかります。

つまり，<u>「企業規模による区分」と「成長力による区分」の２つは，同じ土俵の上に横に並べて見るのではなく，上下に重なった形でとらえたほうがわかりやすいのです。</u>

同じく，<u>これら２つの区分に重なる形で循環株，業績回復株などが存在するのだとイメージすれば良いでしょう。</u>

上場企業の類型には様々なものが想定できますが，以下では代表的な事例として，循環株と業績回復株の２つに焦点を当て検討します。

● 循環株

循環株のことを英語でシクリカル（cyclical）と言います。「シクリカル」は「サイクル（cycle）で動く性格がある」という意味の形容詞です。米国ではしばしば名詞のように使われます。

<u>循環株は，時々の景気循環，その企業が属する業種に強い影響を及ぼす市況変動などによって，業績が上下に動きやすい銘柄のことです。</u>これらの銘柄は，景気動向や市況などに強く影響されることが多いため，「**景気敏感株**」，あるいは「**市況関連株**」とも言われます。

● 循環株は銘柄数が多い ☆

　循環株の具体例については，個々の企業名で書くよりも業種で書いたほうがわかりやすいでしょう。自動車（完成車メーカー，部品メーカー）を筆頭に化学・繊維メーカー，電子部品・電子製品メーカー，機械・機械部品メーカー，鉄鋼・重機メーカーなどが代表的なものです。

　循環株は製造業だけに限りません。市況変動が大きな海運・空運の関連分野（航空会社，海運会社），石油関連業種，金融セクター（銀行，証券会社），サービス業でも旅行関連企業，広告代理店などは堂々たる循環株（景気敏感株）に入ります。

　循環株はとにかく，景気循環の動き，あるいは市況変動などによる影響を強く受けやすいことが大きな特徴で，株価もそうした面を反映してサイクルを描くように上下動する面が見られます。

　つまり，循環株と言う場合，「循環（サイクル）」という言葉には，2つの意味が込められているわけです。

　もうおわかりだと思いますが，1つは企業を取り巻く環境や業績面の変動であり，もう1つは株価変動で見られる循環的な現象です。

　この点は医薬品メーカー，あるいは食品のうちでも日常的に消費する品目（例えば，醤油，砂糖・塩などの調味料）のメーカーを思い出せば，循環株の特徴がどんなものか良くわかるでしょう。

　景気が悪いからといって，薬を飲むのをやめる……こんなことはちょっと考えられません。一方，新車を買おうとしている人は，景気が悪くなって次のボーナスが減りそうになれば，購入を先伸ばししようかと考えます。だからこそ，自動車株は循環株になるわけです。

● 循環株の株価チャートを見る

　一般に循環株と言われる銘柄は，どのような株価チャートの姿になっているのか，ここで確かめておきましょう。循環株について，読者が具体的

なイメージを持てるよう，比較的わかりやすいサイクルを見せている銘柄のチャートを示します。

　見るのは大手化学・電子関連メーカーの**日東電工**です。この会社の株価チャートは，**きれいなサイクル（循環的な上下動）を見せています。**

　下のチャートはまるで八ヶ岳の稜線みたいな形ですね。山頂に相当する株価のピークは左から数えて4つ，見方によっては5つあります。足元の2021年1〜3月は，前のピーク（2017年末）から段階的に下がってきた後，コロナ禍による下げを経て次のピークへ向けて上昇している段階です。

　過去10年間で計算しますと，平均3.2年〜3.8年に1回ぐらいのペースで株価がピークをつけています。

　ちなみに私は，これまでに**日東電工**株を何度も売買して，かなり大きな利益をあげてきました。私は基本的に循環株投資を苦手と感じることが多いのですが，この銘柄は「相性の良い銘柄」になっています。今も数百株持っていますが，買ったのはコロナ拡大のなかで株価がストンと下がった2020年3月でした。

図表4-14 日東電工の株価チャート

（月足，2021年2月末までの10年間）

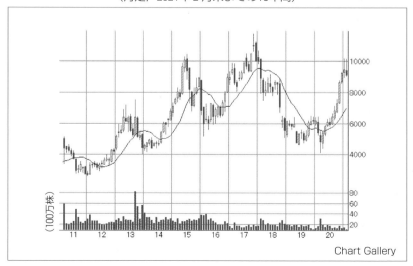

● 循環株投資はタイミングが決め手 ☆☆

　循環株の投資では，「買いと売りのタイミングがすべてを決める」と言ってもいいぐらい，タイミングが重要です。このため，実際に投資をしようとすると，なかなか難しい面があります。

　このなかで，日東電工のケースは比較的わかりやすいものです。こうした銘柄を自分で見つけて，売買のコツをつかむと割合，容易に成果をあげられる面があるようです。

　しかし毎回，つねにうまくいくとは限りません。銘柄によっては，なかなかうまくいかないケースも多いのです。

　ここで，図表4-1（159～163ページ）に並んだ大手10社の株価チャートをもう一度見てください。トップのトヨタ自動車は，いかにも循環株らしい動きを見せています。

　このほか信越化学工業，ファナック，パナソニックの3社も循環株ですから，株価の上下動が目立ちます。ソニーは循環株ですが，今はゲーム機器という「流行性」の強い部門があり，何と言っても足元は投資家の人気が集中している局面ですから，株価の循環性はあまり見られません。

　このように循環株と言っても，株価の循環的な変動が比較的はっきり見える銘柄もあれば，「どこが循環株なの？」と言えそうな銘柄もあって，投資家にとっては個別銘柄ごとの見極めが重要なカギとなります。

　投資家は，ここで紹介したようなチャートの見方を参考に，循環株らしい動きをくり返す銘柄を見つければ良いのです。ここは経験の積み重ねに加えて，感覚的なチャートの把握，と言うか，勘の良さがモノを言う面があります。

● 国内の有力企業には循環株が多い ☆☆

　以下は案外，重要なことですが——日本株の多く，特に有力銘柄の過半は循環株として分類されます。このため日本株に投資している個人投資家

はたいてい，自分が持っている株式のなかに循環株を1つや2つ抱えているものです。

　問題は，個人投資家が自分で循環株に投資しているということをはっきり認識しないまま，漠然と投資していることです。

　もちろん，売買を何度か繰り返すうちに「この銘柄は業績のブレが大きいな」といった印象はあるでしょうが，自分が循環株に投資していることを意識せず，「どうして，うまくいかないんだろうか」と首をひねっている人がたくさんいるのではないかと思います。

● 循環株投資の難しさ ☆☆☆

　ここで結論と言うか，"警告"めいたアドバイスを書きますと，投資家が循環株投資で成果をあげるには，カイとウリの"タイミング"が決定的に重要なカギを握るのですが，買いと売りの「タイミングを当てる」という課題は，株式投資において最大級の難しさがあるところです。この難しさは，プロでも苦労するところです。

　ということは，多くの個人投資家のポートフォリオでどんなことが起きているのか，私は皆さんが抱える株式銘柄を実際に見たわけではありませんが，だいたい次のようなことが当てはまるのではないかと思います。

　　＊　日本株の有力銘柄には，循環株に分類されるものが多い。

　　＊　このため多くの個人投資家は，自分で明確に認識しないまま，結果として持ち株に循環株を抱えている。

　　＊　循環株に対する理解が乏しいため，保有期間の対処，特に売買のタイミングをどうするかなどあまり考えていない。

　　＊　その結果，循環株投資で大きな成果をあげられる確率は低く，失敗になりやすい。

　どうでしょうか。とにかく個人投資家の多くは，大型株で話題になっている有名企業を好む傾向が見られます。この結果，知らず知らずのうちに，投資が難しい分野に資金を投入していることになりがちです。

　ちなみに，私自身は，日東電工は別ですが，循環株にあまり資金投入しないようにしています。自分のこれまでの経験で投資しにくいと感じることが多く，ポートフォリオに入れたいとは思いません。

　参考までに，あのW・バフェット氏はこの点について何と言っているのか，ちょっと紹介しますと――「我々が成功したのは，難しい問題を乗り越えたからではなく，そうした問題を避けて通ったからである。」なかなか味のある言葉ですね。

● 循環株投資の落とし穴 ☆☆

　もう1つ，投資家が循環株について留意すべき点があります。それは――循環株への投資では，購入した後，長い間じっと持ち続けるわけにはいかない面があることです。

　循環株は，購入して3〜5年もたつと，業種を取り巻く環境が大きく変わって収益が大きく変化することが多いのです。このため投資家がぼんやりしていると，利益 “急減” に巻き込まれてケガをすることになりかねません。

　結局，循環株投資はどうしても「制限時間付きの運用」にならざるを得ない面があります。そのため投資に入る前に，近い将来にやってくるウリのタイミングをしっかり考えながら投資することが必要です。

　ちなみに，私が今，保有しているエムスリー株を最初に買ったのは2006年10月。そこから14年間余り，持ち続けてきました。この間，同社は株式分割を4回ほど実施しました。結果として，私の保有株数は大きく膨らんでいます。

　こんなこと，エムスリーが循環株だったら，とてもできなかったでしょう。収益の上下動，特に利益の循環性が強い会社だったら，保有しているうちに株価が大きく下がって，ウリに追い込まれて（振り落とされて）いたでしょう。

●循環株の成長性をどう見たらいいのか ☆

循環株は成長株になるのでしょうか。循環株に関する説明の「まとめ」として，この点を考えてみましょう。

結論を書きますと——**循環株は成長株にならないと言うわけではありません**。ただ成長株になる期間はおのずから限られます。株価が一定幅（レンジ）でサイクルを描きながら上下動するのが循環株ですから，**状況は銘柄ごとに大きく違いますが**。

循環株である以上，株価がある程度の大きな上下動は避けられない。この点は明確に言えます。しかし**長い期間で見た株価トレンドが右肩上がりを続ける現象は，循環株でもあり得ます**。

だたし，**先に見た米ビザのような「見事な株価上昇トレンド」を循環株で期待するのは愚かです**。これは常識でわかることです。

●株式分割の可能性はあるのか？ ☆☆

一方，株式分割の可能性を探る視点から見ますと，**循環株であっても株式分割を期待できる面はある程度見込めるでしょう。しかし業績のサイクルから見て，上げ基調にある期間内に複数回の分割を期待できるのかと言うと，その可能性は限られるはずです**。

つまり，**循環株では売上高と利益の変動，それに伴って出てくる株価上下動がどうしてもサイクルを描くように変動するため，株式分割の繰り返しには適合しにくい面があります**。

さらに国内株の投資家として見逃せないのは，我が国の循環株は過去の成長期に大きくなった製造業が多いことです。全体として，事業内容が成熟化している銘柄が多いのです。

一方，最近の IPO 銘柄（新規上場銘柄）に目を移しても，元気の良い，将来性の大きな新規上場銘柄が，循環性の強い製造業から出てくるケースは少ないようです。

　最近のデジタル・トランスフォーメーションの大きな流れに乗って，雨後のタケノコのように芽を出している各種のネット関連企業に目を向けるほうが，株式分割に巡り合えるチャンスは多いでしょう。

● ただし自動車業界は例外 ☆☆

　しかし個々の上場銘柄は，将来も同じ類型のままでずっと先まで行くとは限りません。ソニーが好例ですが，事業内容の変化，特に強力な新製品開発の成功，新分野への進出などによって，循環株のなかから徐々に会社全体の事業の性格や位置づけが変わるケースもあります。

　そうしたケースがどこから出てくるのか。これから5年，10年先を展望した場合，文句なしに自動車の関連分野で起きる巨大な変化が浮かんできます。バネになるのは，もちろん電気自動車（EV）への移行です。

　この点について，大きく変身する（すでに一部は変化しつつある）分野は，自動車のどこなのか。オイルで動くエンジンとその関連分野が駆逐され，代わってモーター（エンジン部分），電池（燃料に相当する部分）とその関連分野に光が当たります。

　「アッセンブリー（部品組み付け）産業の典型」と言われる自動車の製造工程は，部品数が3万点を超えると言われます。しかしエンジンが電池で動くモーターに変わって，複雑な駆動システムが簡素化される方向へ急速にシフトします。必要な部品点数は従来の半分程度にまで減るという見方もあります。

　ここから，1台当たりの製造費用の大幅なコストダウンがもたらされると予想されます。2030年頃には，自動車の平均価格は今の5分の1程度にまで下がるという見方（日本電産の永守会長のコメント）もあります。

　こうした変化は，エンジン開発・製造という自動車製造における中核的な差別化要素が後退し，同時に電気自動車の生産に関連する様々な企業がいろんな形で新たに参入してくることにつながります。

　もちろん，年間で数百万台もの自動車を効率よく作るという量産体制の

ノウハウは，これからも一定の参入障壁として残るでしょう。この意味で，在来型の自動車メーカーはその強みをある程度，維持できるでしょう。

　しかし**電気自動車の広がりとともに，他分野からの参入はかなり容易になると見られます。**すでに，そうした動きが中国や米国で出ています。残念ながら，我がニッポン国では，まだほとんど見られませんが。

●業績回復株

　業績回復株は，どんな類型の銘柄でも見つかります。**業績が何らかの原因で大きく悪化し，そこから回復する過程にある銘柄が業績回復株です。**基本的に，こうした局面に置かれた会社は，どの分野でもあり得ます。

　しかし，こうした受け止め方は，ちょっと誤解につながりかねない面があって，個人投資家にとっては注意が必要です。

　業績回復株，英語でターンアラウンド（turn-arounds）と言われる銘柄には，実はもっと特別な，深い意味が込められていることが多いのです。

　業績回復株が持つ深い意味とは何か——この点はちょっとわかりにくいでしょうから，以下では私が保有している2つの銘柄を使って説明します。取りあげるのは，香港市場に上場している次の中国銘柄です。

　①　中国の大手乳業メーカー，**中国蒙牛乳業**（略称，蒙乳＝メンニュー）
　②　スポーツ用品の大手小売り業，**李寧**（リーニン）

　蒙乳は中国国内ではよく知られたブランドです。少し前，家内と北京に出かけて，P・リンチ氏が自著で勧めている現場チェックを意識しながら，繁華街のワンフーチン（王府井）巡りのついでに超級市場（スーパー）の乳製品売り場へ行って，蒙乳の「牛マーク」がついた製品（パック入り牛乳やヨーグルト類）を見たものです。手に取って，「しっかり，がんばってね」とつぶやきながら。

ケース 10　中国蒙牛乳業がたどった道

　かなり前の出来事だが，2008年 9 月，中国で乳製品の「メラミン混入事件」が起きた。乳児用ミルクなど乳製品の中に毒性のあるメラミンという化学物質が混じって，多くの乳幼児が病気に，なかには死亡する赤ちゃんもいた。

　当時は，ちょうどリーマン・ショックが深刻化しつつあったとき。世界の金融市場で大きな動揺が広がっていた。その最中に中国内では，こんな痛ましい事件が起きていた。

●加害者なのか，それとも被害者なのか

　なぜ乳児向けのミルクにこんな化学物質が混じったのか。ミルクに含まれるたんぱく質の値を上げようと，ある中堅乳業メーカーが牛乳にメラミンを不正に混ぜたのが原因とされる。

　中国では若い母親たちがパニックになった。安全なミルクを求めて，香港では中国からの旅行者によるミルクの大量買い占めが起きた。

　この時，蒙乳が販売したミルクの一部にも有毒物質が混じっていた。蒙乳は問題を起こした同業者から原料乳を仕入れていたためである。同社は事件に巻き込まれた側だった。

　蒙乳の株価は，それまで30香港ドル近くで推移していたが，事件発生を受けて10ドル強へ暴落した。

●業績回復を期待して買いに

　事件の推移を見ていた私は，「これは業績回復株になる」と感じて，蒙乳の財務データを調べた。玉石混交と言える中国株のなかで，この会社はかなり優良な要素を持つ企業であることがわかった。

　そこで，ちょっとした義侠心も手伝って2008年 9 月末，1000株を8.64香港ドル（分割前の株価）で買った。当時の為替レートは 1 香港ドル＝13.8円。

　当時のメモにはこう書いてある──「試しに1000株だけ購入，逆張りの買い。……しばらく混迷が続くだろうが，事態が落ち着いてくれば株価も徐々に戻ってくるだろう。ブランドイメージが大きく傷ついたが，この会社だけでなく国内大手がそろって事件に巻き込まれた。時間がたてば事態は正常化するはず。様子を見ながら買い増しをしたい。」

●スムーズにいった買い増し

　その後も少しずつ買い増しをしていった。暴落を起こした優良企業（当時の自己資本比率は50％超で事実上の無借金経営）の株式を底値近くで買えた。

　その後，蒙乳の株価は2009年春から本格的な回復軌道に入って，2010年には暴落前の水準に戻った。この間，私は数回，利食い売りをして合計100万円近

210

い利益を確保した。

「これで，ひと安心」とその後，関心が少し薄れていたが，2015年10月に株式分割が行われた。期待もしていなかったプレゼントである。

1→2の分割によって私の保有株は5000株を超す規模になり，平均購入価格も半分に下がった。最近の株価は50ドル前後で推移している。含み益は数百万円になっている。

零下5度を超す寒さのなか，バカ安の航空券とホテル代に「どうしてこんなに安いのか」と言いながら北京へ行って，寒さのあまり紫禁城巡りもせず，超級市場で牛乳パックをナデてきたが，その効果は大きかったようである。

●投資がうまくいった要因は？ ☆☆

蒙乳の投資ではまず，最初の買いに入ったタイミングが良かったことがあります。最初から業績回復株の性格がかなりはっきり見えていて，ほぼ事前に読んだ通りの展開になりました。

ここで**重要なカギとなったのは，業績悪化をもたらしたイベント（事件）それ自体の「わかりやすさ」**です。業績悪化を生んだ要因が比較的はっきりしていたこと，さらにマイナス要因は後に長い尾を引くこともなく，国内に広がった混乱も時間がたつにつれ正常化するだろうと予想されました。

また蒙乳のケースは，私個人の認識の問題ですが，**最初から「これは業績回復株になる」という確信のようなものがありました。この点もスムーズに投資できた要因です。**

同社は事件の発生から10カ月後の2009年7月，創業者の会長が退職し，中国政府傘下の中糧グループ入りしました。この点も蒙乳の信用力の維持に，プラスに効いた面があったようです。

蒙乳は，最大手クラスの乳業メーカーとしてブランドを確立していました。あの広大な中国で，全国的な販売網は構築済みでした。さらに過去の利益推移，利益率の水準，さらに自己資本比率の高さ，有利子負債と比べた手元資金の大きさ（当時，有利子負債はほとんどゼロ），キャッシュフローの状況など財務面の"手堅さ"を確認した上で投資しました。こうし

た財務面の分析は，投資の前に必ずしておくことです。

● 業績悪化要因の "性格" の見極め ☆☆

このケースの見逃せないポイントとして，**毒物混入事件という "性格"** の見極めがあげられます。

蒙乳は，他社が起こした不正行為に巻き込まれた立場でした。そのため同社は世論の厳しい糾弾にさらされることはほとんどなく，比較的順調に業績回復へ向けてカジを切ることができました。

こうしたイベントの性格に関する評価をしっかり行うと，投資家にとって業績回復を狙って投資をする際に心理面の支えになります。

特に，当時の蒙乳の立ち位置，なかでも被害者から見た場合の位置づけが意味を持ちます。蒙乳が**毒物混入事件に少しでも関与していたら**（加害者の一部と見られる要素があったら），投資などする場合ではなかったでしょう。

● すべてがスムーズにいくとは限らない ☆☆

業績回復株への投資は，いわゆる「逆張り投資」の1つです。苦境に陥った企業を前に，これを投資のチャンスと見て株価の下落局面で株式を買う。こうした気概と言うか，強い気持ちがないとうまくいきません。

こうしたケースでは，投資を避けたいという気持ち，あるいは恐怖との闘いが出てきます。**毒物混入で赤字転落が予想される会社に，誰が資金を投入するのか**——こんな雰囲気のなか，あえて逆方向の発想に立って買いに入らないと投資は成立しないのです。

こうした逆張り手法に心理的な障害を感じたり，自分はそんな小難しい投資はしたくない。こんな思いを抱く投資家がいます。

しかし業績回復株への投資を含む逆張り投資では，こうした心理的な障害を乗り越えて前に進まないといけません。

この時に必要なのは，あなたのクソ度胸ではありません。やはり，冷静

な目で事態の推移を確認し，業績悪化の原因となった出来事の性格，その会社の立ち位置などの分析が必要です。

　ただし**業績回復株に対する投資**は，蒙乳のときのように，いつもスムーズにいくとは限りません。

　次に紹介する**李寧**の場合は，業績がフル回復するまで「待ち時間」が延々と続いたケースです。保有している間，私はため息をつきながらいっそ売り払ってしまおうかと何度も悩んだものです。苦い記憶を今も引きずっているケースです。

ケース11 　　業績回復の「待ち時間」が延々と続いた李寧

　李寧の創業者である李会長（中国語で「董事長」と言う）はオリンピックの元体操選手。メダルをあきれるほど獲得した中国の有名人である。スポーツ界から引退して，自分の名をつけたスポーツ用品の販売店チェーンを作って大成功を収めた。ちなみに，これは社会主義国の話である。

　この事例は，特殊な事件や出来事に直面して株価が暴落したケースではない。経営者の自信過剰（？）からか，店舗展開などをし過ぎて業績悪化に陥ったもので，我が国の成長企業でもよく見られる，おなじみの話である。

●自業自得型の投資

　ここで「自業自得型」と少し過激な見出しにしたのは，まず李寧の経営陣に対する皮肉として。もう1つは，私自身の"反省"という意味もある。

　私は，李寧が業績悪化に陥る前，2010年6月に投資を始めていた。その後に起きた業績の悪化で，2012年〜2014年の3年間，赤字が続いた。2018年12月期にフル回復するまで，なんと8年余りもこの銘柄につき合った（つき合わざるを得なかった）のである。

　言うまでもなく，業績悪化と赤字の過程ではひどい目にあった。相次ぐロスカットの発生で，累積損失は100万円近くに膨らんだ。

　こんな場合，事前に持ち株を売って逃げ出す。業績が回復し出したところで再びカイに入ればいい——単純かつ素朴な投資家ならこう考えるだろう。しかし実際に投資をしてみるとわかるが，そんな芸当はできるものではない。

　次々とロスカットしながら，底値を探りつつ買い直す。私はこんなスタイルで投資を続けた。そのうち，どこかの時点で「コツン」という音がして……ということは絶対になかったが，2019年に入ると株価はじわっと上がってきた。

　結局，3年間の赤字期間を通った後，2015年に株価が3ドル，4ドル台に低迷していたときに買い込んだ株式が後で大きな果実につながった。

　こうした現象は，後から振り返って見てこそ，わかること。その過程にあるときは，確たる見通しもないまま不安にさいなまれる日々だった。ここが，業績回復株への投資で往々にして直面する難しさである。

　目算違いだったのは，**李寧**の業績回復が想像以上に長引いたこと。底値圏で買い込んだ株式を抱えて，「春よ来い，早く来い」と結局7年も待たされた。

　結局，投資家に求められるのはクソ度胸ではない。じっと業績回復と株価再上昇を待つ，その忍耐力がモノを言う。投資家人生とは「耐えること」なのである。

●今度はコロナウイルスが襲ってきた

　2020年の1月，中国・武漢で新型コロナウイルスが姿を現したとき，**李寧**の株価（1月末）は30ドル辺りにあった。私が持つ**李寧**株は3万株，とは言っても，買値は平均3～4ドル程度だから投入額はそう大きくはない。

　当時，含み益は800万円を超えていた。中国語の4字熟語で書けば，「萬事如意」──万事うまくいっていたように見えたのだが，そこへ新型コロナウイルスが突然，襲ってきた。

　武漢をはじめ周辺都市などで都市封鎖が広がった。スポーツ用品の小売業は，外食店や旅行関連の企業などと並んで直撃を受ける。私はすぐにウリに入って，ある程度の利益を確保した。

　貴重な含み益株を手放して利益を表面化させることはできるだけ避けたい。しかし，この場合はどうしようもなかった。

　今も1万株弱ほど持っている。**李寧**の株価はコロナ禍の下で16.36ドル（2020年3月18日終値）まで下落したが，さいわい最近は50ドル前後で推移している。

　結局，コロナ禍の下であわてて売らずに持ち続けていたら，含み益は軽く8ケタになっていたはず。しかしこれは後講釈というものだろう。

● 2つの事例から浮かんでくる教訓 ☆☆

　ここで紹介した2社のケースは，業績回復株の投資で投資家がよく目にするものです。しかし，これらは性格が大きく違います。読者はまずこの違いをしっかりと認識してください。

　蒙乳は，他社の不正行為によって被害を受けたケースです。原因は自社の外にありました。一方，**李寧**は自社の原因によって業績不振に陥った事

例です。後者は，業績回復株としてはよく目にするものです。

　投資家は，業績悪化の要因，特にその性格の違いによって，柔軟に対応を変えることが求められます。

　例えば不祥事の発生で赤字に陥った場合，その会社が被害者の立場に立つのか，それとも加害者と見られる位置にいるのか，この違いを見極めることが欠かせません。加害者の場合には，マイナス影響が後々まで続くことが珍しくないので，早めに撤収するなり，対応が遅くならないようにすべきです。

　一方，投資家がいろいろ調べてもそのケースが被害者的なのか，それとも加害者的なのか，両方の要素が併存していて判断しにくいケースもあります。この場合も，投資家は基本的に撤収する方向に動くほうが良いようです。

　こんな場合，個人投資家は，そうした銘柄に自分の貴重なお金を投入したことからくる心理的なこだわりや愛着などが邪魔をして，ドライに切ってしまうことに抵抗感を持ちやすいものです。しかし加害者的な立場に立った場合は機動的に対応しないといけません。ぐずぐずしていると，損失が膨らんでしまいます。

● 「イベント・リスク」への備え ☆☆

　上場企業の業績に強い影響を与える「特殊なイベント」には，どんなものがあるのか。次の図表4-17に整理しておきました。ここに並べた事例は，繰り返しますが，あくまでも**特殊な性格を持つ要因**とその具体例です。

　216ページの図表4-15に並べた**要因**は，経営上のリスク・マネジメント（危機管理）の分野では「イベント・リスク」と呼ばれるものに該当します。

　イベントと言っても，「来週，日銀の金融政策決定会合があるので……」といったときに使う言葉とは違います。リスク・マネジメントで言うイベントとは，**経営上に大きな影響を及ぼす不可避的な出来事（大地震などの天変地異，テロ攻撃などが典型），企業の内外で起きる突発的な出来事（エ**

場爆発, 不祥事の発生など) を指すものです。

　これらの事例は 2 つに区分できます。自社が原因となったもの, 社外の (経営外の) 要因で起きたもの——です。

　これらとは別の区分として, 当該企業が被害者的な立場に立つものと加害者的立場になる場合があります。実際の企業経営では, こうした複数の要素が重なって起きると考えればいいでしょう。

　図表 4 -15に並べた事例 8 件のうち, 加害者的色彩が強いものは**雪印乳業** (現, 雪印メグミルク), 米ユニオン・カーバイド, JR 西日本, 日本取引所 G などのケースです。

　ここで書く内容については異論があるかもしれませんが, 私は個人的に**対象企業が加害者的立場に立つケースでは, 株価がいかに安く見える水準に下落しても, 投資家が軽い気持ちで投資に入ることは避けるべきだ**と考えます。

　イベント後に浮上する訴訟, 問題の会社に対する世論の批判と経営責任を追及する声, 行政当局の厳しい規制などが予想され, 後に長い尾 (マイナス影響) を引く可能性があるからです。

図表 4 -15 業績悪化をもたらす特殊な要因

① 戦争，軍事衝突・紛争－海外ではこの種の事例が多い。

② ゲリラ攻撃・テロ攻撃
・日揮——アルジェリアのプラント工事現場をゲリラ襲撃（2013年）
・米国の同時多発テロ，ＮＹの金融機関で大きな被害（2001年）
・東レ——エルサルバドルの現地合弁子会社をゲリラ襲撃（1978年）
・三菱重工業－本社ビルの爆破（1974年）

③ 自然現象―大地震，津波，火山噴火，台風，大雨，洪水―我が国では
この事例が多い。

④ 特殊な感染症の蔓延（パンデミック）
・新型コロナウイルス（2020年）
・新型インフルエンザ（2009年）
・ＳＡＲＳ（2003年）

⑤ 自社製品に毒物混入
・雪印乳業——北海道，大阪の２工場でミルクに毒物混入（2000年）
・米ジョンソン・アンド・ジョンソン——解熱鎮痛剤に毒物を入れ
られる（1982年，シカゴ）

⑥ 大型事故の発生－工場爆発，原発トラブル，石油タンク火災・爆発
・米ユニオン・カーバイド——インド工場で有毒ガス漏れ，死者
2000名余（1984年）

⑦ 交通機関の大事故
・ＪＲ西日本——尼崎駅近くで電車が脱線・転覆，死者100名余り
（2005年）
・日本航空——御巣鷹山（群馬）で墜落，死者500名余り（1985年）

⑧ コンピュータ・システムのトラブル
・日本取引所Ｇ（東証）——１日中，全銘柄の売買がストップ（2020年）

(注) 1．社名は一部，旧社名で記載した。
　　　2．米国の有名なケースも３件載せた。

総まとめ

● 株式分割と成長株投資に関する重要ポイント10

① 成長株投資にせよ，株式分割を狙う投資にせよ，投資家はこれら2つを別個に意識して投資するのではなく，2つを結びつけて「ワンセット」で投資を考えることが重要である。

　成長企業に投資する場合，近い将来に株式分割が行われる可能性を考えて，できる限り株式分割がありそうな銘柄に資金を投入する。

② 成長株投資と株式分割を結びつけた投資手法で大きな成果を生む要因は，株価上昇だけではない。株式分割の"テコ"が効いて，利益が二重三重に膨らむ現象をしっかり頭に入れてほしい。

　株式分割のテコは2つある──①投資家が保有する株式数が分割を受けて2倍，3倍に増えること，②投資家の持ち株の平均購入コストが分割の結果，2分の1，3分の1に下がる（調整される）ことである。

　つまり，分割後に出てくる株価上昇は時価と買い値の「プラス差」を大きくするだけでなく，保有株数の拡大というもう1つの要因もプラスに効いて，成果がぐんと膨らむ。

③ 成長企業投資と株式分割の組み合わせでは，株式分割を複数回受けられるかどうか，が重要なカギを握る。株式分割の繰り返しからもたらされるプラス効果は，投資家の予想を大きく上回るものがある。

④ ただし，大きな成果を手にするには，いくつか条件がある。1つは投資家がバタバタと売買をしないこと。短期投資の方針で売買する限り，株式分割に出会うチャンスを逃す可能性が大きくなる。

　やはり，「バイ・アンド・ホールド」の投資が有利である。保有期

間は最低でも3～5年間の時間が必要となる。さらに，この期間を通じて対象企業の成長力が維持されなければいけない。（成長株と目される銘柄は，寿命が案外，短いことが珍しくない。）

⑤ 株価上昇の可能性を考える場合，中長期的に株価に効く要因は投資先企業の利益成長である。成長力は「本業の利益」を示す営業利益で見るのが良い。

⑥ もう1つ，重要ポイントは，投資対象はすでに大きくなった企業ではなく，まだ若い段階にある中小銘柄がターゲットになること。上場して5年ぐらいまでの銘柄が投資先になる。

⑦ 投資先の業種は，景気変動や市況などで株価が上下動する循環株よりも，足元で市場が広がっているネット関連，ソフト開発，システム構築などの分野で銘柄探しをするほうが効率が良い。

　ただし，この分野は投資家が自分でつねに新しい知識や業界動向などを仕入れていないと，「クラウド」と言われても"三密"のことかと誤解しかねない。この課題はシニア層の投資家にとって，苦手なところである。

⑧ 「株式分割を期待できる成長企業」を探すには，あなたの企業を見る「目」が必要である。企業を見る"鑑識眼"を身につけるには，財務分析や株価チャートの見方，成長力の把握法など，日々の勉強と実際の投資を通じたノウハウ蓄積が欠かせない。この意味で，ある程度の時間と数々の投資経験の蓄積が必要となる。

⑨ まだ株式分割を経験したことがない投資家は，まずは1回でいいから受けてみること。どんな現象が起きるのか自分の目で確かめることが，スタート台になる。

　その際，分割後に株価が少し上昇してきて，含み益が20～30万円程

度に膨らんだからといって，すぐに利食いのウリをしないこと。じっ
と持ち続けて，長い目で対応すべきである。

　自分がなぜ株式運用をしているのか，この点をつねに思い起こしな
がら，10年ぐらいの期間を「1つの塊」と考えて，自分は成長企業の
「株式分割銘柄のコレクター」になるという姿勢が求められる。

⑩　そのためには自分の日々の投資行動や反省点，感想などを書きとめて
おく「投資日記」をつけると良い。株式分割と成長企業の組み合わせ
で成功事例があったら，日記に進行の状況，成功要因，株価の推移な
どを書いておく。その部分を繰り返し読んで，自分の得意分野を作る
ことを目指すべきである。

補章	エムスリーの最近の動向と将来展望

　エムスリーは2020年を代表する成長銘柄となったが，2021年に入ると1月25日にピーク10565円（終値，以下同じ）をつけた後，成長株から割安株への資金シフトが世界的な規模で起きたのを受けて株価は30％余り下がった。2月末の株価はピークから20.3％下の8425円に，3月10日には31.2％下の7264円をつけた。4月末では7500円台で推移している。

　こうした成長株の株価調整は世界的に見られた現象で，大規模な資金移動を伴う株価変動は機関投資家による「セクター・ローテーション（資金投入先を循環的に動かすこと）」が影響を及ぼしたものと見られる。

　このため株価調整はエムスリーに限ったものではなかった。ただ2020年を通じて同社の株価上昇が大きかったため，足元で株価の下落が一層，大きな形で出てきた面がある。

　株価調整を経て，エムスリーの今後に不安を感じている投資家も多いだろう。同社の時価総額は一時15位まで上がったが，4月初旬時点でランキングは26位に下がった。

　以下ではこうした最近の情勢を踏まえて，エムスリーの構造的な収益状況，特に4半期別に見た最近の変化を確認したうえで，今後の展望を試みる。

● 「平均への回帰」現象に長期金利の上昇が加わって

　2020年の株式市場で見られた**成長銘柄と割安銘柄の株価上の乖離現象は**，「**K字型現象**」と言われた。「Kの字」の右上に伸びる部分が成長企業の株価であり，右下に伸びた部分が割安なまま放置されてきた旧来型銘柄という形が「Kの字」に似ているという話だ。

　2021年に入って起きた世界的な株価変動は，こうした構図が大きく修正

されたことを示している。

　このような現象は，内外の市場でよく見られる「平均への回帰現象（リターン・リバーサル）」の１つとも言える。

　こんな現象が世界的規模で起きた背景には，世界中の人々が長らく待っていた新型コロナウイルスのワクチン接種が各国で本格的に始まったことがある。投資家たちは，新たな展開を目にして2021年以降の先行きを明るい方向に展望し始めた。特に**経済活動の正常化・回復の風を感じ取って，それを株価に織り込み出した**のである。

　そうしたなか，**３月に入って米国市場で長期金利のハネ上がり現象**が起きて，NY市場をはじめ内外の株価が大きく下がった。日経平均株価は２月26日（月末），１日で1202.26円の下げ（１日の下落率4.0％）を記録した。今年のミニ暴落第１号が早くも発生したわけだ。

　これほどの大きな下げは，昨年３月13日（コロナの脅威が見え始めた段階）で記録された下落（1128.58円＝下落率6.1％）以来のことである。

●インフレ懸念も広がってきた

　さらに市場では，**近い将来，経済活動が回復するのに合わせてインフレが浮上してきかねないという懸念を口にする人が増えている**。各種の商品（コモディティ）の市況を見ると，原油，トウモロコシ，貴金属など様々な商品で値上がりが目立つ。

　特にオイル価格はこれまで異常と言えそうな低水準で推移してきたが，ジリジリと回復する傾向を見せている。NY市場で取引されるWTI先物は，2020年春に１バレル当たり20ドル割れになったが，１年後の今年３月初旬には65ドル超の水準に戻った。原油は原材料コストのなかでも大きな比重を占めるため，エネルギーコストの価格上昇はインフレ浮上の要因の１つになる。

　ここには，**コロナ対応に伴う経済活動自粛のなかで生産活動が一時的に落ち込んだ一方で，経済回復を見込んだ需要回復が起きて，そこから一時**

的な品不足が表面化した面がある。その典型は，昨年秋に起きた世界的な
コンテナ不足の現象だろう。

　中国がコロナ禍の抑え込みに（一応）成功し，経済活動を本格的に再開
したことから中国発でコンテナ需要が急増した。その結果，コンテナ探し
が起きた。**需要と供給のギャップがこんな形で浮上することを，この出来
事を通じて我々は改めて学んだことになる。**

　もう少し先まで展望すると，以下は私個人の見方だが，**我が国はもちろ
んのこと，海外諸国の多くがコロナ対策に向けた財政資金の大規模投入を
続けているため，公的債務（残高）の膨張が大きな懸念材料として浮上す
る可能性がある。**

　世界の基軸通貨である米ドルのコストでもある米長期金利の上昇は，こ
うした懸念を水面下で反映し始めたものと見るべきかもしれない。金利上
昇について，個人投資家はあまり気にならない人が多いだろうが，この現
象は簡単には見過ごせない重要な動きなのだ。

　一方，日本銀行は金融緩和措置の見直しを進めた結果，株式市場テコ入
れ策として続けていた例のETF（上場投資信託）買い入れに関して，日
経平均株価に連動するETF購入をやめてTOPIX（東証1部総合株価指数）
に連動するものを買う方針に転換した。これも大型株の下げ（例えば，
ファーストリテイリング）を招いた面がある。このほかNY市場で起きた
ヘッジファンドの行き詰まりに伴う特定銘柄の大量売り（ブロック・ト
レーディング）の発生など，最近の株式市場は内外を通じて動揺を招く材
料にはコト欠かない状況を見せている。

●今こそ，財務データの総点検を

　世界的に，株式市場が大きな曲がり角にさしかかっている。個人投資家
といえども，株式市場の乱高下に冷静に対応できる体制を確保しないとい
けない。

　各自で保有銘柄の総点検，特に投資対象銘柄の業績を再点検して，今後

の方針をどうするのか。このままホールドするのか，それとも買うのか，
売るのかの検討をする局面だろう。

　そうした意味も込めて，以下でエムスリーの財務データを対象に細かい
部分にまで踏み込んだ分析をしてみよう。分析の視点，分析の手法など，
読者の参考になることが多いはずだ。

　ここでは3つの点に焦点を当てて分析する。1つは，短期的な動向を把
握する目的で「4半期（クォーター＝略称Q）別」に見た業績データを細
かくチェックすること。2つ目はいわゆる「セグメント別（部門別）」の
データを分析することである。

　セグメントのデータ分析は投資銘柄の財務分析では欠かせないが，本書
ではここまであまりセグメント情報の分析をしなかった。その穴を埋める
意味もあって，ここでデータ分析を紹介する。

　最後に，エムスリーについて今後のEPS（1株当たり利益）とPER倍
率について展望を試みることにしたい。

Step 1　4半期別データから見た最近の業績推移

●業績一覧表の作成 ☆

　まず手始めに，最近数年間を対象に4半期別に見た業績推移を把握する必要がある。その準備として，**業績データの一覧表を作らなくてはいけない**。この種のデータ表を英語で「スプレッド・シート（spread sheet）」と言う。

　株式投資を業務として行うプロの世界では，たいていアシスタントなどが銘柄別に4半期別数値を整理し，様々な項目の増加率や利益率，あるいは経営上の重要な比率（ROEなど）などを一覧できる形にして準備している。

　しかし個人投資家の場合は1つひとつ，自分の手でデータ表を作るしかない。だがこの種のデータ作成は，例えば過去3年間を対象にするだけでも結構な時間と手間がかかる。

　個人投資家は例えば3年分のデータ一覧（4半期別）を見たいと思って，そこから一度にデータを作ろうとする。だから大変な手間になるのだ。言い換えると，日頃からこうした地道な作業（株式投資家としての"お勤め"）をしていないツケが回ってくるわけである。

　データ一覧表は，4半期決算の発表があるたびに新しい数値を記入する方式を続ければ，負担はあまり生じない。

　読者が保有する銘柄のなかで，特に重要と思う銘柄，投入金額の大きな銘柄などについては，こうしたデータ整理をすることをお勧めする。

　この種の作業は無味乾燥なものに思うかもしれないが，そうではない。3カ月ごとに発表される決算数値を一覧表に記入しながら，「どうしてこの数値はハネ上がったのか」とか，「ここの伸び率はどうして下がったのか」といった疑問を感じるはず。つまり，数値データを作る過程で投資家は自

然に分析を始める。カッコ良く書けば，**決算数値に対する問題意識がこう
した過程を通ることで，とぎすまされてくるのである。**

● **エムスリーの基礎データを見ると**

　ここでエムスリーの４半期別データを見てみよう。対象期間は2019年４
月から４月23日に決算数値が発表された2020年３月期末にした。
　次の図表補-１には売上高，営業利益，純利益について対前年同期比の
増加率，営業利益率と純利益率を載せた（なおエムスリーは国際会計基準
で連結決算を作っているため，経常利益はない）。

図表補-1 エムスリーの四半期別に見た連結収益の動向

単位：億円，％	売上高	営業利益	純利益	EPS
2019年３月期 1Q 数値	268.98	78.40	46.24	7.14
増加率 利益率	+23.0	+18.0 29.1	+16.2 17.2	
2Q 数値	263.77	60.35	38.91	6.01
増加率 利益率	+25.8	+9.3 22.9	+13.9 14.8	
3Q 数値	303.99	90.83	60.59	9.35
増加率 利益率	+18.2	+7.7 29.9	+1.2 19.9	
4Q 数値	293.85	78.42	50.03	7.72
増加率 利益率	+13.4	+13.8 26.7	+5.6 17.0	
年間合計	1130.59	308.00	195.77	30.22
増加率 利益率	+19.7	+12.1 27.2	+8.0 17.3	
2020年３月期 1Q 数値	307.66	89.01	49.12	7.24

増加率 利益率	＋14.4	＋13.5 28.9	＋6.2 16.0	
2Q 数値	307.79	76.48	49.13	7.24
増加率 利益率	＋16.7	＋26.7 24.8	＋26.3 16.0	
3Q 数値	347.74	103.84	67.61	9.97
増加率 利益率	＋14.4	＋14.3 29.9	＋11.6 19.4	
4Q 数値	346.54	74.04	50.49	7.44
増加率 利益率	＋17.9	－5.6 21.4	＋0.9 14.6	
年間合計	*1309.73*	*343.37*	*216.35*	*31.89*
増加率 利益率	＋15.8	＋11.5 26.2	＋10.5 16.5	
2021年3月期 1Q 数値	354.78	112.53	64.67	9.53
増加率 利益率	＋15.3	＋26.4 31.7	＋31.7 18.2	
2Q 数値	395.44	126.78	82.43	12.15
増加率 利益率	＋28.5	＋65.8 32.1	＋67.8 20.8	
3Q 数値	487.28	185.37	120.01	17.68
増加率 利益率	＋40.1	＋78.5 38.0	＋77.5 24.6	
4Q 数値	454.48	155.04	111.11	16.37
増加率 利益率	＋31.1	＋109.4 34.1	＋120.1 34.4	
年間合計	*1691.98*	*579.72*	*378.22*	*55.73*
増加率 利益率	＋29.2	＋68.8 34.3	＋74.8 24.4	

（注）1．EPS は基本ベースの 1 株当たり利益。
　　　2．2018年10月の株式分割（1→2）による EPS 修正は済み。

　ここに並べた数値のうち，**営業利益と純利益の増加率は利益成長力を示す**。それぞれの利益率を見ると，「利益の質」がどうなっているのかがわかる。この場合，**必ず伸び率と利益率の2つを合わせて見るようにすべきである**。これでこそ，**意味のある分析が可能になる**。

　この種のデータを見る，と言うか，読むには，一種の「慣れ」が必要だろう。慣れていない人は当初，苦痛に感じるかもしれないが，そこを乗り越えないといけない。

● 営業利益率のグラフから見えるのは ☆☆

　図表補-1に載せた数値を使って，「本業の利益」の利幅を示す営業利益率（営業利益を売上高で割った％比率）を線グラフにしてみた。グラフにすると数値が並んだデータ表で見るよりも，動向が明確にわかる。次のグラフには，ちょっと驚く現象が出ている（グラフには2018年3月期も入れた）。

　単純な線グラフだが，2020年3月までの3年間と比べ，**2020年4月からの3期間が様変わりになった**。2020年3月までの3年間ではギザギザの上下動が続いていたが，**2020年4月以降は3Qまで上下動がなく上昇が続いた**。

　さらに重要なポイントとして，**2020年3月までは全体的に小幅ながら"右肩下がり"の傾向が続いてきたように見える**。ところが2021年3月期に入ると，様変わりに良くなった。

　つまりエムスリーは，昨年の株価上昇を経て成長企業の代表銘柄という認識が広がったが，**2020年3月期までの3年間を見ると営業利益率は必ずしも望ましい姿ではなかったと言える**。事業の柱である医者向けサイト運営が徐々に成熟化すると同時に，海外市場への展開，Ｍ＆Ａを通じた「その他」事業への多角化も効果がまだ限られていた。

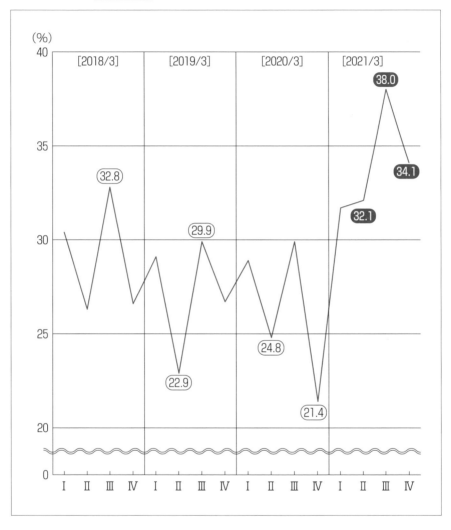

図表補-2 エムスリーの4半期別に見た営業利益率

● 2020年春に起きた大きな変化 ☆☆☆

　2021年3月期は，まるで別の会社のように変わった。重要な変化は2つある。1つは，<u>営業利益率の平均水準が顕著に上昇した</u>こと。2020年3月

までは上下に動きながらも，年間の営業利益率は25〜30％辺りで推移してきた。それが2020年4月以降では，一気に35％ラインをはさんで動く形になった。営業利益率の中心レベルが一段上にシフトしたのである。

2つ目は少しわかりにくいかもしれないが，2Q（7〜9月期）が2020年では1Qから下がらなかったことが注目される。2020年3月期までの3年間，2Qの営業利益率は毎年1Qから下がっていた。

こうして見ると，2Qの変化とそれに続く3Qの大きな営業利益率上昇が分析上の重要なポイントになるだろう。2020年3月までの3年間，3Qの営業利益率は平均30.9％だったが，2020年に入ると38.0％に向上している。

ちなみに2020年1月までの株価推移をもう一度確認すると，営業利益率の推移とほぼ同じように株価が急上昇している。2020年のエムスリーの株価急上昇は，こうした利益面の改善が大きな支えになったと見ていい。

● 分析ポイントの絞り込み ☆☆☆

ここまでの分析から，浮んでくる分析点は2つある。1つ目は，ここまでの分析で確認できた営業利益の成長と利益率の上昇の背景に何があったのかという点の確認である。

もう1つは，こうした変化は構造的なものなのか。この点は，言い換えると今後しばらくの間，この変化は続くと見られるのかということになる。

読者にはもうおわかりの人もいるだろうが，新型コロナウイルスの蔓延がエムスリーの業績向上につながった面がある。この点は後で詳しく見るが，こうして見ると足元で続くコロナ禍がワクチン接種広がりなどで沈静化すると仮定したとき，エムスリーの好業績が元に戻るのかどうかという点が問題となる。

そのためには「セグメント別データ」を詳細にチェックすることが必要である。答えは簡単には出てこない。

Step 2 「セグメント（事業部門）別」にみたデータ分析

　ここでエムスリーの「セグメント別データ」を読者に示して，そのまま分析作業に入ったのではわかりづらい面があるだろう。日頃から上場企業の決算短信で示されるセグメント情報欄を見ている人は別として，セグメント欄の情報，データにはあまりなじみがない読者も多いはず。

　そこで，まず一般的な視点から見たセグメント情報欄の構成，データの種類，主要な着眼点などを以下のコラムでまとめて説明した。読者は，巻末に載せた東レ2020年3月期決算のセグメント情報を参照しながら読んでほしい。

「セグメント情報」関連データの一般的な説明

*　繰り返しになるが，セグメントとは部門，区分という意味。セグメント情報は，部門別・地域別に見た事業部門ごとの売上高，「セグメント利益（事実上の営業利益）」，資産などの状況を示すデータのことである。

*　東レのデータ（258ページ下段）を見ると，「その他」を含む6部門のデータが載っている。売上高，セグメント利益（営業利益），減価償却費，有形固定資産及び無形固定資産の増加額（つまり設備投資）などの数値と合計値，そして右のほうに「調整値」が出ている。この調整値については後で説明する。

　セグメント情報はこのほかにもある。東レの掲載データには後続ページを載せなかったが，「地域別に見た売上高」と各部門別の減損損失額，のれん代（残高）などが載っている。

　つまりセグメント情報欄は，3ページ分でワンセットになっている。後続ページについては，読者各自でどんなものか，確認してほしい。

＊　東レの事業は「その他」を含めて６つに分かれている。2020年３月期の場合,「繊維」と「機能化成品」の２部門がそれぞれ売上高全体の39.9％, 34.8％を占め, これら２部門が主柱となっている。

　全体的な印象として, 私個人の見方だが東レの開示内容は大手メーカーの中ではかなり前向きに開示している事例と言えるだろう。しかし上場企業がすべて, こんな詳しい内容になっているわけではない。

　上場銘柄の中には「我が社の事業の性格から区分できない」などといった説明を書いて, 部門別データは一切なしという会社もある。例えば家具販売の大手ニトリHD（国内基準）のセグメント情報を見ると, 以前から何も載っていない。

＊　まず「その他」について──この項目について東レは注記で説明している。しかし多くの読者はここを読んでも, 内容はほとんどわからないだろう。

　実は, この部門にはしばしば開発・育成段階にある新規事業の"タネ"が含まれている。将来, 大きな事業に育つかもしれない新製品（そのタネ）などがここに隠れている。

　このため「その他」部門の中身は, 株式投資家にとっても気になるところである。しかし各社とも部門全体の数値を載せているだけ。会社側にヒアリングしないとわからないが, 大多数の上場企業にとって内容はあまり外部に出したくない面がある。

　「その他」に限らず, 各社のセグメント情報をたくさん見ていると, 上場各社の情報開示の姿勢がどの程度, 前向きと言えるのか──こんな微妙な側面もここから感覚的に判断できる場合がある。

＊　「その他」を除く５部門に関して注意してほしいのは, 東レの場合, これら５部門は2018年３月期に一部を組み替えて再編されたことである。

　上場企業では５年ぐらいに１回, 区分の組み換え, つまり再編が行われる。再編があると, 各セグメントのデータを使って前年との比較が難

しくなる。

　しかしこうした不便は許容すべきなのかもしれない。むしろ再編も せずに 7 年間，10年間と同じ構成のままといった銘柄こそが，経営姿 勢が問われることになりかねない。

　つまり成長力があって新規事業の芽を持つ会社なら，10年間に 1 回 か 2 回，区分の再編があるのは当たり前と言える。セグメント情報に おける部門再編，特に「その他」から独立した新規部門があるのかな いのか。これらの点は，会社の事業内容にもよるが案外，企業の成長 力，特に新規事業への展開を見るときに分析上のヒントになる。

＊　次は部門別データ右端に載っている「調整額」について――ここはマ イナス数値になっている。

　この項目は，各部門への”振り分け”が難しい本社関連の諸費用，セ グメント間の取引（グループ内取引）などを計上する。東レの場合， 6 区分の合計額からこの部分を引いて，右端に出ている合計数値をはじき 出している。

　本社コストは，例えば本社に大きなコンピュータ部門があって，そこ で全社のデータなどを管理している場合に，関連ソフトの開発にかかっ た費用は各部門に振り分けることが難しい。こうしたときに「調整額」 を計上する。

＊　「セグメント利益」は，セグメント情報のなかで文句なしに重要な意 味を持つ項目である。

　東レの場合，この項の合計額（2020年 3 月期）は1566.5億円，そこか ら調整額254.6億円を引いて1311.9億円となっている。

　この数値は「決算短信」 1 ページ目の営業利益額と一致する。つまり セグメント利益は事実上，営業利益のことなのだ。本業の利益である営 業利益の部門別に見た内訳がここに示されている。だから非常に重要な 数値になる。

　　各部門のセグメント利益額を「外部顧客への売上高」で割ると，各事業部の営業利益率が得られる。また各年あるいは各4半期（Q）の利益額を使って，対前年比伸び率や前期（Q）比伸び率も把握できる。これらの分析は，この後で示すエムスリーのところで紹介する。

＊　エムスリーのように国際会計基準を適用して連結データを作成している会社では，国内会計基準のデータと比べて損益計算書がかなり簡素化されている。このため損益計算書の状況がわかりづらい面がある。

　　その場合，セグメント情報のデータを見ることが大きな助けになる。特に部門別の売上高と営業利益の動向分析は役に立つことが多い。

　　さらに地域別に見た売上高，営業利益の動向も重要な分析点となる。この点もエムスリーの分析事例が参考になるだろう。

＊　セグメント情報には，事業部門別に見た資産（残高）の状況，減価償却費，設備投資額，減損損失の計上額，のれん代の残高なども載っている。

　　また部門別に示された営業利益額と資産残高から，部門別にとらえた「一種のROA（営業利益ベースで見た資産利益率）」をはじき出して，その動向を分析するなどという少し高度な分析も可能である。

●エムスリーのセグメント別データ ☆

　さて，ここからエムスリーの5部門に分かれたセグメント情報の数値に分析のメスを入れることにする。

　次に載せた図表補-3は，2020年3月期「決算短信」のセグメント情報から，5部門の4半期別に見た売上高と営業利益の数値を一覧表にしたもの。期間は2019年4月（2020年3月期の1Q）から2021年3月まで。

図表補-3 エムスリーの4半期別に見た各セグメントの収益

（2020年3月期～2021年3月期，単位：億円，%）

2020年3月期	売上高	営業利益
【メディカルPF】		
1Q 数値	103.33	36.43
2Q	119.37	37.61
3Q	147.16	67.09
4Q	142.84	51.40
年間合計	512.70 (39.4)	192.53
【エビデンスS】		
1Q 数値	52.54	9.77
2Q	54.85	12.32
3Q	52.03	11.25
4Q	54.23	13.65
年間合計	213.65 (16.4)	46.99
【キャリアS】		
1Q 数値	55.45	26.47
2Q	32.15	5.03
3Q	32.58	4.76
4Q	33.75	5.25
年間合計	153.93 (11.8)	41.51
【サイトS】		
1Q 数値	27.30	1.59
2Q	29.04	1.99
3Q	30.44	1.03
4Q	35.45	4.83
年間合計	122.23 (9.4)	9.44
【海外部門】		
1Q 数値	69.40	12.82
2Q	70.37	13.85
3Q	81.83	19.93
4Q	78.01	10.62
年間合計	299.61 (23.0)	57.22
セグメント合計	1302.13 (100)	347.68

2021年3月期	売上高	営業利益
【メディカル PF】		
1Q 数値	136.12	62.00
2Q	173.03	75.48
3Q	247.14	137.22
4Q	214.47	104.33
年間合計	770.76（45.7）	379.03
【エビデンス S】		
1Q 数値	47.25	8.03
2Q	48.78	8.28
3Q	48.24	10.18
4Q	50.46	9.69
年間合計	194.73（11.5）	36.18
【キャリア S】		
1Q 数値	53.69	23.64
2Q	28.25	4.59
3Q	27.70	5.30
4Q	25.73	4.00
年間合計	135.37（8.0）	37.53
【サイト S】		
1Q 数値	36.68	1.40
2Q	43.08	6.89
3Q	45.54	6.81
4Q	40.25	0.27
年間合計	165.55（9.8）	15.37
【海外部門】		
1Q 数値	82.42	19.60
2Q	100.72	31.23
3Q	115.00	32.94
4Q	123.33	42.22
年間合計	421.47（25.0）	125.99
セグメント合計	1687.89（100）	594.09

（注）1．売上高はセグメント間の内部売り上げ，振替分を含む。
　　　2．売上高のカッコ書きはセグメント合計に対する比重。
　　　3．「メディカル PF」の PF はプラットフォーム，他3部門の S はソリューション。

　読者は，ネット上でエムスリーのホームページを訪れて，「決算短信」からセグメント情報欄をプリントアウトしたページを手元に置いて分析することをお勧めする。**こうした作業も面倒くさがらずに，1つひとつ自分の目で確認しながら分析する——こういう姿勢が財務分析力の向上につながる。**

　この一覧表を前に，どこから分析のメスを入れるべきか。この場合，ここに並んでいる5部門すべてを律儀に1つひとつ分析する必要はない。ちょっと知恵を働かせて，**売上高の大きさから見て上位2部門か3部門を分析すればいい。**

　売上高が最大の「メディカルPF」と2番目に大きな海外部門を合わせた売上高比重は，2021年3月期で全体の70.6%を占めている。まずこの2部門を見ればいいだろう。これで不安なら，「エビデンスS」も加えて見れば，全体の82%をカバーできる。

　つまり売上高の比重が比較的小さな部門は無視して分析するといった対応も適宜，必要になるという話である。いわゆる「パレートの法則」の応用である。

エムスリーの5部門の説明

＊　5部門について注意しなければいけないのは，国内4部門は事業内容で分けられているが，海外部門は各国で進めている様々な事業をまとめてここに載せていること。ただし海外部門の内訳は，地域別売上高を除くと，それ以外の情報は開示されていない。

＊　メディカルPFはエムスリーの祖業である。現在も売上高の45%余りを占める主軸部門になっている。主に医者向けの各種情報サイトの運営をしている。プラットフォームとは「活動の舞台」といった意味。

＊　他の3部門には，すべてソリューションという名称がついている。「解

決」の意味を持つ言葉である。最近，産業界ではこの言葉が流行している。企業名にこの言葉をつけた会社もある。

　英語でソリューションと言うと，どこかカッコ良い響きがあるためだろう。だがこんな名称にしたからといって，収益力や成長力が高まるわけではない。ソリューションには「溶解」という意味もあるから気をつけないといけない。

＊　エムスリーの他の3部門は比較的最近になって（企業買収などを通じて）展開している事業。いわば多角化部門である。

　エビデンスSは最近，新型コロナ向けワクチンの開発で注目される治験事業を請け負っている。新薬を開発している製薬会社から仕事を受けるため，大型の治験がスタートすると売上高が拡大する。治験事業が終わるとストンと売上高が落ちるという変動性がある。

　キャリアSは，病院や薬局関係者向けの転職，スカウト事業。先の図表補-3からわかるように，1Q（4〜6月）で売上高が膨らむ傾向（季節性）がある。医者の世界も，年度の切り替え時（春）に職場を変わる人が多いようだ。

　サイトSは，2020年4Qから登場した新規部門である。何をしているのか名称からはわからないが，病院向け各種サービス（経営コンサルテーション），訪問介護などが主な事業。

●増加率と利益率を見ると ☆☆

　ここでは，先に2つの図表（補-1と補-2）で確認した2021年3月期に入って浮上してきた顕著な業績向上がどこから生じたのか，その答えを探り出すことが課題である。

　そこで，全体の7割余りを占める2つの部門――「メディカルPF」と「海外部門」を対象に，2020年3月期の1年間と2021年3月期の売上高と

営業利益の増加率と営業利益率を次の図表補-4にまとめた。

図表補-4 4半期別に見たセグメント売上高，営業利益の増加率・利益率

2020年3月期	売上高の増加率 (%)	営業利益	
		増加率（%）	利益率（%）
【メディカルPF】			
1Q	17.6	17.6	35.3
2	24.1	23.8	31.5
3	27.2	43.3	45.6
4	26.6	12.3	36.0
年間合計	24.3	25.1	37.6
【海外部門】			
1Q	15.7	51.9	18.5
2	21.7	95.3	19.7
3	18.3	74.2	24.4
4	21.4	12.9	13.6
年間合計	19.3	57.3	19.1
2021年3月期	売上高の増加率	営業利益	
		増加率	利益率
【メディカルPF】			
1Q	31.7	70.2	45.5
2	45.0	100.7	43.6
3	67.9	104.5	55.5
4	50.1	103.0	48.6
年間合計	50.3	96.9	49.2
【海外部門】			
1Q	18.8	52.9	23.8
2	43.1	125.5	31.0
3	40.5	65.3	28.6
4	58.1	297.6	34.2
年間合計	40.7	120.2	29.9

（注）1．増加率は対前年同期比。
　　　2．30％を超す数値は青色で示した。

　増加率と利益率が30％を超える数値は青色で示したが，この色の数値が目立つ。増加率は成長力，営業利益率は営業利益を稼ぐ力を示すので，この色の数値が増えるほど業績がグングン向上していることになる。

　エムスリーの株価は2020年を通じて３倍あまりも上昇した。この上昇は，ここで示した中核２部門の成長スピードと利益率の向上が多くの投資家にとって予想外のサプライズだったこと，つまり以前から成長企業として定評のあったエムスリーの成長力を，内外の投資家が改めて強く認識し直したことを反映したものと言える。

　この点から次に究明する課題は，ここで指摘した主力２部門の収益向上が構造的な要因で長続きするものなのかどうか。この点を見極めることになる。

● メディカル PF 事業の強さ ☆☆☆

　売上高の半分近くを占めるメディカル PF 部門は，全国の医者の92％に当たる30万人超を会員（有料）にしている。ここでは医療関係者向けの各種情報の提供，その関連サービスを展開している。中心は新薬紹介，開発状況の情報，医薬品の治験動向や副作用などの情報，内外の学会や研究発表サイトなど。

　これらのうち新薬開発の情報に関して，コロナ禍の拡大が強い支援材料となってエムスリーの業績を向上させた。

　これまで国内の医薬品メーカーは，営業活動に年間でおよそ1.5兆円のコストをかけて，大規模な広告宣伝に加えて営業活動の多くを「MR」と呼ばれる専門営業部隊に任せてきた。ところがコロナ拡大で営業マンによる医者訪問が難しくなり，医薬品メーカーはドッとネット活用をした広告，営業活動に移りつつある。その受け皿となったのがエムスリーのサイトだった。

　実はこうした動きは以前から少しずつ進んできたのだが，コロナ禍のもとで決定的なものになった（この部分は2020年12月19日付『週刊　東洋経

済』の特集「製薬大リストラ」が参考になる）。

　こうした変化はかなりの程度，構造的な性格を持っている。今後も続く動きと見ていい。

　背景には，**製薬各社が MR を使った営業体制の見直しに迫られていた，**ちょうどそのタイミングに合わせるかのように，コロナ禍が襲ってきたことがある。**医薬品メーカーは新薬開発の競争が一段と激しくなるなか，コスト減らしの一環として MR 部隊の削減を進めている。この動きは，簡単にはなくならない**。

　ただ私は，MR による営業活動が今後，一切なくなるとは考えない。エムスリーが提供しているネットを活用した情報提供と MR による面談営業が「すみわけ」の形で併存していくと見ている。もちろん MR の担当分野は，複雑な薬や高度の専門的知識などが求められる限定した分野に限られるだろう。

　エムスリーは医薬品や医療機器などの関連業界で長らく求められてきた「より効率的な，コストが割安な体制」の舞台作りを進めている。そうした事業基盤は，政策面の支えもあり，コロナ禍のもとで一段と堅いものになりつつある。

● グローバル展開の大きな余地 ☆☆

　またエムスリーのメディカル PF 部門は同社が新しく開発した新しい事業で，もともと事業の性格には国境を越えてグローバル展開しやすい面があった。この点も有利な要素と言える。

　すでに国内の医者の大半を会員化しており，この面から国内事業は成長に限界があるのではないかという見方も可能だが，国内で培った事業ノウハウは海外事業にも大いに活用できる。

　海外部門のうち，欧米に比べて進出が比較的遅かった中国とインドの事業展開がここへきて加速していることがカギである。進出時期を確認すると，米国は2006年，英国は2011年だったが，中国は2013年，インドも2016

図表補-5　海外3部門の売上高推移

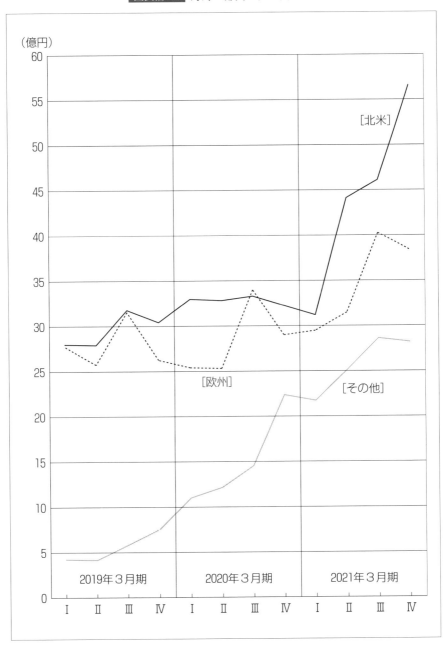

年と遅かった。

　セグメント情報には地域別売上高も載っている。北米，欧州，その他（アジアなど）の売上高増加率を見ると，2021年3月期の年間ベースで見て，中国とインドを含む「その他」は前年同期に比べ72.4％も増えた。ちなみに北米の伸び率は35.6％，欧州は22.9％だった。

　中国とインド市場はそれぞれの人口規模から見て，今後，大きな成長が見込めそうである。特に5年前に参入したインド市場の拡大余地が大きい。

　言うまでもなく，こうしたアジア市場への進出と近年の事業拡大が2020年の株価上昇をもたらす要因の1つとなった。

　中国は14億人を超す人口（我が国は1億2700万人余り），インドは13億人台の人口を抱え，医者の数はそれぞれ百万人を軽く超していると推定される。その数十パーセントでも会員として組織化できれば，膨大な市場が見込める。

　エムスリーは世界中で，有料会員を含めすでに600万人前後の医者をカバーしているという見方もある。これは世界中の医者のおよそ半分に相当する数値である。ここから同社の将来の成長余地はきわめて大きいと見られる。

　市場関係者の一部では，エムスリーは近い将来，医療関連分野の情報・サービスに特化した日本発の世界的なプラットフォーマーになるという見方もある。

● 株価は割高なのか ☆

　ここまでエムスリーの良い面を中心に見てきた。こうした見方には，個人株主の偏った見方という批判もあるかもしれないが，率直に言ってエムスリーの事業にはマイナス要素があまりないことも確かである。

　一方，今年に入ってから株価はさえない動きを見せているが，私はやや下げ過ぎと感じることが多い。「出る杭は打たれる」ということわざがあるが，「目立つ杭は打たれやすい」のは株価市場にも言える。

　最近の株価には，短期的な資点から売買を繰り返す投資家たちの**エムスリーの成長性に対する無理解，あるいは誤解がある**ように感じるときがある。

　そこで次の分析点として，近い将来の株価予想は難しいことはわかっているが，以下で**エムスリーの今後数年間の EPS と PER の動向**に焦点を当てて検討してみよう。

　過去の株価ピーク時……と言ってもそう前のことではない。2021年1月25日につけた終値10565円が最高値だった。このときの PER は239.0倍。

　最近の株価調整を踏まえて株価を8000円と仮定すると，ここから計算される PER は181倍程度である（日経平均株価の対象225社の PER 倍率は，日本経済新聞の株価欄に毎日載る225社リストから確認できる）。

●株価と PER から EPS を考える ☆☆☆

　以下は細かい分析になるが，こうした手法による分析もできるという参考事例になると思うので書いてみよう。

　PER 倍率を把握する割り算はご承知のはず。**この割り算から，株価は PER と EPS の掛け算の結果，出てくる数値であるとわかる。**

図表補-6 株価の2つの構成要素

$$PER = \frac{株価}{EPS}（倍） \Rightarrow 株価 = PER \times EPS$$

　右側の掛け算から， 1月15日の株価（10565円）と PER 倍率（239.0倍）**を使って計算（逆算）すると，EPS は44.2円とわかる。一方，** 3月31日の終値7571円で計算された PER 倍率は160.6倍だった。この場合の EPS は47.1円となる。

　つまり EPS は，この2か月半の間に6.6％ほど上昇した（上方修正され

た）ことになる。再確認だが，これらの EPS 数値は2021年 3 月期の予想 EPS である以上， 3 月期が終わるまで適宜，必要に応じて修正される。

　では，これらの EPS 数値はどこ（情報ソース）から来たのか。もちろん日本経済新聞社の独自データではない。証券各社のアナリストたちが出している予想値を市場調査会社などがまとめた平均値（市場のコンセンサス予想）を使っているものと見られる。

　ここで問題になるのは，**こうしたコンセンサス予想の EPS 数値は，エムスリーのような高成長を続ける企業の場合はどうしても時間的に遅れて修正されやすいことである。特に営業利益や純利益の成長率が時間を追って加速している局面では，こうなりがちである。**

　あえて書き加えると，プロと目されるアナリストといえども先行きの予想数値，特に目先の数値を予想することは至難の業。このため元々，慎重に（低めに）見る傾向がある。これが"後追い"スタイルを生む。またアナリストたちは企業に雇われたサラリー（ウー）マンが多いため，どうしても慎重にならざるを得ない面もあるだろう。

　このため，**現実の株価が足元で見せている状況と対象企業の収益変化の状況が食い違って，EPS の数値が大なり小なり曲がってしまいがちになる。**

● EPS はもっと高いのではないか ☆☆☆

　この点をもっと踏み込んで書くと——**エムスリーの2021年 3 月期予想 EPS は47円辺りではなく，30％余り上の60円台ではないかと私は見ていた。**

　この見方は次の計算に基づく。2021年 3 月期の1〜3Q（ 9 カ月間）の 4 半期別 EPS は1Q9.53円，2Q12.15円，3Q17.68円と大きく伸びてきた。さらに2Q の対前比でみた増加率は27.5％だったが，3Q の伸び率は45.5％へと加速している。

　ちなみに，これまでに公表された1〜3Q 分を累計した EPS は39.4円。上記の市場コンセンサス予想47円を前提にすると4Q は7.6円程度に下がることになる。一方，私の個人的な予想 EPS60円台を前提にすると，4Q の予

想 EPS は21円ぐらいになる。

　注目のエムスリーの2021年 3 月期決算は，4 月23日に発表された。純利益（親会社株主に帰属する利益）は378.2億円，前期から74.8％の増益だった。EPS は55.73円である。

　一方，決算発表前日の 4 月22日の終値は8232円，それをもとに計算された PER 倍率は174.6倍だった（日経新聞の株価相場欄に毎日載る日経平均株価の対象225社データから）。

　つまり決算発表の前日まで使われていた**市場のコンセンサス予想の EPS（47.15円）**から見ると，18％余り上振れして着地したことになる。

● 4Q で出てきやすい特殊な現象 ☆☆

　ところで，4Q の EPS に関しては，この期に特有の「注意すべき点」があることを忘れてはいけない。

　一般論を書くが，4Q は年間決算の最終的な姿が見えてくる時期である。そこで経営者は足元の決算内容に加えて次の年の決算，その先まで展望したうえで，4Q 決算で何か特別損失あるいは特別利益を計上する可能性がある。少しトゲのある書き方をすると，4Q 決算では利益調整と見られる項目が出てきやすい。

　特にエムスリーのように大きな増益が続いている企業では，利益増加による税金負担を少しでも減らそうと，保有有価証券の売却損失，あるいは特定の部門を対象に減損損失の計上などに踏み切る可能性がある。

　ちなみにエムスリーは，1〜3Q のうち2Q のメディカル PF 部門で8.2億円の減損損失を計上した。しかしこのコストはすでに計上済み，株価には織り込み済みのはず。

　エムスリーの2021年 3 月期の4Q 決算では，こうした特殊な項目は計上されなかったようだ。2021年 3 月期決算で，エムスリーは堂々たる高成長の実績をストレートに示したわけだ。

● EPS をめぐる読みと投資家側の反応 ☆☆

　企業の収益には物理学で言うところの慣性のようなものが働く。さらに，ここまでの分析でおわかりのように，足元で見られる増益トレンドは一時的な要因によるものはなく，かなり構造的なものと言える。エムスリーの収益面での高成長は今後もしばらく続く可能性が大きい。

　もちろん，足元の大きな問題である新型コロナウイルスの収束状況がどうなるかも大きな注目点だが，**私自身はエムスリーの収益は全体としてコロナ問題を超越した形で，増益基調が（少なくとも）しばらくの間，続くという見方をしている。**

　一方，2021年3月期決算の発表を受けて，エムスリーの2022年3月期の動向，特に利益見通しが気になっている読者も多いだろう。

　この点に関して1つ指摘しておきたいことがある。それは，<u>エムスリーが決算発表とあわせて出す次期（2022年3月期）予想で，何も数値も示さなかったことである。</u>

　多くの投資家は，こうした姿勢にとまどい，あるいは失望して，この点から売りに走ったようだ。ちなみに2021年3月期決算は4月23日（金曜日）の大引け後に発表されたが，それを受けて**翌週の月曜日には株価が1日で6％近い大幅下落となった。**

　ただし2021年3月期の決算内容は市場予想を上回る好内容だったが，この点も好材料の出つくし感から売りにつながった面がある。

　こうした異常な下げには，数多くの投資家たちが過大とも言える期待を持ちながら決算発表を待っていたこと，そこで示された次期予想の非開示を見て期待が剥落したのではないか。

● 予想ベースの EPS が抱える悩ましい側面 ☆☆☆

　次に，2021年3月期の決算発表を受けて，市場アナリストたちが足元で進行している2022年3月期の予想EPSをどのように修正したのか調べて

みた。**予想EPSの数値がどう変化したのか，その変化の大きさが焦点となる。**

　この点は，毎日の終値と翌日に日経新聞紙上で発表されるPER倍率の2つから，我々投資家も簡単に把握できる。

　決算発表の翌日（4月24日）の日経新聞に載った株価データでは，**4月23日の終値8058円で計算されたPERは，前日174.6倍から一気に121.5倍に下がった（！）。**ちなみに前日の終値は8232円である。

　投資経験の豊富な読者は，この変化からいろんなことを感じ取ったに違いない。**ここには「市場予想のコンセンサス（アナリストたちの予想平均値）」というものが抱える問題を垣間見る思いがする。**

　日経新聞では毎日，日経平均株価の対象225社について前日の終値で計算されたPER倍率を載せる（相場欄のなかの「クローズアップ　日経平均株価」欄を参照）。

　ここのPER数値は，証券アナリストたちの予想EPS（コンセンサス予想）を使って計算しているようだ。そのPER倍率が決算発表を受けて驚くような下落となった。

　ということは，**アナリストたちは4月23日の決算発表を受けて，その内容を確認した上で2022年3月期の予想EPSを19%ほど上方に，つまりEPSの金額で書くと従来の47.1円から66.3円に引き上げたことがわかる。**それも，その日の夜までにバタバタと修正したようだ。

　ここは少々わかりにくいかもしれない。そこで次の図表で4月23日の前後の株価終値，PER倍率，EPSの推移をまとめておいた。繰り返しになるが，EPS（1株当たり利益）は，〔**株価＝PER×EPS**〕の計算式から株価とPERがわかれば把握できる。図表のEPSは，私が計算した数値である。

図表補－7 エムスリーの決算発表前と後

日　付	株価終値	PER倍率	EPS	コメント
4月22日（木）	8232円	174.6倍	47.1円	決算発表の前日。
23日（金）	8058円	121.5倍	66.3円	決算発表の当日。ただし発表は市場終了後で，EPSはその日のうちに修正されたようだ。
26日（月）	7589円	114.5倍	66.3円	株価は1日で6％も下落した。

（出所）各日の株価終値とPER倍率は翌日付の日経新聞相場欄から。

●「予想EPS」は外れになったが ☆☆

　これも再確認だが，2021年3月期決算の発表直前までのかなりの期間，2022年3月期の予想EPSは47.1円のままで維持されてきた。

　一方，**エムスリーが発表した2021年3月期のEPS実績値は55.7円だった。市場予想の47.1円は，8.6円分（55.7と47.1の差）ほど"外れ"になった。**

　ただし言っておくが，こうした現象はそう珍しいものではない。株式市場ではしばしばお目にかかることである。

　結果から見た後講釈になるが，決算発表の前に，どうしてアナリストたちは47.1円の予想を修正しなかったのか，あるいは修正できなかったのか。この点は悩ましい問題を我々に示唆している。

　アナリストたちにとって，決算発表の少し前に修正を発表するのは「一種の賭け」になりかねない。こんなリスクがある。だから決算発表前に修正を求めるのは無理に近い面がある。

　そこでアナリストたちは，せめてもの罪滅ぼしにというのか，決算発表日の夕刻から夜にかけてバタバタとEPSの修正作業をしたようだ。「66.37円の予想EPSもまた，"外れ"になるんじゃないか」などという嫌味は言わないようにしたい。

　それよりも**読者にぜひ頭に入れてほしいのは，株価の割り高，割り安を示す主要指標とされるPERの倍率は，その実態を詳しく見ていると，か**

なり大雑把な数値に過ぎないのである。そうした大雑把さからなかなか脱却できない。これが現実である。

　もっとわかりやすく書くと，株価は誰が見ても1つの価格しかないから，どこが大雑把なのかは誰にもわかる。結局，PERの倍率数値を決める要素の1つ，EPSの予想数値が正確ではない（しばしば外れてしまう）のだ。

　だが将来の予想利益の数値など，誰も当てられない。たまたま偶然に当たることは，たまにあるかもしれないが。

　言い換えると，プロのアナリストといえども「自分が出す予想数値が大外れにならないようにすること」に精一杯なのである。これぐらい将来の予想数値を予測することは難しい。PERの倍率数値には，こんな悩ましい側面が入っている。

　こう書いてしまうと，これまで読者が何かと頼りにしてきたPERに対する信頼がぐらぐらと揺れているかもしれない。しかしこれが株式投資の世界の現実である。特にエムスリーのように急成長が続く銘柄では，予想ベースのEPS数値は「外れ」になってしまう可能性が高い。

　さらに最近の株価動向を見ていると，投資家の目をさらに曇らせる「1つの要因」が強く作用しているように感じる。

● 投資家が抱く期待の大きさ ☆☆☆

　投資家が個別の銘柄に対して抱く「期待」という心理には，大変悩ましい面がある。上方向に，あるいは下方向にしろ，期待心理は過剰に揺れる傾向があるからだ。

　エムスリーの場合，昨年1年間を通じて株価が3倍近くに上昇した。当然，内外の投資家の間では，同社に対して高成長銘柄のイメージが膨らんだ。将来の収益増大に対する期待もその分，大きくなっているはずだ。

　なかでも短期売買を繰り返す内外の投資ファンドや個人投資家は，昨年を通じてエムスリーの株価が大幅上昇したため，「含み益」を抱えている投資家が多い。そして利益を早く現実のものにしたいと，前のめりになっ

ている。皮肉っぽく書けば，「すぐに売りたい症候群」でウズウズしている姿である。

　こうした心理状態から，エムスリーの場合，決算発表の直後に株価が大きな下げで反応したと言える。

　これとよく似た反応は，最近，多くの成長株で見られる。特に好決算を発表した後に，株価が驚くような（見る人によっては不思議に思える）下落を見せた会社は多い。エムスリーの前後に決算を発表した**安川電機**，日本電産やソニーなどが一例である。テスラなど米国企業の決算でも，そっくりの現象が見られた。

　この点から，**内外の投資家が共有している将来への期待が大きく膨らんでいることがわかる。中央銀行の超金融緩和政策が続くなかで，一種の "バブル現象" が過大な期待に集約されている姿である。**

● 単純に減速したと見なす反応 ☆☆

　ここで視点を変えて，投資家の予想数値に対する過大な反応を前提にすると，2022年3月期が進んで近い将来に出てくる**4半期別利益の数値についても，悩ましい面（一見，わかりにくい反応）が出て来そうに思われる。**
　投資家は，自分の頭の中で大きく膨らんだ「大きな期待の高台」から4半期決算を見がちである。そこで少しでも前年比で見た利益伸び率などがさえないものになると，ごく単純にこれを減速のシグナル（信号）と見なして大量のウリが出てくる——こんな困った現象が次々に出てきそうである。

　例えばエムスリーの場合，4四半期決算で例えば営業利益の対前年比伸び率が（仮に）＋30％を少し下回るレベルになると即，これは前期からの "減速" を示すシグナルと受け止めるわけだ。

　本書では何度も強調したが，年間に30％程度の利益伸び率なら成長株としては立派なものである。しかし投資家の期待値が大きくなっていると，このように受け止めない人が多くなる。

　さらに最近の内外の投資ファンド，特にヘッジファンドなどではファンド・マネジャーの判断に頼るよりも，事前にプログラム化されたコンピュータによる売買判断で運用する手法が広がっている。この点も，上で指摘した単純な反応を拡大させる要因になるのかもしれない。

　ここで指摘する問題（株価上の過剰な反応）は，先の2021年3月期で（予想以上の）大幅増益になった銘柄で次々に出てくるものと思われる。期待バブルの心理から生じる，一種の副作用と言える。これからしばらくの間，（私自身を含めた）投資家はこの種の現象に悩まされるものと覚悟してほしい。

　一方，投資家が中長期的な視点から投資をしている場合は，期待バブルの下で生じる株価の反応については冷静に受け止めることが必要になるだろう。

　エムスリーに関しては，2021年3月期決算の内容を見て構造的な収益向上を確認できた。今後数年間の収益拡大もかなり高水準で実現しそうである。

　中長期的なスタンスから投資をする人は，あくまでも財務データをしっかり分析したうえでの話だが，**収益面の成長トレンドが続く限りは，短期的な株価変動（ノイズ）に過剰に反応するのではなく，冷静に対処すべきである。**

　株価というものは中長期的に見ると，それぞれの企業の基礎的な利益動向に沿って動くものである。エムスリーは，そうした見通しを持てる数少ない銘柄の1つと思われる。

巻末資料

2020年3月期 決算短信〔日本基準〕(連結)

2020年5月28日

上場会社名　東レ株式会社　　　　　　　　　　　　　　　　　　　　　　　上場取引所　　　東

コード番号　3402　　URL www.toray.co.jp

代表者　　　　　　(役職名) 代表取締役社長　　　　　　　(氏名) 日覺 昭廣

問合せ先責任者 (役職名) 広報室長　　　　　　　　　　　(氏名) 松村 俊紀　　　　　TEL 03-3245-5178

定時株主総会開催予定日　　　2020年6月23日　　　　　　配当支払開始予定日　　　2020年6月24日

有価証券報告書提出予定日　　2020年6月23日

決算補足説明資料作成の有無　：　有

決算説明会開催の有無　　　　：　有　(証券アナリスト・機関投資家向け)

(百万円未満四捨五入)

1. 2020年3月期の連結業績(2019年4月1日～2020年3月31日)

(1) 連結経営成績

(%表示は対前期増減率)

	売上高		営業利益		経常利益		親会社株主に帰属する当期純利益	
	百万円	%	百万円	%	百万円	%	百万円	%
2020年3月期	2,214,633	△7.3	131,186	△7.3	103,355	△23.2	55,725	△29.8
2019年3月期	2,388,848	8.3	141,469	△9.6	134,518	△11.7	79,373	△17.2

(注)包括利益　2020年3月期　△7,380百万円 (—%)　2019年3月期　72,576百万円 (△31.1%)

	1株当たり当期純利益	潜在株式調整後1株当たり当期純利益	自己資本当期純利益率	総資産経常利益率	売上高営業利益率
	円 銭	円 銭	%	%	%
2020年3月期	34.83	34.58	5.0	3.8	5.9
2019年3月期	49.61	49.56	7.1	5.0	5.9

(参考)持分法投資損益　2020年3月期　△10,805百万円　2019年3月期　9,619百万円

(2) 連結財政状態

	総資産	純資産	自己資本比率	1株当たり純資産
	百万円	百万円	%	円 銭
2020年3月期	2,650,687	1,179,572	41.3	683.61
2019年3月期	2,788,351	1,213,944	40.6	706.95

(参考)自己資本　2020年3月期　1,093,748百万円　2019年3月期　1,131,033百万円

(3) 連結キャッシュ・フローの状況

	営業活動によるキャッシュ・フロー	投資活動によるキャッシュ・フロー	財務活動によるキャッシュ・フロー	現金及び現金同等物期末残高
	百万円	百万円	百万円	百万円
2020年3月期	225,767	△142,364	△67,594	183,681
2019年3月期	176,239	△260,247	118,891	173,078

2. 配当の状況

	年間配当金					配当金総額(合計)	配当性向(連結)	純資産配当率(連結)
	第1四半期末	第2四半期末	第3四半期末	期末	合計			
	円 銭	円 銭	円 銭	円 銭	円 銭	百万円	%	%
2019年3月期	—	8.00	—	8.00	16.00	25,611	32.3	2.3
2020年3月期	—	8.00	—	8.00	16.00	25,612	45.9	2.3
2021年3月期(予想)	—	4.50	—	4.50	9.00		36.0	

3. 2021年3月期の連結業績予想(2020年4月1日～2021年3月31日)

(%表示は、通期は対前期、四半期は対前年同四半期増減率)

	売上収益		事業利益		親会社の所有者に帰属する当期利益		基本的1株当たり当期利益
	百万円	%	百万円	%	百万円	%	円 銭
第2四半期(累計)	880,000	△17.0	25,000	△64.8	18,000	△64.0	11.25
通期	1,920,000	△8.1	70,000	△44.0	40,000	△51.8	25.00

(注)1. 当社は、2021年3月期第1四半期から、国際財務報告基準(IFRS)を任意適用するため、連結業績予想はIFRSに基づき算定し、増減率は2020年3月期および同第2四半期(累計)実績をIFRSに置き換えた概算値を元に算出しております。

　　　2. 事業利益は、営業利益から非経常的な要因により発生した損益を除いて算出しております。

東レ株式会社（3402）2020年3月期決算短信

(2) 連結損益計算書及び連結包括利益計算書
　　①連結損益計算書

(単位：百万円)

	前連結会計年度 (自 2018年4月1日 至 2019年3月31日)	当連結会計年度 (自 2019年4月1日 至 2020年3月31日)
売上高	2,388,848	2,214,633
売上原価	1,935,486	1,776,276
売上総利益	453,362	438,357
販売費及び一般管理費	311,893	307,171
営業利益	141,469	131,186
営業外収益		
受取利息	2,294	2,145
受取配当金	4,589	4,879
持分法による投資利益	9,619	–
雑収入	5,395	4,213
営業外収益合計	21,897	11,237
営業外費用		
支払利息	7,161	7,235
持分法による投資損失	–	10,805
新規設備操業開始費用	4,836	3,736
休止設備関連費用	8,778	9,405
雑損失	8,073	7,887
営業外費用合計	28,848	39,068
経常利益	134,518	103,355
特別利益		
有形固定資産売却益	15,827	3,018
投資有価証券売却益	1,896	4,561
退職給付信託返還益	2,532	–
その他	2,087	112
特別利益合計	22,342	7,691
特別損失		
有形固定資産処分損	6,076	6,181
減損損失	18,414	7,569
投資有価証券評価損	2,521	2,178
和解金	864	–
その他	1,566	1,072
特別損失合計	29,441	17,000
税金等調整前当期純利益	127,419	94,046
法人税、住民税及び事業税	37,293	28,201
法人税等調整額	2,338	930
法人税等合計	39,631	29,131
当期純利益	87,788	64,915
非支配株主に帰属する当期純利益	8,415	9,190
親会社株主に帰属する当期純利益	79,373	55,725

3．連結財務諸表及び主な注記

(1) 連結貸借対照表

（単位：百万円）

	前連結会計年度 （2019年3月31日）	当連結会計年度 （2020年3月31日）
資産の部		
流動資産		
現金及び預金	168,507	173,698
受取手形及び売掛金	531,058	483,761
商品及び製品	228,480	214,957
仕掛品	85,880	79,520
原材料及び貯蔵品	105,167	99,178
その他	74,517	79,907
貸倒引当金	△2,280	△2,569
流動資産合計	1,191,329	1,128,452
固定資産		
有形固定資産		
建物及び構築物	651,084	666,509
減価償却累計額	△364,855	△372,545
建物及び構築物（純額）	286,229	293,964
機械装置及び運搬具	1,989,553	1,994,262
減価償却累計額	△1,531,879	△1,539,731
機械装置及び運搬具（純額）	457,674	454,531
土地	77,687	72,566
建設仮勘定	143,847	134,496
その他	121,512	147,128
減価償却累計額	△90,073	△96,176
その他（純額）	31,439	50,952
有形固定資産合計	996,876	1,006,509
無形固定資産		
のれん	85,712	71,950
その他	85,537	78,741
無形固定資産合計	171,249	150,691
投資その他の資産		
投資有価証券	333,670	284,696
長期貸付金	2,477	5,579
繰延税金資産	21,978	18,215
退職給付に係る資産	24,440	19,783
その他	49,113	39,253
貸倒引当金	△2,781	△2,491
投資その他の資産合計	428,897	365,035
固定資産合計	1,597,022	1,522,235
資産合計	2,788,351	2,650,687

（単位：百万円）

	前連結会計年度 （2019年3月31日）	当連結会計年度 （2020年3月31日）
負債の部		
流動負債		
支払手形及び買掛金	240,554	212,323
短期借入金	175,567	132,358
1年内返済予定の長期借入金	44,094	108,131
1年内償還予定の社債	50,000	－
未払法人税等	13,578	11,185
賞与引当金	22,029	21,362
役員賞与引当金	179	166
その他	150,492	145,250
流動負債合計	696,493	630,775
固定負債		
社債	290,000	290,000
長期借入金	412,761	383,068
繰延税金負債	48,758	33,916
役員退職慰労引当金	1,337	1,407
退職給付に係る負債	100,730	100,575
その他	24,328	31,374
固定負債合計	877,914	840,340
負債合計	1,574,407	1,471,115
純資産の部		
株主資本		
資本金	147,873	147,873
資本剰余金	117,760	118,062
利益剰余金	817,263	849,268
自己株式	△20,358	△20,308
株主資本合計	1,062,538	1,094,895
その他の包括利益累計額		
その他有価証券評価差額金	64,662	44,096
繰延ヘッジ損益	75	1,162
為替換算調整勘定	896	△44,114
退職給付に係る調整累計額	2,862	△2,291
その他の包括利益累計額合計	68,495	△1,147
新株予約権	1,338	1,602
非支配株主持分	81,573	84,222
純資産合計	1,213,944	1,179,572
負債純資産合計	2,788,351	2,650,687

（4）連結キャッシュ・フロー計算書

（単位：百万円）

	前連結会計年度 （自 2018年4月1日 至 2019年3月31日）	当連結会計年度 （自 2019年4月1日 至 2020年3月31日）
営業活動によるキャッシュ・フロー		
税金等調整前当期純利益	127,419	94,046
減価償却費	101,711	107,382
減損損失	18,414	7,569
のれん償却額	11,599	10,942
貸倒引当金の増減額（△は減少）	15	105
退職給付に係る負債の増減額（△は減少）	△1,451	△999
受取利息及び受取配当金	△6,883	△7,024
支払利息	7,161	7,235
為替差損益（△は益）	213	1,277
持分法による投資損益（△は益）	△9,619	10,805
有形固定資産処分損益（△は益）	△9,751	3,163
投資有価証券売却及び評価損益（△は益）	666	△2,230
売上債権の増減額（△は増加）	△33,582	37,191
たな卸資産の増減額（△は増加）	28,427	18,116
仕入債務の増減額（△は減少）	△11,843	△23,582
その他の流動資産の増減額（△は増加）	△3,932	2,552
その他の流動負債の増減額（△は減少）	1,314	△15,908
退職給付に係る資産の増減額（△は増加）	△5,145	△4,507
その他	△1,900	△1,312
小計	210,205	244,821
利息及び配当金の受取額	15,704	16,420
利息の支払額	△7,098	△5,550
法人税等の支払額	△42,572	△29,924
営業活動によるキャッシュ・フロー	176,239	225,767
投資活動によるキャッシュ・フロー		
定期預金の純増減額（△は増加）	4,134	△1,981
有形固定資産の取得による支出	△165,809	△135,769
有形固定資産の売却による収入	19,254	6,018
無形固定資産の取得による支出	△3,821	△4,378
投資有価証券の取得による支出	△4,131	△7,317
投資有価証券の売却による収入	8,387	8,372
連結の範囲の変更を伴う子会社株式の取得による支出	△114,564	-
短期貸付金の純増減額（△は増加）	△544	△718
長期貸付けによる支出	△1,200	△3,436
長期貸付金の回収による収入	442	172
その他	△2,395	△3,327
投資活動によるキャッシュ・フロー	△260,247	△142,364

（単位：百万円）

	前連結会計年度 （自 2018年4月1日 至 2019年3月31日）	当連結会計年度 （自 2019年4月1日 至 2020年3月31日）
財務活動によるキャッシュ・フロー		
短期借入金の純増減額（△は減少）	27,404	△40,024
コマーシャル・ペーパーの純増減額（△は減少）	△46,000	10,000
長期借入れによる収入	134,530	87,026
長期借入金の返済による支出	△65,350	△41,581
社債の発行による収入	100,000	-
社債の償還による支出	△1,492	△50,000
配当金の支払額	△25,602	△25,612
非支配株主への配当金の支払額	△4,273	△3,322
連結の範囲の変更を伴わない子会社株式の取得による支出	△344	△274
その他	18	△3,807
財務活動によるキャッシュ・フロー	118,891	△67,594
現金及び現金同等物に係る換算差額	△327	△5,206
現金及び現金同等物の増減額（△は減少）	34,556	10,603
現金及び現金同等物の期首残高	134,315	173,078
連結の範囲の変更に伴う現金及び現金同等物の増減額（△は減少）	4,207	-
現金及び現金同等物の期末残高	173,078	183,681

3．報告セグメントごとの売上高、利益又は損失、資産その他の項目の金額に関する情報

前連結会計年度（自　2018年4月1日　至　2019年3月31日）

（単位：百万円）

	繊維	機能化成品	炭素繊維複合材料	環境・エンジニアリング	ライフサイエンス	その他（注）1	合計	調整額（注）2	連結財務諸表計上額（注）3
売上高									
外部顧客への売上高	974,265	868,847	215,913	257,673	53,653	18,497	2,388,848	-	2,388,848
セグメント間の内部売上高又は振替高	1,372	18,985	820	74,960	-	26,536	122,673	△122,673	-
計	975,637	887,832	216,733	332,633	53,653	45,033	2,511,521	△122,673	2,388,848
セグメント利益	72,880	67,702	11,542	12,236	1,301	3,084	168,745	△27,276	141,469
セグメント資産	795,382	1,002,305	640,161	255,338	70,792	83,764	2,847,742	△59,391	2,788,351
その他の項目									
減価償却費	29,342	39,099	25,042	4,531	2,638	1,416	102,068	△357	101,711
持分法適用会社への投資額	76,464	50,969	1,611	12,205	2,849	8,248	152,346	△318	152,028
有形固定資産及び無形固定資産の増加額	51,726	67,004	43,079	7,621	2,126	3,430	174,986	△2,290	172,696

（注）1．その他は分析・調査・研究等のサービス関連事業等であります。

2．調整額は以下のとおりであります。

(1) セグメント利益の調整額△27,276百万円には、セグメント間取引消去△1,018百万円及び各報告セグメントに配分していない全社費用△26,258百万円が含まれております。全社費用は、報告セグメントに帰属しない本社研究費であります。

(2) セグメント資産の調整額△59,391百万円には、報告セグメント間の債権の相殺消去等△79,609百万円及び各報告セグメントに配分していない全社資産20,218百万円が含まれております。全社資産は、報告セグメントに帰属しない本社研究資産であります。

3．セグメント利益は、連結損益計算書の営業利益と調整を行っております。

4．有形固定資産及び無形固定資産の増加額には、新規連結に伴う増加額を含めておりません。

当連結会計年度（自　2019年4月1日　至　2020年3月31日）

（単位：百万円）

	繊維	機能化成品	炭素繊維複合材料	環境・エンジニアリング	ライフサイエンス	その他（注）1	合計	調整額（注）2	連結財務諸表計上額（注）3
売上高									
外部顧客への売上高	883,137	770,814	236,922	252,282	53,250	18,228	2,214,633	-	2,214,633
セグメント間の内部売上高又は振替高	1,226	17,297	848	65,033	1	26,829	111,234	△111,234	-
計	884,363	788,111	237,770	317,315	53,251	45,057	2,325,867	△111,234	2,214,633
セグメント利益	60,686	58,736	20,959	11,246	1,625	3,395	156,647	△25,461	131,186
セグメント資産	748,047	935,396	605,939	254,833	65,965	91,531	2,701,711	△51,024	2,650,687
その他の項目									
減価償却費	28,951	42,602	27,477	4,565	2,420	1,898	107,913	△531	107,382
持分法適用会社への投資額	58,711	52,932	1,677	14,567	2,956	8,920	139,763	△362	139,401
有形固定資産及び無形固定資産の増加額	37,853	64,397	22,764	10,532	2,508	1,986	140,040	727	140,767

（注）1．その他は分析・調査・研究等のサービス関連事業等であります。

2．調整額は以下のとおりであります。

(1) セグメント利益の調整額△25,461百万円には、セグメント間取引消去203百万円及び各報告セグメントに配分していない全社費用△25,664百万円が含まれております。全社費用は、報告セグメントに帰属しない本社研究費であります。

(2) セグメント資産の調整額△51,024百万円には、報告セグメント間の債権の相殺消去等△75,977百万円及び各報告セグメントに配分していない全社資産24,953百万円が含まれております。全社資産は、報告セグメントに帰属しない本社研究資産であります。

3．セグメント利益は、連結損益計算書の営業利益と調整を行っております。

4．有形固定資産及び無形固定資産の増加額には、新規連結に伴う増加額を含めておりません。

【著者紹介】

菊池　誠一（きくち　せいいち）

京都大学法学部卒業。日本経済新聞社に入り，経済・産業記者，格付けアナリストを経て，1995年北海道大学経済学部客員教授。2000年から流通科学大学商学部教授（企業評価論，財務諸表論などを担当）。2008年リタイアし，その後は非常勤講師として引き続き教鞭をとりながら，資産運用，株式投資などの研究，調査，実践を行う。また2016年まで10年余り，福井県立大学ビジネススクール（大学院）で資産運用を教えた（非常勤）。

著書に『連結経営におけるキャッシュ・フロー計算書』，『連結財務分析入門』（以上，中央経済社），『マネーIQ リッチな定年後を送るための60の法則』，『マネーIQ 株式投資編』，『投資信託を見極める』，『配当パワー投資入門』（以上，日経BP社），『現代の財務管理 新版』（共著，有斐閣）など多数。

株式分割による成長株投資

2021年7月5日　第1版第1刷発行

著　者	菊　池　誠　一
発行者	山　本　　　継
発行所	㈱中央経済社
発売元	㈱中央経済グループ パブリッシング

〒101-0051　東京都千代田区神田神保町1-31-2
電話　03 (3293) 3371 （編集代表）
　　　03 (3293) 3381 （営業代表）
https://www.chuokeizai.co.jp
印刷／昭和情報プロセス㈱
製本／(有)井上製本所

©2021
Printed in Japan

＊頁の「欠落」や「順序違い」などがありましたらお取り替えいたしますので発売元までご送付ください。（送料小社負担）

ISBN978-4-502-39061-6　C3034

中央経済社 CHUOKEIZAI-SHA,INC.

Knowledge of business affairs

ビジネス専門書

■株主総会

●企業の総務・法務部門をはじめ、株主総会実務に携わる担当者、必携の書

株主総会デジタル化の実務

武井 一浩・井上 卓・今給黎 成夫・
森田 多恵子編著
猪越 樹・尾崎 太・斎藤 誠・
清水 博之・中川 雅博・前田 伊世雄・
松村 真弓・坂東 照雄・砂金 宏著

3,080円 A5判／248頁
978-4-502-38741-8 (2021.4)

新形式の株主総会実施に向けた解説
書。2021年2月に閣議決定された産
業競争力強化法改正案もフォロー。バ
ーチャルオンリーで開催する株主総会
の実務に言及。

本書の構成

第1章 株主総会デジタル化の全体像
第2章 バーチャル株主総会
　　　 （ハイブリッド型バーチャル総会実施ガイド等）
第3章 株主総会デジタル化の先端実務
第4章 バーチャル株主総会（オンライン総会）インフラ編

[巻末資料1] ハイブリッド型バーチャル株主総会の実施ガイド
[巻末資料2] ハイブリッド型バーチャル株主総会の実施ガイド
　　　　　 （別冊）実施事例集
[巻末資料3] 新時代の株主総会プロセスの在り方研究会報告書
　　　　　 （抜粋）

■税務・法務・ビジネス実用

税理士のための相続税Q&A
贈与税の特例

飯塚 美幸著

シリーズ全6巻のリニューアル版。配偶
者控除、相続時精算課税、住宅取得資
金、教育資金、結婚・子育て資金等の特
例をQ&Aでやさしく解説。令和3年度
税制改正もフォロー。

3,740円 A5判／304頁 978-4-502-37101-1 (2021.3)

中小企業の節税へのヒント
―使える「税務の特例」教えます

菊谷 正人監修
肥沼 晃・一由 俊三・
佐野 哲也・齋藤 一生著

中小企業の経営者や従業員に、ポストコ
ロナを生き抜くための税務特典をやさし
く解説。これから法人成りを目指す方や
法人税をマスターして業務に生かしたい
税理士にも最適。

1,980円 A5判／168頁 978-4-502-38351-9 (2021.4)

実務・労働者派遣法概説 第2版

成田 孝士著

令和3年施行労働者派遣法施行規則等の
改正に対応。条文の趣旨を視覚面から理
解できるよう図表に手を加えるとともに
書式もさらに充実。法令遵守の点からコ
ラム欄を新設する。

3,850円 B5判／312頁 978-4-502-38681-7 (2021.4)

図解&事例
経営承継の仕組み・方法・実際

株式会社AGSコンサルティング・
AGS税理士法人編

事業承継において、実際にヒト・モノ・
カネという経営資源を、現経営者・後継
者・会社それぞれの立場からどう捉え、
承継していくかを解説。実践的なツール
や事例も織り込む。

2,750円 A5判／236頁 978-4-502-38331-1 (2021.4)

会社の資産形成 成功の法則
―「見えない」資産を築く最強の戦略

三反田 純一郎著

保険は投資対象から外す、少額でも投資
信託の積立投資は行う、銀行の経営者保
証の解除は何としても勝ち取る、など。
会社経営者が今から実践できる資産形成
の成功法則を伝授。

3,520円 A5判／300頁 978-4-502-37721-1 (2021.3)

業種別にわかる
データ保護・活用の法務Q&A

北條 孝佳・阿久津 匡美・
河野 龍三・山岡 裕明著

データ保護・活用について、キャッチア
ップすべき法制を中心に、業種別の観
点を交えて解説。法務部門だけでなく、
ビジネスを進める現場部門や経営層に必
要な知識もフォロー。

4,840円 A5判／424頁 978-4-502-37701-3 (2021.4)

▶価格は税込です。　　　　発売：中央経済グループパブリッシング　　　　https://www.chuokeizai.co.jp

中央経済社 CHUOKEIZAI-SHA,INC.
Knowledge of business affairs ビジネス専門書

■株主総会

● 総会実務の最新トレンドをコンパクトに総まとめ　● 2021年の総会トピックス、段取り・実務がわかる

2021年版 新株主総会実務なるほど Q&A

三菱UFJ信託銀行
法人コンサルティング部編

2,420円　A5判／344頁
978-4-502-38731-9 (2021.3)

改正会社法および政省令施行に関する実務をフォローしている。新型コロナウイルス感染症の影響を踏まえて、新形式で実施する株主総会にも言及した2021年総会対策の決定版！

2021年 株主総会の準備実務・想定問答

日比谷パーク法律事務所・
三菱UFJ信託銀行㈱
法人コンサルティング部編

2,970円　B5判／408頁
978-4-502-37891-1 (2021.2)

バーチャル総会の実施ポイント、2021年3月施行の改正会社法・政省令対応等の最新トピックに言及。想定問答では、東証の上場区分の見直し、DX対応等の話題テーマに言及。

■会社法決算・監査

会社法計算書類の実務 第13版
―作成・開示の総合解説

PwCあらた有限責任監査法人編

2021年3月1日施行の改正会社法に準拠し、事業報告や計算書類の変更点がわかる。その他、最近公表された会計基準等の概要と影響を巻頭で特集。最新実務をまとめた定番書。

6,160円　A5判／712頁　978-4-502-37501-9 (2021.2)

会社法決算の実務 第15版
―計算書類等の作成方法と開示例

あずさ監査法人編

2021年3月から施行される改正会社法に伴う法務省令の改正サマリーと2021年3月期以降決算の留意事項を巻頭でフィーチャー。一連の実務の重要ポイントがわかる必携書。

7,590円　A5判／1000頁　978-4-502-37161-5 (2021.2)

会社法決算書の読み方・作り方 第15版
―計算書類の分析と記載例

EY新日本有限責任監査法人編

主要100社の分析によりスタンダードとなる記載例を厳選収録・解説した決算実務書のロングセラー。第15版では改正会社法や見積開示基準、改正収益認識基準等をフォロー。

7,920円　A5判／1012頁　978-4-502-37841-6 (2021.2)

会社法計算書類作成ハンドブック 第15版

有限責任監査法人トーマツ著

2021年3月施行の改正会社法で変わる事業報告等の記載事項を整理できるほか、2021年3月期以降の決算に対応。コロナ関連の開示を含む300以上の事例・記載例を収録。

8,030円　A5判／810頁　978-4-502-37491-3 (2021.3)

記述情報・新会計基準対応 有価証券報告書の作成ガイドブック

㈱ディスクロージャー&IR総合研究所編

非財務情報開示の強化、収益認識基準などの新会計基準への対応が求められる「有報」の開示の充実に必携の1冊。モデルと連動した解説で作成上のポイント・留意点がよくわかる。

3,960円　A5判／328頁　978-4-502-38181-2 (2021.3)

監査役の実務ガイドブック 改訂版

長谷川 茂男著

著者自らの実務経験をもとに「監査役になったら何をすればよいか」を簡潔にまとめた入門書。2021年3月期から適用のKAMや改正会社法等をフォローした最新版。

2,970円　A5判／200頁　978-4-502-38401-1 (2021.3)

中央経済社 CHUOKEIZAI-SHA,INC.

Knowledge of business affairs **ビジネス専門書**

■国税の法規通達集シリーズ

● 最新の関係法令・通達改正を完全編集した実務・学習に必携の定評ある法令集

国税通則・徴収法規集

令和3年4月1日現在

日本税理士会連合会・中央経済社編

3,190円 A5判／432頁
978-4-502-83038-9 (2021.4)

税務関係書類の押印義務の見直し、納税管理人制度の拡充、電子帳簿等保存制度の抜本的な見直しなど令和3年度改正をフォローするとともに、新型コロナ税特法令も今版より追加。

本書の構成

◆ 国税通則法・令・規・告示
◆ 国税通則法基本通達（徴収部関係）
◆ 国税通則法第七章の二（国税の調査）関係通達
◆ 新型コロナ税特法・令
◆ 国税徴収法・令・規・告示
◆ 滞調法・令・規
◆ 税理士法・令・規・告示
◆ 電子帳簿保存法・令・規・告示・通達
◆ オンライン化法・規・告示
◆ 行政手続法
◆ 行政不服審査法
◆ 行政事件訴訟法
◇ 使いやすいA5・3段組 インデックス・シール付き

■会計実務・法務・ビジネス

都市再開発の法律・会計・税務・権利変換の評価

EY新日本有限責任監査法人／
EY税理士法人／EYストラテジー・アンド・コンサルティング株式会社／
EY弁護士法人編

都市再開発について市街地再開発事業と土地区画整理事業に分けて解説。よく用いられる第一種市街地再開発事業については権利者、転出者、保留床取得者別に会計・税務を解説。

3,300円 A5判／256頁 978-4-502-37291-9 (2021.4)

わかる・使える 学校法人会計テキスト 第2版

杉野 泰雄著

学校法人のリスク管理（2020年4月施行改正私学法）や、幼児教育の無償化、私立学校の授業料の無償化等の法改正を受けて全面改訂。業務手続や会計実務を図表で見やすく整理。

5,720円 A5判／556頁 978-4-502-37141-7 (2021.4)

財務諸表の裏の読み方

飯田 信夫著

財務資料は本来の姿から意図的に改竄されたり、隠蔽されたりする。これらを踏まえ、効果的な財務諸表分析を行うために、本書は筆者の豊富な経験をもとにヒントや手法を解説。

2,860円 A5判／240頁 978-4-502-38381-6 (2021.4)

国際ビジネス用語事典

国際商取引学会編

日本を代表する国際ビジネス分野の学者・実務家による体系的な事典。法学・商学・IT・政治経済・環境など多分野の重要単語を掲載したビジネスパーソン・学生・研究者の必携書。

3,630円 A5判／280頁 978-4-502-36651-2 (2021.4)

Q&A AIの法務と倫理

古川 直裕編著
渡邊 道生穂・柴山 吉報・木村 菜生子著

AI法務に関する各種ガイドラインの基本事項から、現在注目されているAI倫理の議論を詳説。実際にAI開発プロジェクトに携わってきた筆者らにより、技術的側面にも言及。

6,160円 A5判／516頁 978-4-502-37731-0 (2021.4)

人事データ活用の実践ハンドブック

入江 崇介・㈱リクルートマネジメントソリューションズ編著
園田 友樹・仁田 光彦・宮澤 俊彦・湯浅 大輔著

人事の実務において、どのような課題を解決するために、どのようにデータを活用できるのか、その際に気をつけるべきなのか。基本的な考え方や手法をやさしく解説。

2,420円 A5判／140頁 978-4-502-38261-1 (2021.4)

▶ 価格は税込です。　　発売：中央経済グループパブリッシング　　https://www.chuokeizai.co.jp